総図解!
Marketing

イチからわかる!「マーケティング」の基本と実践

「売れるしくみ」を、どうつくるか?

マーケティング・アドバイザー
大山秀一

Subarusya

マーケティングは、ビジネスの基本です——まえがきに代えて

■「売るためのしくみ」をひっくるめたものがマーケティング戦略

どんな商品、サービスなどでも、必ずしも「良いものは売れる」とは限りません。素晴らしい商品でも、まったく売れないこともあれば、逆に凡庸《ぼんよう》な商品でもヒット商品になることがあります。

たしかに景気の良いときなど、「作れば売れる」時代もありました。しかし今では、消費嗜好も多様化しました。工夫をしないと売れません。

ではマーケティングとは、セールスなのでしょうか。そうだとも言えますが、それだけではありません。「売りたい商品を、どうやって売るか」——簡単に言えばこれがマーケティングの基本です。

みなさんは、商品を企画したり売ったりするとき、どう考えますか。

・消費者のニーズに合った商品を企画する
・ユーザーに広めるため広告宣伝する
・価格をいくらにするかなどを吟味する　等々

これらはすべてマーケティング戦略の〝一部〟です。言い換えれば、こうした「売るためのしくみ」をひっくるめたものすべてがマーケティングなのです。

たとえば新商品を作る場合、①品質、②価格、③パッケージ、④消費者の動向、⑤広告・流通戦略……考えることはたくさんあります。そしてこれらがピタリと嵌《は》まった場合、その商品は大きく売れるのです。

いくら優れた商品でも、流通戦略がイマイチで消費者のもとに的確に届かないと売れません。また、届いたとしても価格設定がまずいと売れません。逆に、それほどではない商品でも、消費者に響くＣＭがあればヒット商品になることもよくあります。

また、「何が何でも売ってみせる」という〝熱意〟も大事です。それは宣伝広告マンやセールスマンの高いモチベーションにつながるからです。口コミも広がるでしょう。こういうマーケティングのセオリーを超えたものも、ときには重要になります。

さらに近年では「コトマーケティング」ということも盛んに言われるようになりました。「モノ」ではなく「コト」を売る、あの店にもう一度行きたい――こういう、消費者が「もう一度買いたい」と思うような仕掛け、雰囲気をつくり、それを核に売っていくのがコトマーケティングです。
コトマーケティングについてはエピローグで改めて詳しく説明します。

■無視できなくなったデジタル・マーケティング

いずれにせよマーケティング戦略は広範囲にわたります。本書はマーケティング戦略の基本を押さえながら、日々変化していく戦略についても触れてあります。たとえて言えば、インターネットを始めとするマーケティング戦略は今や決して無視できません。

とは言え、時代が変化しても基本は変わりません。

まずプロローグでは、「マーケティングとは何だろう」、ということを考えてみます。さらに**第1章**では、「基本の基本」を押さえます。それによって、単なるセールスや広告ではなく、総合的な企業戦略であることが理解できます。

第2章では、「売れるしくみ」をつくる、という戦略面に簡単に触れます。要するに、マーケティングの基本はビジネスの基本であることがわかると思います。戦略に関することも多いですが、ここはまずしっかり押さえておきましょう。

第3章は、マーケティングの基本でもある「顧客」と「市場」です。誰に売るか、マーケットの質と大きさをどう捉えるかを説明します。ひと口に顧客、市場と言っても、見方や捉え方は様々です。

第4章は、ブランディングです。世の中にはモノがあふれ、差別化が非常にむずかしくなっています。その中で、「自社ならでは」のものをどう打ち出すか――。あまり競争相手を意識すると値引き合戦になり、差別化もうまくいきません。今の時代、個性的なモノやコトをどう売るかは、とても重要です。

第5章は、「製品戦略」「価格戦略」です。日用雑貨は安いほうがいいでしょうが、ブランド品はそうとも言えません。

第6章は、「流通戦略」「コミュニケーション戦略」の立案についてです。広告宣伝戦略など、マーケティング戦略の中では大きな比重を占めます。

第7章では、今や欠かせない「デジタル・マーケティング」の基本と実践について触れます。またエピローグでは、インバウンド・マーケティング、コトマーケティングなどについて要点を押さえます。

マーケティングの基本をザックリしかし確実に身につけたい人、マーケティングの基本を知りたいが今さら聞けない人、セールスや商品開発などマーケティング知識を必要とする部署にいる人、少しむずかしい要素もしっかり押さえておきたい人……そんな人に、図解を交えながら解説していきます。

＊

マーケティング戦略は、売るためのもろもろを整理し、論理的に考えて構築することです。それはビジネスの基本だとも言えます。そして、この本を読まれてみるとわかりますが、どれも当たり前のことばかりです。

出てくる用語も、どこかで聞いたことがあるものが多いはずです。

マーケティングについての知識を持つことで、売れた理由、売れない理由も見えてくるはずです。それがさらに高度なマーケティング戦略にもつながるのです。

マーケティング・アドバイザー　大山秀一

イチからわかる！「マーケティング」の基本と実践　目次

プロローグ

マーケティングとは何だろう

第1章 まず知っておきたい「マーケティングの基本」

第2章 会社と環境を分析してマーケティング戦略を立てる

第4章 ブランド戦略で差別化を図る

第5章 「製品戦略」と「価格戦略」を立案する

第6章 「流通戦略」と「コミュニケーション戦略」を立案する

第7章 デジタル・マーケティングの基本と実践

エピローグ
最新・現代マーケティングのトレンド

DTP……ベクトル印刷㈱
装幀……石村紗貴子
編集協力……片山一行

プロローグ

マーケティングとは何だろう

要するに「売れるしくみ」をつくるのが
「マーケティング」。
だから、マーケティングのやり方を変えれば
売行きも変わる。

1 マーケティングとは「利益を上げること」なのか？

マーケティングの働きで、同じものでも2倍、3倍、売れるかもしれない

◆コトラーによるマーケティングの定義とは？

会社には様々な仕事があり、それぞれ違う働きをしています。たとえば、製造部門は会社が売るための製品を作り、販売部門はそれを売ります。広告宣伝は、商品やサービスの価値を消費者に伝え、総務・人事・経理などは、それらすべての働きを後方からサポートする〝働き〟をしています。

では、マーケティングはどんな働きをするのでしょうか。

「マーケティングの神様」「近代マーケティングの父」とも呼ばれるアメリカの経営学者、フィリップ・コトラーは、**最も短いマーケティングの定義として「ニーズに応えて利益を上げること」**と述べています。

「ニーズに応えて」はマーケティングの方法について、「利益を上げること」はマーケティングの目的や重要性について述べた部分です。マーケティングの目的が「利益を上げること」とは、どういうことを意味しているのでしょうか。

◆利益を上げるために売上を上げる

言うまでもなく、会社にとって利益は重要です。利益が出なければ、配当金を払って株主の出資に報いることもできませんし、税金を納めて社会に貢献することもできません。利益の出ない会社では、会社自体の成長など望めませんし、社員の給料を上げ

マーケティングの働きとは？

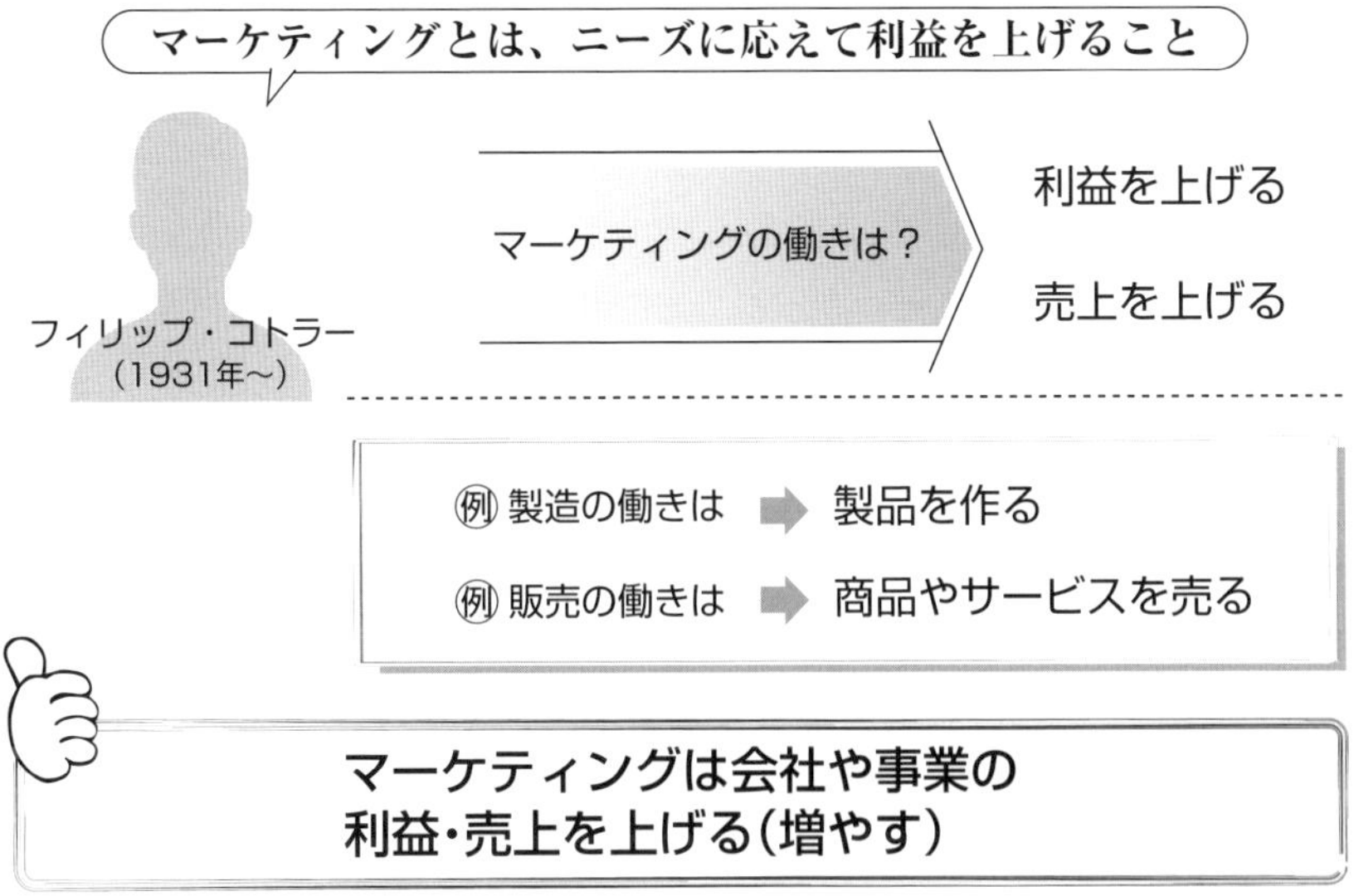

マーケティングとは、ニーズに応えて利益を上げること
マーケティングの働きは？
利益を上げる
売上を上げる
フィリップ・コトラー
（1931年〜）
例 製造の働きは
製品を作る
例 販売の働きは
商品やサービスを売る
マーケティングは会社や事業の
利益・売上を上げる（増やす）

ることもままならないでしょう。

利益を上げる（増やす）方法はいくつかありますが、〝核〟になるのは、売上を上げる（増やす）ことです。 売上を増やすことができれば、たいていの場合、利益も増えます。これが言わば、商売の基本です。つまり、マーケティングの働きとは利益を上げる・増やすこと、そのために売上を上げる・増やすことなのです。

◆マーケティングが会社にとって重要なワケ

このことは同時に、マーケティングの重要性を示しています。

100しか売れない商品やサービスが、効果的なマーケティングによって、200も300も売れるかもしれないからです。当然、その分の利益も上がる・増えることになります。

では、そのための方法として「ニーズに応えて」とは、何を示しているのでしょうか（次項に続く）。

2 顧客は「製品」を買うのではなく、「満足」を買っている

マーケティングの考え方では、利益は「顧客満足」により上がっていく

「顧客のニーズ」を理解する上で、押さえておきたい考え方があります。それは「顧客満足」という考え方です。

顧客満足は英語でカスタマー・サティスファクション、CSと略されることもあります。

おなじみなのは、通販商品などの「顧客満足度ナンバーワン!」といった宣伝コピーかもしれません。

◆そもそも「顧客満足」とはどういうものか?

顧客満足度とは、顧客が、その商品やサービスに満足した度合いを数値化したものです。

顧客満足は、マーケティングにとって中間目標のようなものと言えます。

会社の最終的な目的は利益を上げることであり、

一般的なビジネスの考え方では、そのためにまず商品やサービスが必要です。それを売り手である会社が、いろいろ工夫して売り込み、成功すると売上が立って、利益が上がります。

◆ドラッカーにとって顧客満足とは?

一方、マーケティングの考え方では、最初に顧客のニーズがあると考えます。

顧客が、自分のニーズに応えてくれそうだと思うと、その商品やサービスは売れますが、使ってみて満足できないと次は買ってもらえません。

しかし、顧客がその商品やサービスに満足を感じると、次は何もしないでも買ってもらえます。2個、

「顧客は満足を買っている」とは？

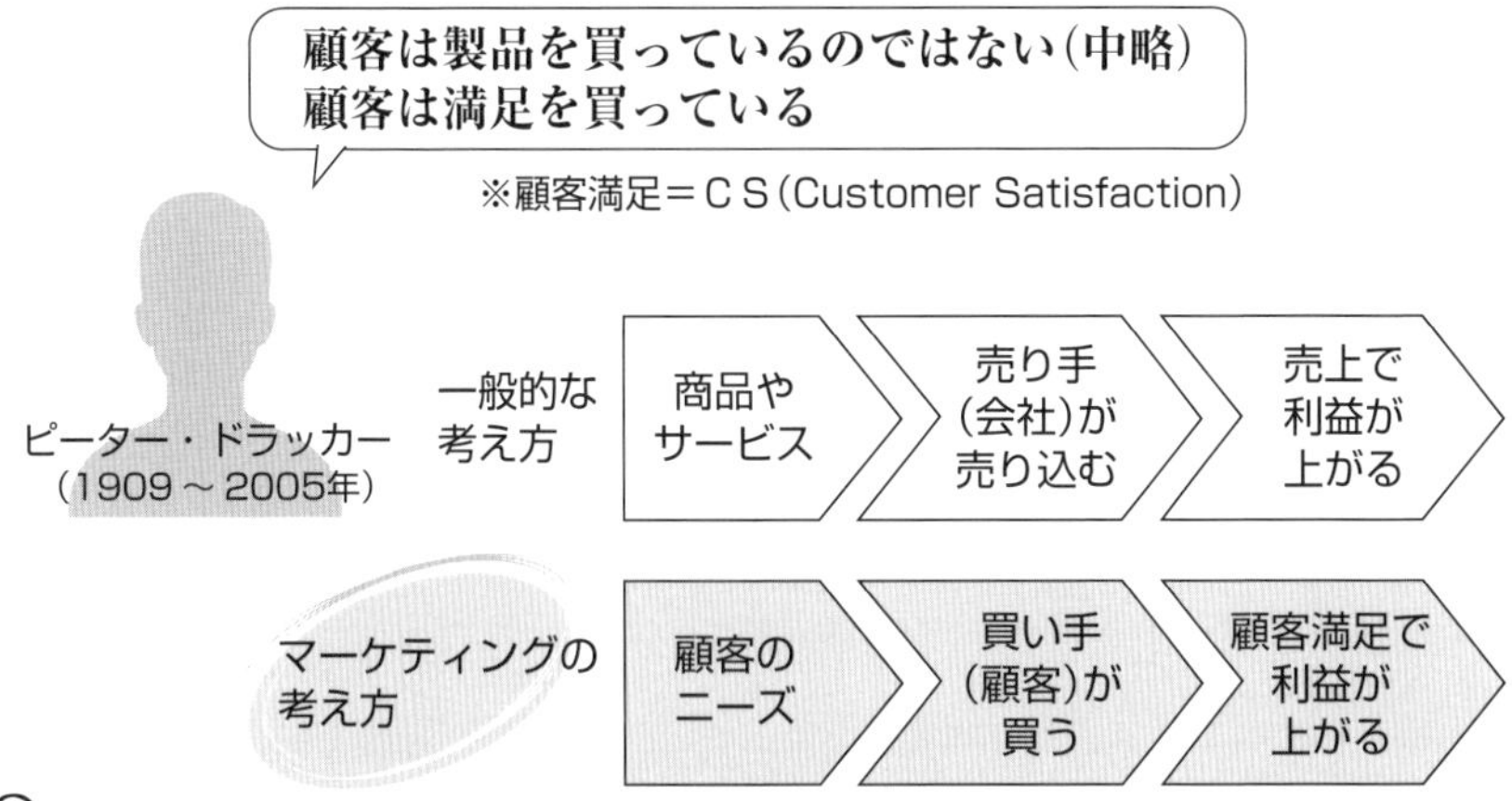
顧客は製品を買っているのではない（中略）
顧客は満足を買っている
※顧客満足＝ＣＳ（Customer Satisfaction）
ピーター・ドラッカー
（1909～2005年）
一般的な考え方
商品やサービス
売り手（会社）が売り込む
売上で利益が上がる
マーケティングの考え方
顧客のニーズ
買い手（顧客）が買う
顧客満足で利益が上がる

顧客満足はモノがあふれる現代に必要な考え方

3個、10個、１００個と売上が立ち、利益が上がるのです。

マネジメント理論の第一人者で「マネジメントの父」とも呼ばれるピーター・ドラッカーは、このことを、

「顧客は満足を買っている」

と表現しました。

今日のように、市場に商品やサービスがあふれ、競合他社との競争が激しい時代には、なおさら顧客満足は重要な要素です。

◆そしてニーズに応えて利益を上げる

つまり、マーケティングでは、商品やサービスの売込みやセールスによって利益が上がるのではなく、顧客の満足により利益が上がると考えます。

そのためには顧客のニーズを知り、ニーズに応える商品やサービスを提供しなければなりません。すなわち「ニーズに応えて利益を上げる」のがマーケティングというわけです。

3 ベネフィットがわからないと、ニーズに応えることはできない

顧客が欲しいのはドリルか？　それとも穴か？

◆レビットが紹介した〝ドリル〟の格言とは？

顧客のニーズについて、もうひとつマーケティングの格言を紹介しましょう。左の図のいちばん上にあげたのがそれです。

コトラーと並ぶ2大巨頭と言われる、アメリカの経営学者セオドア・レビットが著書で紹介したもので、現在では有名なマーケティングの格言のひとつになっています。

この格言が指摘しているのは、ドリルを買いに来た顧客は、ドリルが欲しいように見えて、実は穴を空けることを欲しているということです。

穴が空くなら、別の道具でも、誰かが穴を空けてくれるサービスでも、顧客は満足することでしょう。

つまり、**顧客は商品やサービスを買っているのではなく、商品やサービスから得られる効果・効用のようなものを買っているということです。**この効果・効用のことを「ベネフィット」と言います。

顧客がベネフィットを買い、会社はベネフィットを売っていることを理解していないと、顧客のニーズに正しく応えることはできません。

◆会社は顧客にベネフィットを提供する

もうひとつ、例をあげましょう。マーケティングの神様、コトラーは「口紅を買う女性は、唇に塗る色を買っているのではない」という例をあげ、化粧品会社レブロンによる次の言葉を紹介しています。

「われわれは工場では化粧品を作っているが、店で

「顧客は穴が欲しい」とは？

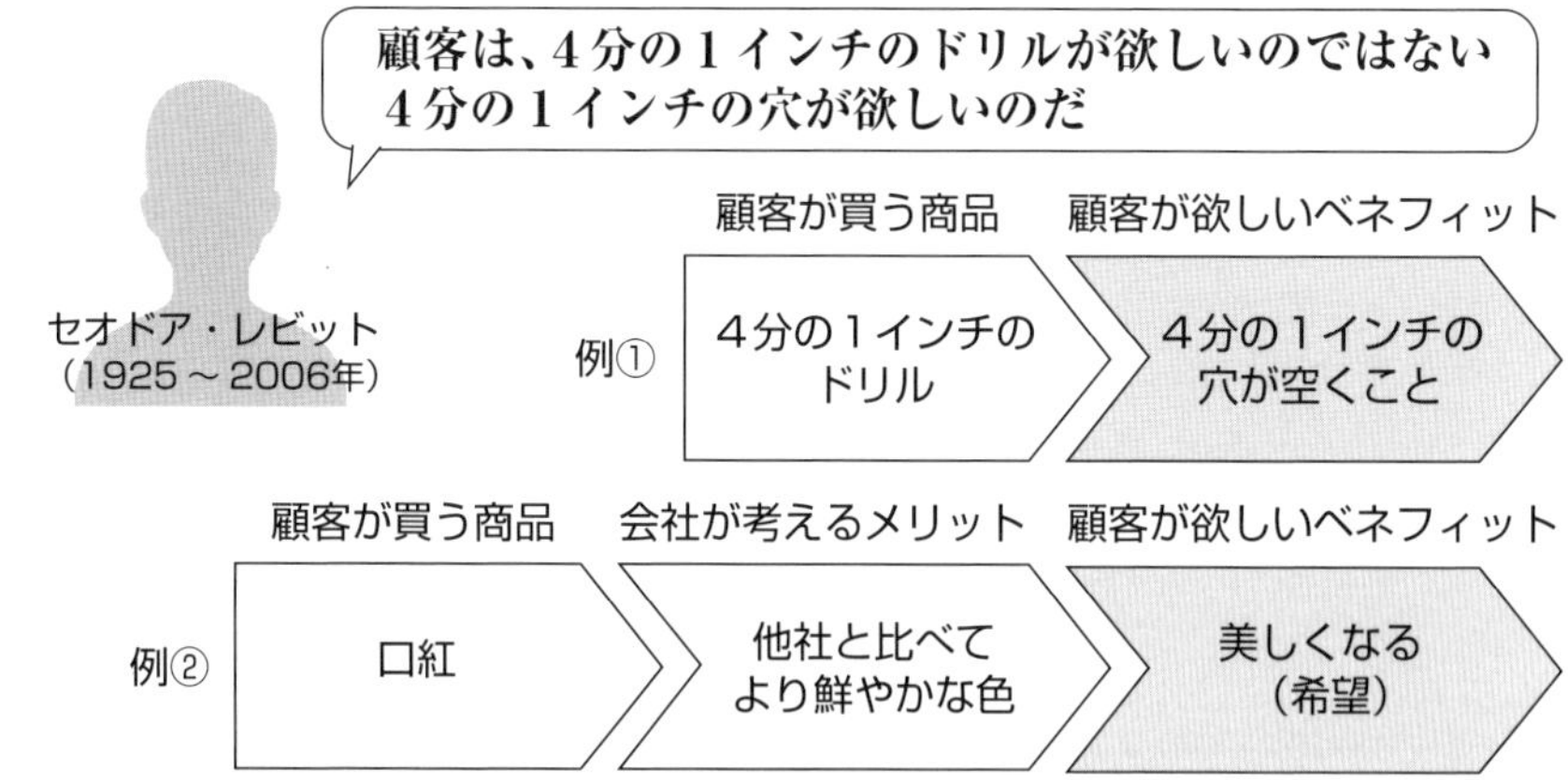

顧客にベネフィットを提供するのが、マーケティング

は美しくなる希望を売っている」。

この場合、会社が提供しているベネフィットは「美しくなる（希望）」です。

ベネフィットは、よく「メリット」と比較して説明されるので、補足しておきましょう。

メリットは、売り手の会社から見た商品やサービスの強み・特長と言えます。たとえば口紅なら、「他社と比べてより鮮やかな色」などとなるでしょう。それに対してベネフィットは、買い手の顧客から見た、欲しい効果・効用です。ですから、たとえば広告宣伝の際に、売り手から見たメリットばかりを強調しても、顧客に訴求できるとは限りません。

顧客が欲しいのは、商品やサービスを買うことで得られる効果や効用、ベネフィットだからです。

この商品やサービスを買うと、こんなに良い効果・効用がありますとアピールしてこそ、広告宣伝の効果が上がるのです。

4 マーケティングは「売る」を不要にすること？

ドラッカーによれば、「マーケティングはセールスを不要にする」⁉

◆「顧客にぴったりと合うもの」を用意する

結局のところ、マーケティングとは何なのでしょうか。マネジメントの父、ドラッカーは、マーケティングの狙いを「セリングを不要にすること」と述べています。

セリングとは「売る」という動詞の名詞形で、日本語的に言えばセールスです。セールスパーソンのセールストークや、セールスポイントのアピールを不要にすることなど、できるのでしょうか？

ドラッカーはそのために、「顧客を知り尽くし、理解し尽くして」、商品やサービスを「顧客にぴったりと合うもの」にする、と述べています。

自分にぴったりの商品やサービスがあれば、顧客は買う気になるでしょう。

マーケティングの成果として、顧客はすっかり「買う気になった顧客」となり、後はその商品やサービスを、顧客の目の前に「用意するだけでよい」というわけです。

◆そうすれば「ひとりでに売れる」

たしかに、以上のプロセスには、商品やサービスを売り込むようなセールスの要素が出てきません。

ドラッカーによればマーケティングとは、商品やサービスが「ひとりでに売れる」ようにすることなのです。

しかし、顧客にぴったり合う商品やサービスを、ひとりでに売れるようにするには、具体的にどうしたらよいでしょうか。

「ぴったり合う」ためには、顧客が求めるベネフィットはもちろん、顧客が思っていたとおりの値段であったり、どこで買えるかも大切です。それらを、顧客に知ってもらうことも必要になります。

「ひとりでに売れる」ためには、具体的に何と何をすればよいでしょうか（次項に続く）。

「セリングを不要にする」方法とは？

ピーター・ドラッカー

「マーケティングの狙いはセリングを不要にすることだ」

顧客を知り、理解する

↓ どんな顧客か、どんなニーズがあるか　etc.

商品やサービスを顧客とぴったり合うものにする

↓ ベネフィットは、価格は、どこで買えるか　etc.

自分にぴったり合うものは顧客が買う気になる

↓

顧客の前に商品やサービスを用意する

↓ 売込みは不要、用意するだけでよい

ひとりでに売れるようになる

セールス（売る）でなくひとりでに売れる

（ここには、セールスの要素がない）

マーケティングの狙いは、セールスなしで「ひとりでに売れる」ようにすること

5 マーケティングを実践する5つのプロセスとは？

R・STP・MM・I・Cのサイクルを回す

◆マーケティング・マネジメント・プロセスとは？

セールスなしに、商品やサービスがひとりでに売れるようにするには、何をすればよいでしょうか。**コトラーは、マーケティングの計画では5つのプロセスを踏む**と述べています。左の図の5つのプロセスがそれです。

この5つのプロセスは39ページの図のように、R・STP・MM・I・Cとして整理されていて、**「コトラーのマーケティング・マネジメント・プロセス」**と呼ばれています。

このマーケティング・マネジメント・プロセスが、商品やサービスをひとりでに売れるようにするために必要なことです。スタート地点の調査分析から、実行を経て結果の評価・検証まで、言わばマーケティングの全体像と言えます。

ですからこの本でも、第1章から、基本的にこのマーケティング・マネジメント・プロセスの内容に添って、具体的な内容を説明していきます。

ここでは、全体の流れをザッと概観しておくことにしましょう。

◆調査分析からターゲティングの決定へ

マーケティング・マネジメント・プロセスは、**「R」**（リサーチ）から始まります。いわゆるマーケティング・リサーチだけでなく、様々な情報源を利用することが可能です（→P108）。

また、リサーチとまとめていますが、調査だけに

「マーケティング・マネジメント・プロセス」とは？

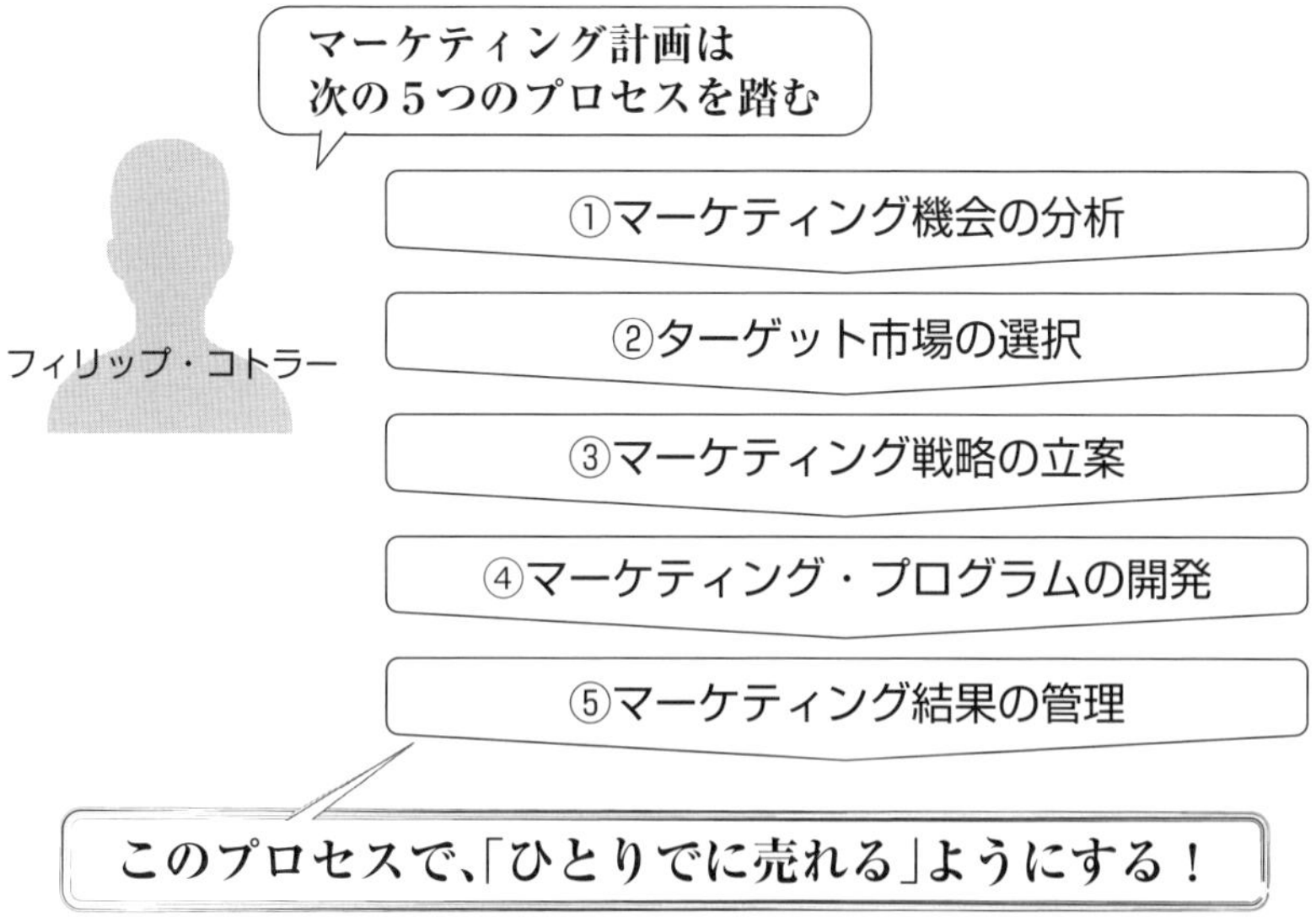
マーケティング計画は
次の５つのプロセスを踏む
フィリップ・コトラー
①マーケティング機会の分析
②ターゲット市場の選択
③マーケティング戦略の立案
④マーケティング・プログラムの開発
⑤マーケティング結果の管理
このプロセスで、「ひとりでに売れる」ようにする！

終わらず、調査結果の分析を行ないます。分析の対象は、顧客や競合などの外部環境だけでなく、自社の内部環境の分析が必要です（→P86）。

具体的には、様々なフレームワーク、分析手法が開発されているので、それらを利用することになります（→第2章）。

次に、**STP**はターゲットを絞り込むプロセスです（→P46）。どんな大企業でも、世界中のあらゆる顧客のニーズに応えることはできないので、まず市場を細分化して見ます（セグメンテーション）。

細分化した市場から標的市場を決定し（ターゲティング）、競合と差別化して優位性を確保する位置づけ（ポジショニング）が必要です。

◆マーケティング・ミックスはなぜ必要か？

STPで、基本的なマーケティング戦略は明確になるので、ここから戦略の具体化に進みます。と言っても、商品やサービスは、品質が良いだけ、価格が安いだけで、売れるようにはなりません。

商品やサービスの価値を顧客に知ってもらう必要もあるし、顧客が買おうと思ったらすぐに買えることも重要です。

そこで、それらの要素をいくつも組み合わせて戦略を具体化します。この組み合わせを**「マーケティング・ミックス（MM）」**と言います。

マーケティング・ミックスには、いろいろなフレームワークがありますが、代表的なのは「マッカーシーの4P」とか、「マーケティングの4P」と呼ばれるものです。

4Pでは、「製品」「価格」「流通」「販売促進」の、4つの要素でマーケティング・ミックスを構成しています（→P48）。

◆行動計画を実行し結果をフィードバックする

4番目のプロセス（I）は、コトラーの言い方では「マーケティング・プログラムの開発」となっていますが、これは行動計画とその実行、実施のことです。マーケティング戦略から具体的な行動計画を立て、実行に移します。

実行の後は、評価・検証のプロセス（C）になります。この段階で大切なのは、結果をフィードバックして、次のマーケティング戦略にスムーズに活用することです。

PDCAサイクルのように回すことで、マーケティング・マネジメント・プロセスは、より確実で効果的なものになります。

以上のR・STP・MM・I・Cが、言わば、ひとりでに売れるようにするしくみ、商品やサービスが「売れるしくみ」です。

それでは第1章から、売れるしくみはどのようにしたらつくれるか、具体的な内容を見ていくことにしましょう。

「マーケティング・マネジメント・プロセス」とは？

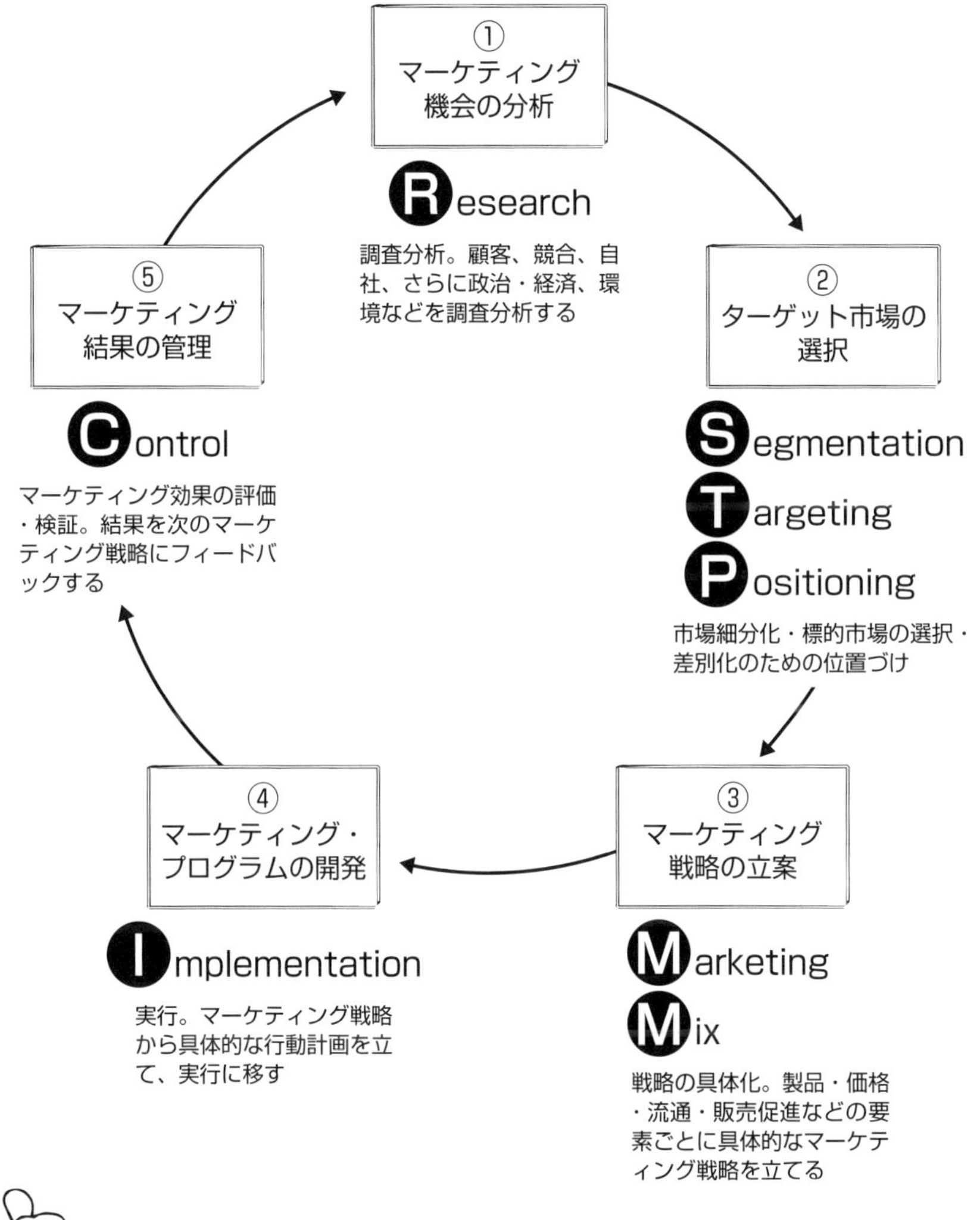
①
マーケティング
機会の分析
Research
調査分析。顧客、競合、自社、さらに政治・経済、環境などを調査分析する
②
ターゲット市場の
選択
Segmentation
Targeting
Positioning
市場細分化・標的市場の選択・差別化のための位置づけ
③
マーケティング
戦略の立案
Marketing
Mix
戦略の具体化。製品・価格・流通・販売促進などの要素ごとに具体的なマーケティング戦略を立てる
④
マーケティング・
プログラムの開発
Implementation
実行。マーケティング戦略から具体的な行動計画を立て、実行に移す
⑤
マーケティング
結果の管理
Control
マーケティング効果の評価・検証。結果を次のマーケティング戦略にフィードバックする

**マーケティング・マネジメント・プロセスを
回すことで「売れるしくみ」が生まれる**

Column

「シーズ志向」は
顧客のニーズ無視なのか?

ニーズと対比して、よく出てくる用語に「シーズ」があります。植物などの「種」の意味で、会社独自の技術や企画力、他社にない素材などのことです。
顧客のニーズから出発することを「ニーズ志向」というのに対して、会社の独自技術など、シーズから出発して製品開発などをすることを「シーズ志向」と呼んだりします。というと、顧客のニーズを無視した独りよがりに聞こえますが、そうでもありません。

たとえば、顧客自身も意識していないようなニーズ、すなわち顕在化していないニーズがあった場合、いくらニーズ志向のマーケティング・リサーチを行なっても、結果にはあらわれません。しかし、シーズ志向でリサーチを行なうと、「そういえば、こういうものがあると便利かも」と、結果にあらわれることがあります。

シーズ志向で成功した例として、よく引き合いに出されるのが、appleの創業者スティーブ・ジョブズが世に送り出した製品群です。iPodやiPhoneを見て、消費者は初めて「こういうのが欲しかったんだ」と気づいたのです。

第1章

まず知っておきたい「マーケティングの基本」

マーケティング戦略の基本とは、「顧客」のことを考え抜いて、製品戦略や価格戦略、流通戦略、プロモーション戦略を立てていくことにある。

1 「売る」のでなく「売れるしくみ」をつくるには？

顧客のすべてのニーズに応えれば、ひとりでに売れる！

◆顧客の求める商品がラインナップに入るしくみ

顧客のニーズに応えて売上を上げるといっても、簡単なことではありません。それは、顧客のニーズも簡単なものではないからです。

たとえば、顧客が仕事に着ていく服を求めていたとして、色とデザインが顧客の求めているものと違うと、顧客のニーズに応えられません。

こうした場合、セールスの方法では「この色とデザインもお似合いですよ」とか「動きやすいデザインです」「汚れが目立たない色です」といったメリットをあげて、顧客を説得しようとします。

説得がうまくいけば商品は売れますが、失敗すれば売れません。最初から、顧客の求める色とデザインが商品のラインナップに含まれていて、そうなるしくみになっていれば、商品は売れたはずです。

◆顧客が求める価格設定になるしくみ

色とデザインだけではありません。月曜から金曜まで毎日使うものですから、あまり高価なものは困ります。要するに**「顧客の求める値段」でなければならない**のです。

顧客の求める値段より高い場合、セールスの方法では（販売員に権限があれば）値引きします。商品の価格を顧客のニーズに合わせるわけです。

しかしこの方法は、売上は上げても、利益を減らします。

最初から、顧客が求める価格設定になっていれば、

「売れるしくみ」とはどういうものか？

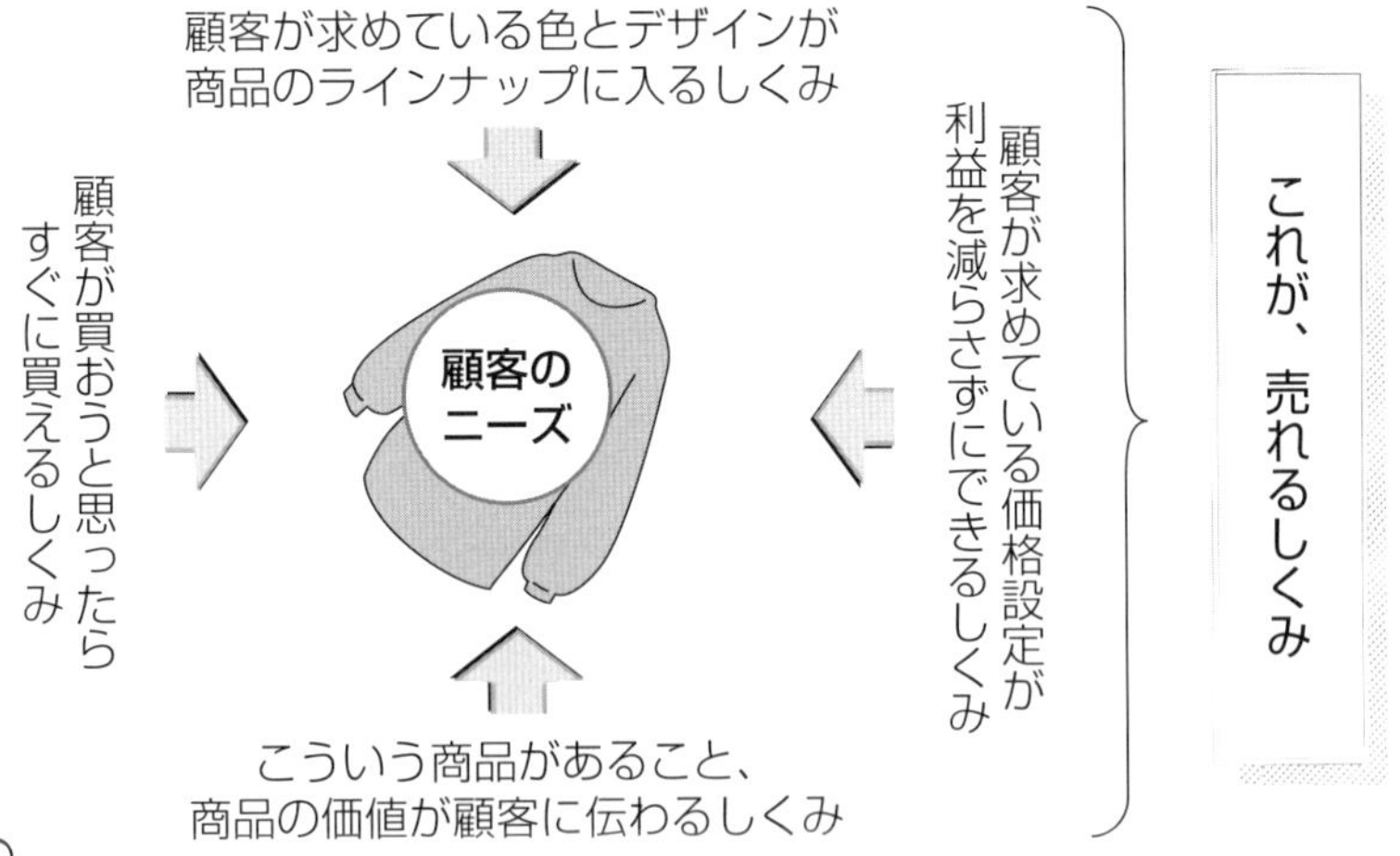
顧客が求めている色とデザインが
商品のラインナップに入るしくみ
顧客が求めている価格設定が
利益を減らさずにできるしくみ
顧客が買おうと思ったら
すぐに買えるしくみ
顧客の
ニーズ
こういう商品があること、
商品の価値が顧客に伝わるしくみ
これが、売れるしくみ

売れるしくみができると「ひとりでに売れる」ようになる

そしてそのような価格設定ができるしくみになっていれば、利益を減らさずに売れるはずです。

ほかにも、顧客が買いたくなったらすぐに買えるしくみがあると、商品がすぐに売れます。また、ここにこういう商品があること、商品の価値が顧客に伝わるしくみも必要です。

◆マーケティングは「売るためのしくみ」ではない

以上のようなしくみをつくるのが、マーケティングの役割なのです。

注意したいのは、「売る」ための技術やしくみではないことです。いろいろなしくみがきちんとできると、ドラッカーが言うように「ひとりでに売れる」ようになります（→P34）。

そして忘れてならないのは、すべてのしくみが「顧客のニーズ」から出発しているということです。**「まず顧客のニーズありき」**なのです。

2「顧客のニーズ」とはいったい何だろう

顧客の「欲求」は、買うまでに3つの段階がある

◆ニーズ、ウォンツ、デマンズとは?

では、顧客のニーズとはどういうものでしょうか。単純に訳せば、欲求といった意味ですが、マーケティングの神様、コトラーは、顧客の欲求をあらわす用語として3つのことばを使っています。

第1は、そのまま「ニーズ」です。「必要」という意味で、漠然と欲求が満たされていないと感じる状態を言います。

42ページの例で言えば、「仕事に着ていく服が足りないなあ、もう何着か必要かも……」と、あまり具体的でなく考えている状態です。

第2は「ウォンツ」。ニーズがある程度具体化した「欲求」になり、特定のものを欲しいと考える状態のことを言います。

服で言えば、「仕事に着ていくんだから、こういう色とデザインの服がいいな」というところまで、具体化した状態です。

そして**第3は「デマンズ」**になります。「需要」という意味ですが、買う意思とともに、買える能力が必要です。

求めていた色とデザインの服が見つかり、しかも「この値段なら買える、買おう」となります。

◆マーケティングはニーズをつくれない!?

漠然としたニーズ、また、ある程度具体化したウォンツだけでも、商品やサービスは売れません。

顧客の欲求の３つの段階とは？

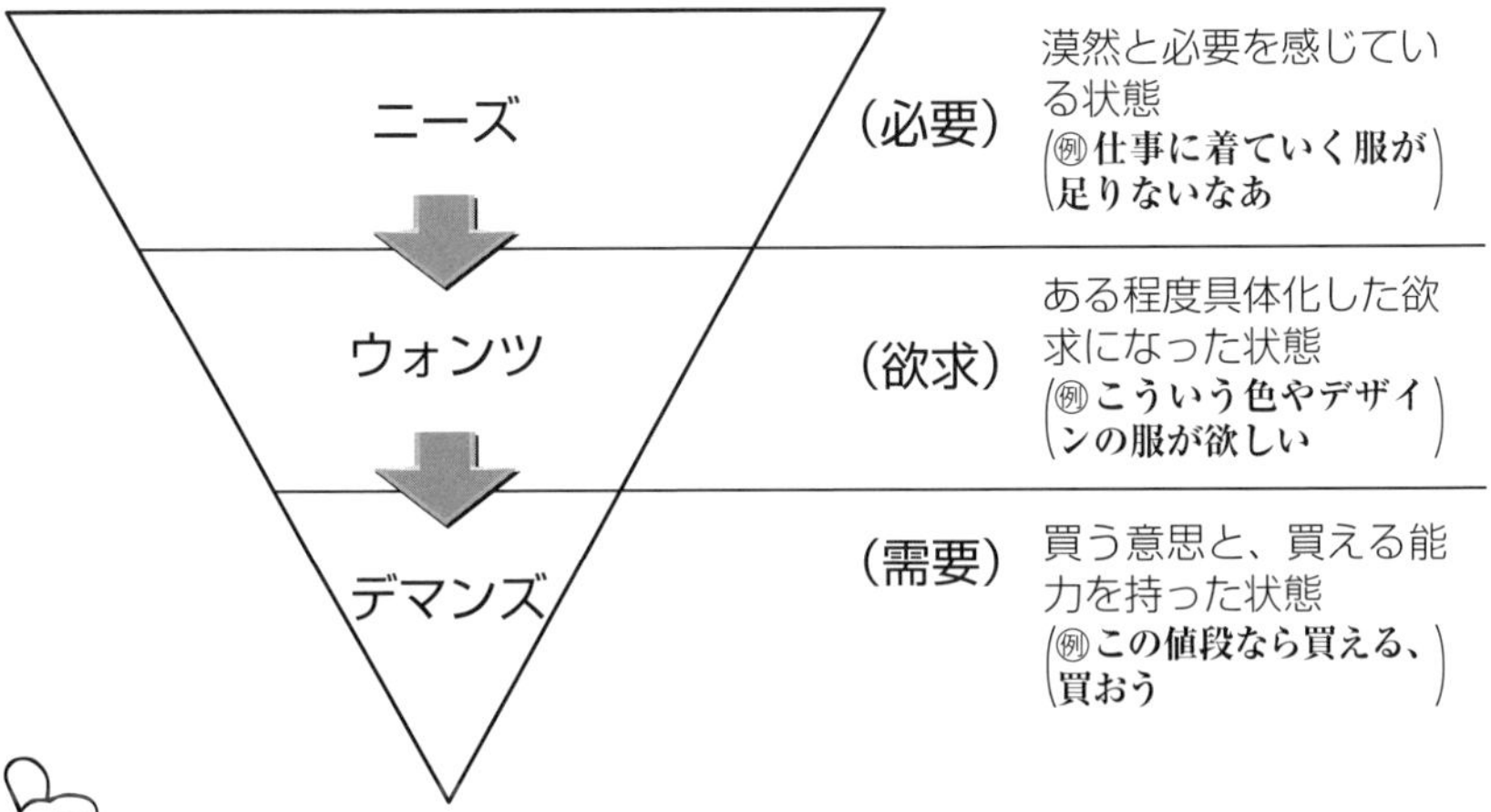

ニーズ	（必要）	漠然と必要を感じている状態（例 仕事に着ていく服が足りないなあ）
ウォンツ	（欲求）	ある程度具体化した欲求になった状態（例 こういう色やデザインの服が欲しい）
デマンズ	（需要）	買う意思と、買える能力を持った状態（例 この値段なら買える、買おう）

デマンズまで進まないと、商品やサービスは売れない

売れるしくみをつくって、顧客の能力（経済力など）で買えるように、デマンズまで進めることが大切です。

言い換えれば、顧客の要求を的確に把握することが、「売れるしくみ」につながっていくわけです。

コトラーは、マーケティングはニーズをつくり出すことはできない、とも言っています。つまり、そもそも必要を感じていない顧客に、必要を感じさせることはできないということです。

しかし、ウォンツとデマンズに影響を与えることはできます。

ニーズを持った顧客を調査・分析し、どんな色やデザインが求められているか、どのくらいの価格なら買えるか（売れるか）、商品やサービスが売れる方向に向けることが可能です。

マーケティング戦略において、「顧客のニーズに応える」とは、そういう意味なのです。**マーケティングとは、顧客のことを考えるしくみ**なのです。

3 売れるしくみをつくる3つのステップとは？

ターゲットを絞れば、顧客のニーズに応えることができる

◆顧客のニーズに応えるためのSTPとは？

どんな大企業でも、世界中のすべての人の、あらゆるニーズに応えることはできません。

顧客がいる抽象的な空間、世界のことを、マーケティングでは「市場《しじょう》」（マーケット）と呼びますが、世界中のあらゆる市場のニーズに応えられる企業はないのです。

そこで必要になるのが、ターゲットを絞るということです。市場を細かく区分して、そのうちのどれかにターゲットを絞るわけです。そうすれば、その市場の顧客のニーズに応えることができます。

その方法を3つのステップにまとめ、マーケティングの手法として提唱したのがコトラーです。その手法は、3つのステップの頭文字をとって「STPマーケティング」と呼ばれています。

◆ターゲットを絞ってポジションを決める

詳しくは後の章で紹介しますが（→P134）、第1のSは「セグメンテーション」（市場細分化）です。**広大な市場を、細かく細かく区分（セグメント）していく**のです。

地域で区分することもできるし、顧客の年齢で区分することもできるでしょう。様々な区分の基準を、組み合わせて細分化することも可能です。

細かく区分するほど、市場のニーズに応えやすくなります。

第2のTは「ターゲティング」（標的市場の選択）です。細かく区分したセグメントの中から、どのセグメントを標的とするか決めます。

これには、会社の経営資源の大きさなどから、いくつかのパターンがあります（↓P140）。

ターゲティングの段階でターゲット市場が決まりますが、もうひとつ大事なのはターゲット市場での立ち位置（ポジション）を決めることです。

その市場の顧客にとって、自社や商品・サービスがどんな位置を占めるのか、高いけれど品質が良いイメージか、手頃で買いやすいイメージか、といったポジションを明確にします（↓P152）。

STPの3ステップとは？

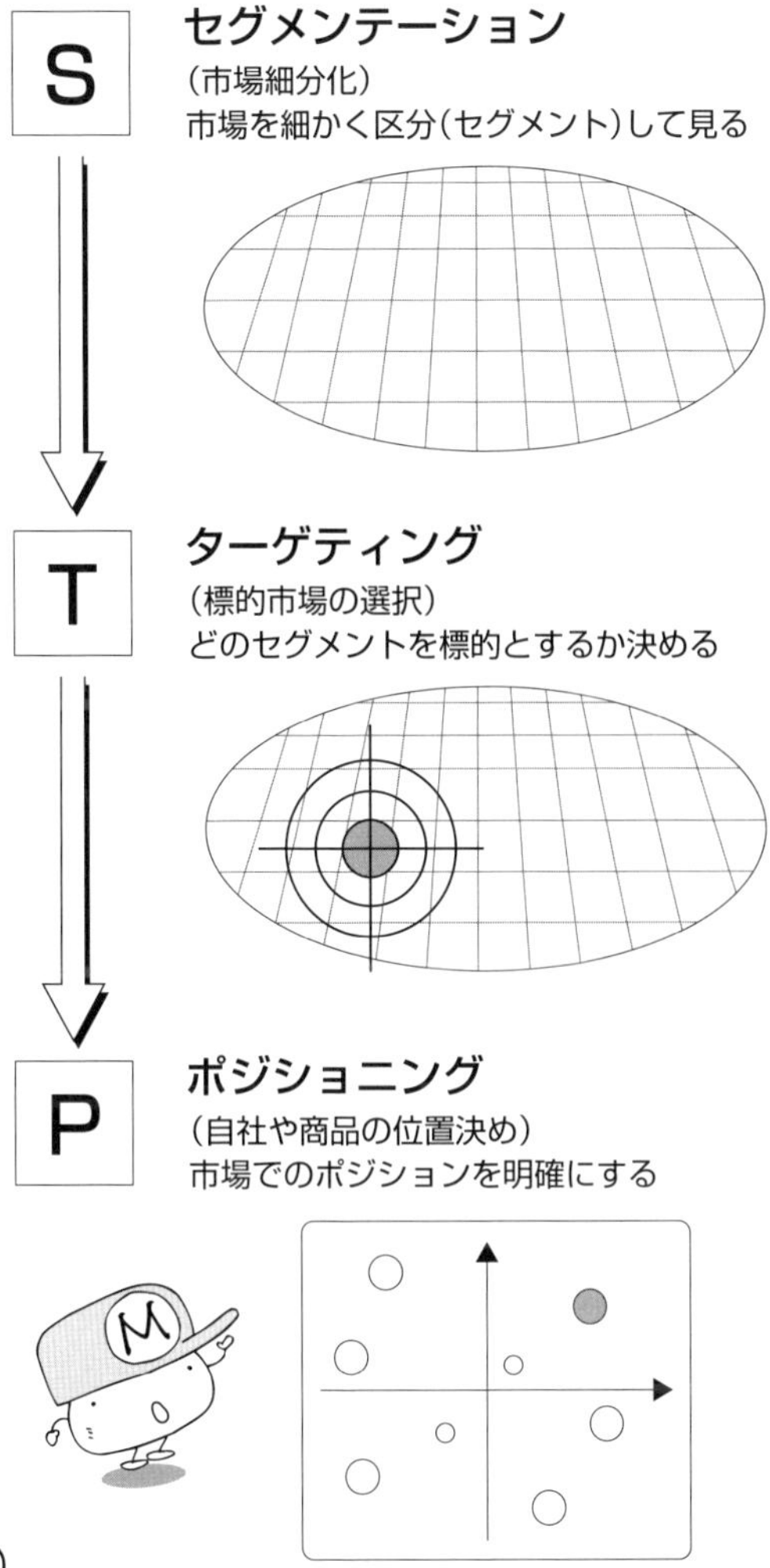
S
セグメンテーション
（市場細分化）
市場を細かく区分（セグメント）して見る
T
ターゲティング
（標的市場の選択）
どのセグメントを標的とするか決める
P
ポジショニング
（自社や商品の位置決め）
市場でのポジションを明確にする
M

**STPによって、
ターゲットにした市場の
顧客のニーズに応えることができる**

4 「マーケティングの4P」は何をあらわすのか？

製品戦略、価格戦略、流通戦略、プロモーション戦略が必要になる

◆マーケティング・ミックスを４つのPに！

ターゲット市場が決まり、市場の中でのポジションを決めたら、マーケティング・ミックスの要素を検討します。

服の例でもわかるように、顧客は色とデザインさえ良ければ買うというわけではないので、売れるようにするには何と何をする必要があるか、組み合わせを考えるのです。

マーケティング・ミックスの組み合わせには、いくつかのフレームワークがありますが、代表的なのは**「マッカーシーの4P」**とか**「マーケティングの4P」**と呼ばれるものです。

アメリカのマーケティング学者ジェローム・マッカーシーは、マーケティング・ミックスの要素を左の図の４つのPにまとめました。

これによれば、必要なのは①製品戦略、②価格戦略、③流通戦略、④プロモーション戦略ということになります。

◆4Pを買い手の視点から見た「4C」とは？

３つめのPのPlaceは買う「場所」の意味ですが、今日では「流通」のことと考えられています。４つめのPのプロモーションとは販売促進のことです。

この４つのPというフレームワークは、わかりやすいので現在もよく使われています。

しかし、マッカーシーが４Pを提唱したのは1960年代のことなので、今日から見ると売り手

側の視点に偏っているという指摘もあります。
そこで、アメリカの広告学者であるロバート・ラウターボーンという人が提唱したのが「ラウターボーンの4C」です。

図を比較すればわかりますが、「プロダクト」は課題の解決を意味する「ソリューション」に、「プロモーション」は「コミュニケーション」にするなど、買い手である顧客の視点に変えられています。

「4つのP」とは？

〈マッカーシーの4P〉

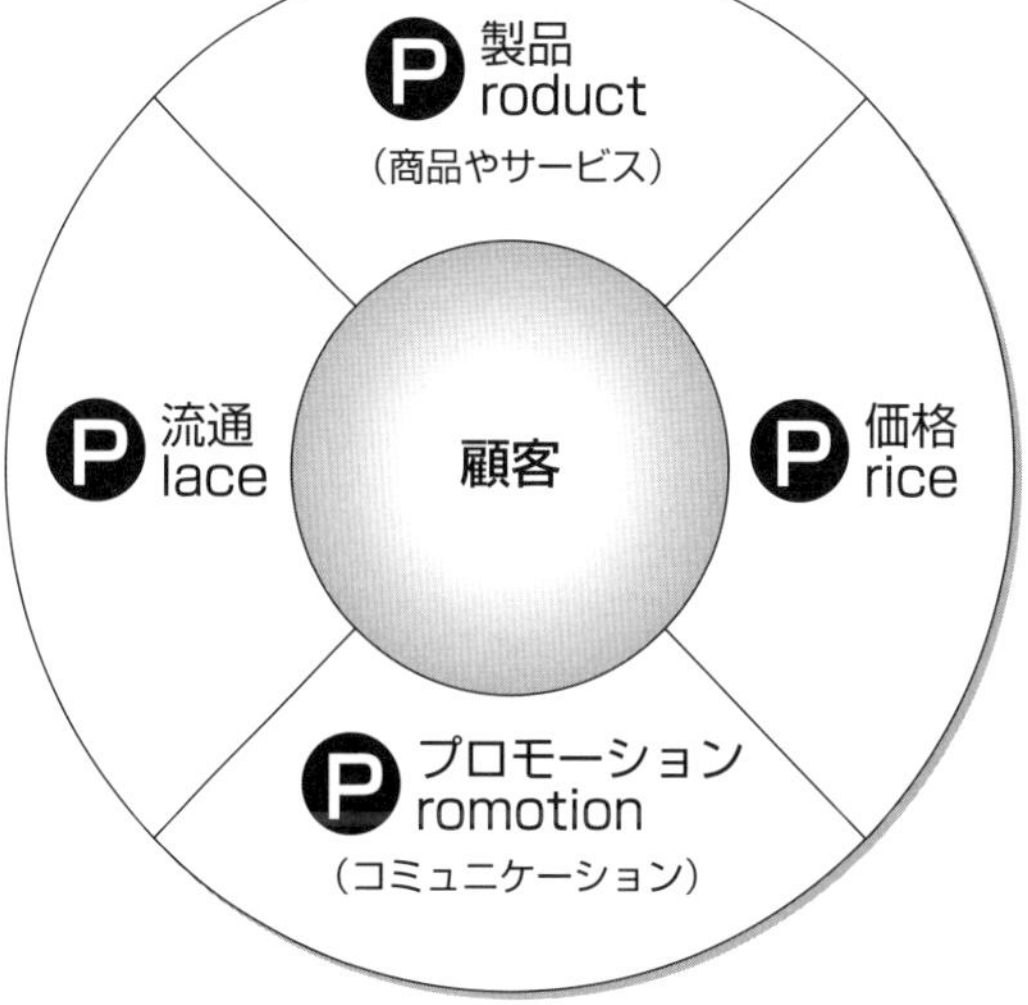

〈ラウターボーンの4C〉

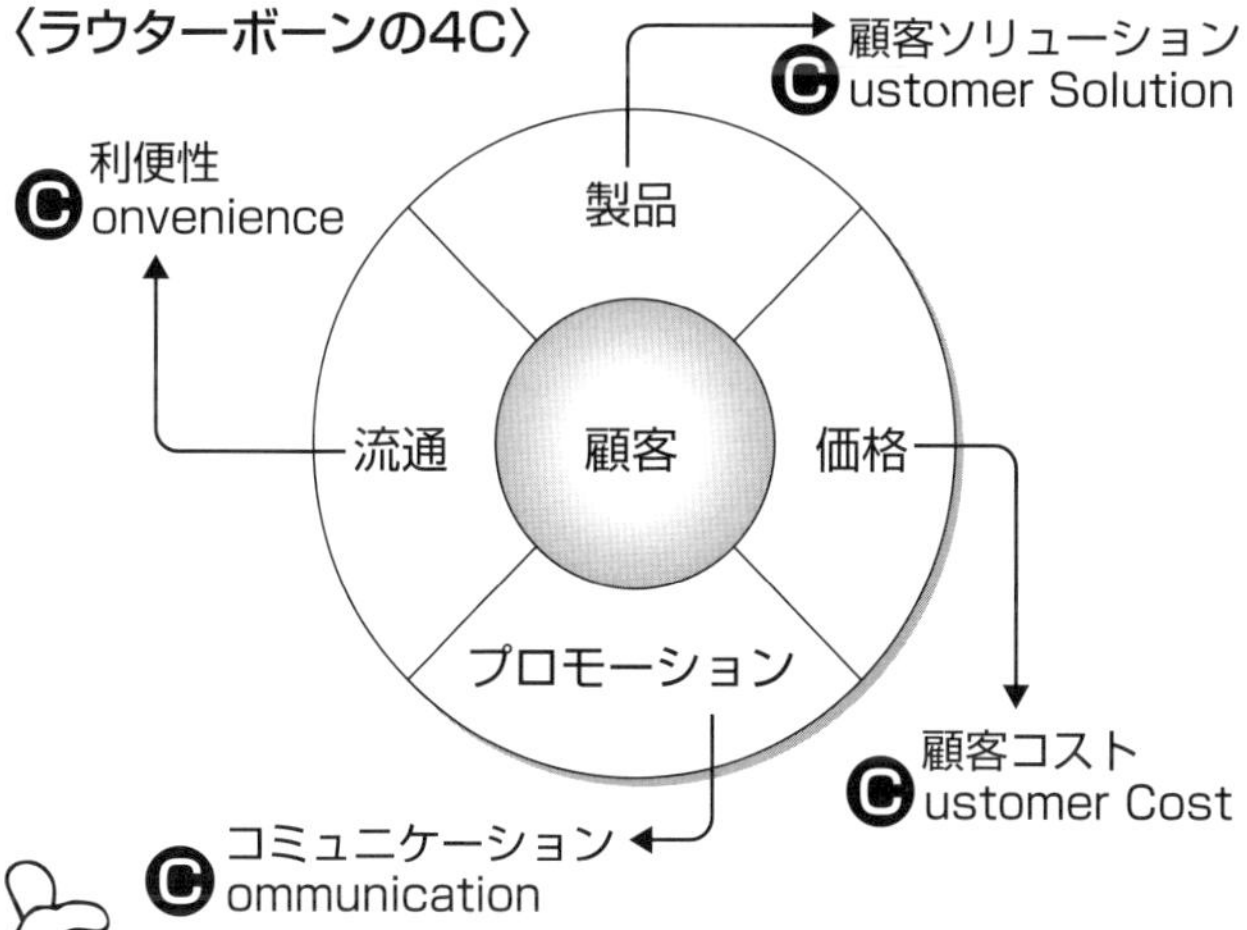

マッカーシーの4Pはわかりやすいが、売り手の視点に偏っているという指摘もある

5 「顧客満足」「顧客価値」とは、どういうことだろう

顧客価値を高めれば、顧客満足の度合いも高くなる

◆顧客満足は顧客の期待と結果の差から生まれる

マーケティング・ミックス、4つのPが必要なのは、顧客の様々なニーズに応えて、顧客に満足してもらうためです。

ドラッカー流に言えば、「顧客は満足を買っている」ということになります（→P31）。この「顧客満足」は、マーケティングを考える上で、非常に大切だと言えるでしょう。では、「顧客満足」とは、顧客のどういう状態のことを言うのでしょうか。

顧客は商品やサービスを購入する前に、店頭で触れたり、広告宣伝を見たりして、商品やサービスに対して一定の期待を抱きます。

実際に購入してみて、顧客自身が期待と結果を比べ、期待どおりだと「まあ満足」、期待を超えると「大いに満足」となるわけです。もし結果が期待より低いと、顧客満足になりません。

ここで注意したいのは、顧客満足が顧客の期待と比べた相対的なものだということです。

たとえば、商品のプロモーションで非常に魅力的なCMを流し、顧客の期待値を高めてしまうと、顧客満足のハードルも高くなってしまいます。

◆顧客の期待値と結果の差が「顧客価値」

顧客満足と、よく並べて説明されるものに「顧客価値」（カスタマー・バリュー）があります。

これは「この商品やサービスなら、この価格の代

「顧客満足」「顧客価値」とは？

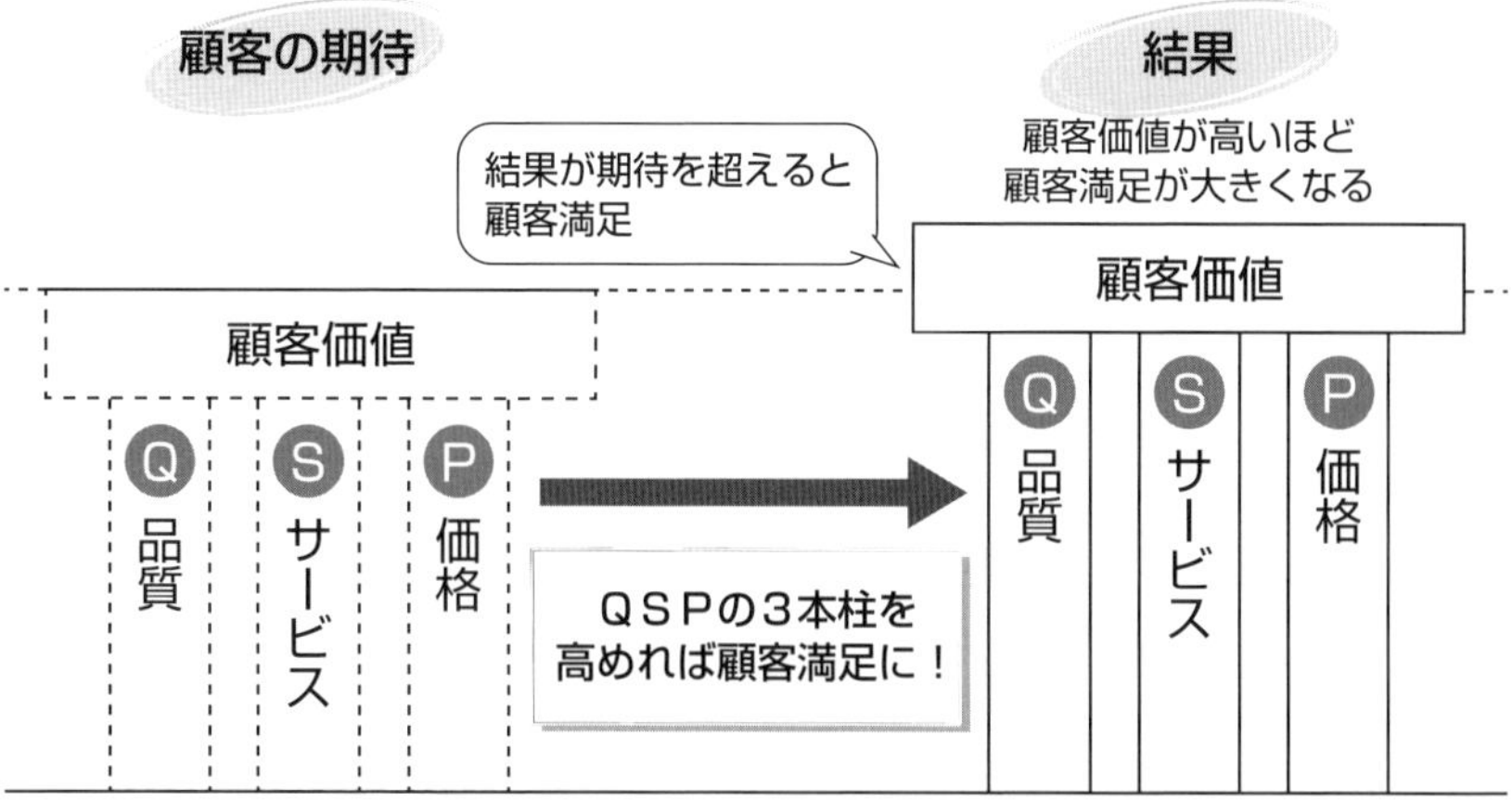

QSPの3本柱が顧客の期待より高ければ顧客満足

金を払っても満足できる」と、顧客自身が感じる価値のことです。

ですから、先の説明を言い換えると、「顧客価値が期待どおりか、期待を超えると顧客満足。顧客価値が期待に達しないと顧客満足にならない」ということになります。

顧客価値は、具体的には品質・サービス・価格の3つとしてあらわされます。

品質とは、機能性や性能に加えて、デザインなども含めた総合的な評価です。

サービスはアフターサービスやサポートなどの内容・対応などについての評価、価格は価格設定や割引、キャンペーン価格なども含めた評価です。

この3つはクオリティ・サービス・プライスの頭文字をとって「QSP」とも呼ばれ、「顧客価値の3本柱」と言われています。

QSPの3本柱が顧客の期待値より高ければ、顧客満足になるわけです。

6 実行の前に知っておきたいマーケティング環境とは？

ブロード環境は、タスク環境に大きな影響を与える

◆「タスク環境」を知っておくことの大切さ

マーケティング・マネジメント・プロセスでは、マーケティング・ミックスの次のプロセスは「実行」になっています（→P38）。

しかし、**マーケティング戦略を実行に移す前には、実行に移す環境について知っておくことが必要**です。コトラーによれば、マーケティング環境には「タスク環境」と「ブロード環境」があります。

タスク環境とは、「製品・流通・プロモーションなど」のこと。要するに、マーケティング戦略を実行するに際して、関わりを持つ人や企業の状況・状態のことです。

左の図のように、関係者としては自社の社員や、原材料などの供給業者、商品やサービスの流通業者、そしてターゲットとなる顧客などがいます。

◆「ブロード環境」によっては戦略の修正もある

ブロード環境は、自社や、タスク環境の関係者を取り巻く外部環境です。左の図の6つに分類されています。デモグラフィックとは、年齢・地域・所得など人口統計学的な要素のことです。

これらのブロード環境は、自社やタスク環境の関係者に大きな影響を与えています。

ブロード環境の変化に注意を払い、もし大きな変化があったら、実行に移した後であっても、マーケティング戦略を修正しなければなりません。

「ブロード環境」「タスク環境」とは？

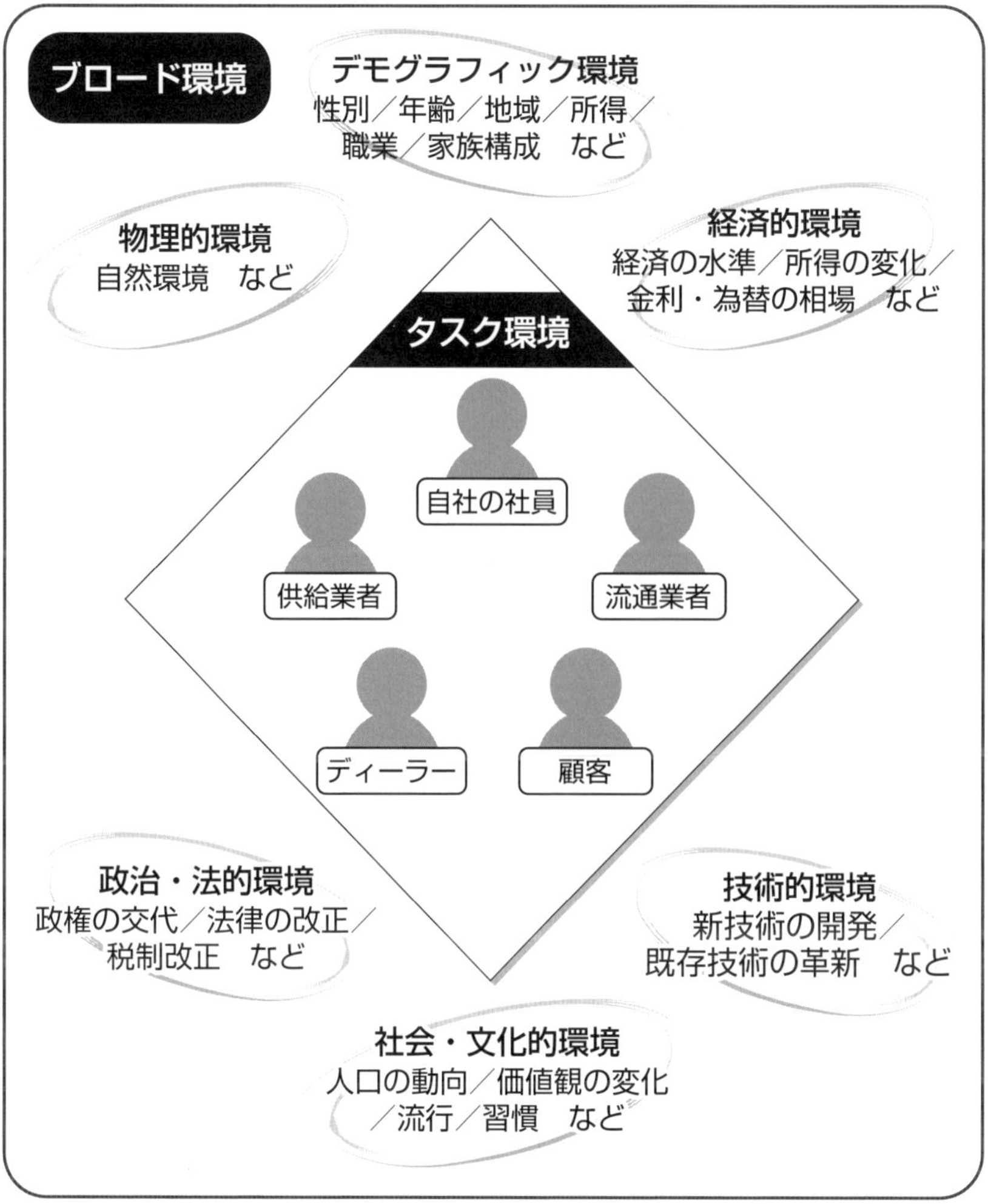

ブロード環境の変化はタスク環境に大きな影響を与えるので、ときにはマーケティング戦略の修正が必要になることもある

7 BtoBマーケティングは、どこが違うのか？

いろいろ違うが、マーケティングの目標が変わる点が大きい

◆BtoC、BtoBマーケティングを比べてみる

ここまでの話で、顧客という単語が何度も登場しました。顧客と聞いて、リアル店舗やネットで買い物をする消費者をイメージした方も、多かったかもしれません。

消費者を相手にしたマーケティングは、BtoC（business to customer）です。しかし、顧客は「消費者」とは限りません。読者の方の中にも、顧客は他の企業や団体という会社にお勤めの方が多いのではないでしょうか。

このような、顧客が企業や団体の場合のマーケティングを、近年は「BtoBマーケティング」と呼ぶことが多くなっています。BtoBマーケティングについて見ておきましょう。

「BtoBマーケティング」と、「消費者を顧客とする場合のマーケティング＝BtoCマーケティング」の最大の違いは取引金額かもしれません。

BtoCでは（家やクルマを別にすれば）高い買い物をしてもせいぜい数十万円。しかしBtoBでは、取引金額が数億円に達することもあります。その分、大量の商品やサービスが動くわけです。

その代わり、顧客の絶対数はBtoCが圧倒的に多く、BtoBでは顧客になる企業や団体は少数です。BtoBマーケティングとBtoCマーケティングの主な違いを左の表にまとめてみました。

BtoCでは、商品やサービスは基本的に完成品なのに対して、BtoBは原材料や部品も扱う点も、目

BtoC、BtoBマーケティングとの違いとは？

	BtoBマーケティング	BtoCマーケティング
顧客の種類	法人や団体	一般の消費者
顧客の数	少ない	多い
扱う商品・サービス	完成品以外に原材料・部品・製造機械など	通常は完成品
商品やサービスの利用者	購買者と利用者が同じとは限らない	通常は購入者が利用者
取引金額	通常は高額（数十万円～）	通常は低額（数百円～）
価格設定	案件ごとに見積り	販売側が決定して提示
販売方法	通常は企業の営業パーソンが販売	通常は小売店、ＥＣサイトなどを通じて販売
購買の決定権者	複数の担当者による承認	購入者がひとりで決定
決定までの検討期間	通常は一定の期間が必要	通常は短時間で決定
顧客とのコミュニケーション	継続的なコミュニケーションが必要	購入後はとくにコミュニケーション不要

立った違いと言えます。

◆マーケティングの目標も変わる

説明が長くなるので図表化していませんがBtoBとBtoCではマーケティングの目標も違います。

BtoCでは、できるだけ多くの集客を目標にするケースが多いのですが、**BtoBマーケティングでは見込み客の獲得・育成を目標にするのが通常**です。

BtoBでは、基本的に案件ごとに見積りを出すことになるので、見積りを求めてくる見込み客が重要になってくるのです。

そのため、担当の営業パーソンを置き、継続的に良好なコミュニケーションをとることが必要になります。

BtoCでも同様の手法をとることがありますが、できるだけ多く集客して、その一定割合を購入につなげる方法が一般的です。その場合、購入後のコミュニケーションも、基本的に不要になります。

8 マーケティング戦略と企業戦略の関係は？

企業戦略、事業戦略と一貫したマーケティング戦略が大事になる

本章の最後に、会社の様々な戦略の中における、マーケティング戦略の〝位置づけ〟を考えてみます。

◆マーケティング戦略は会社の機能戦略のひとつ

マーケティングとは「売れるしくみのつくり方」と言えます。ここでは、**「誰に」「何を」「いくらの対価で」「どのように」売れるようにするか**を考えます。「誰に」は顧客、「何を」は商品やサービス、「いくらの対価で」は価格、「どのように」は流通とプロモーションということです。

ですから、どちらかと言えば「経営」というよりは、開発や製造、販売や宣伝といったビジネスの現場に近い位置づけです。

会社の経営戦略には、企業戦略（全社戦略）・事業戦略・機能戦略の3つのレベルがありますが、マーケティング戦略は現場に近い、機能戦略のひとつになります。

◆企業戦略、事業戦略と一貫したものにする

マーケティング戦略は機能戦略のひとつですから、事業戦略や全社戦略と一貫したものでなければなりません。もっと言えば、会社のミッションやビジョンに合致したものである必要があります。

ミッションとは、その会社が何のためにあり、何のために事業を行なっているのかということです。ビジョンとは、会社が将来どうありたいか、なりたいかをあらわしたものです。

会社における「マーケティング戦略」の位置づけを見る

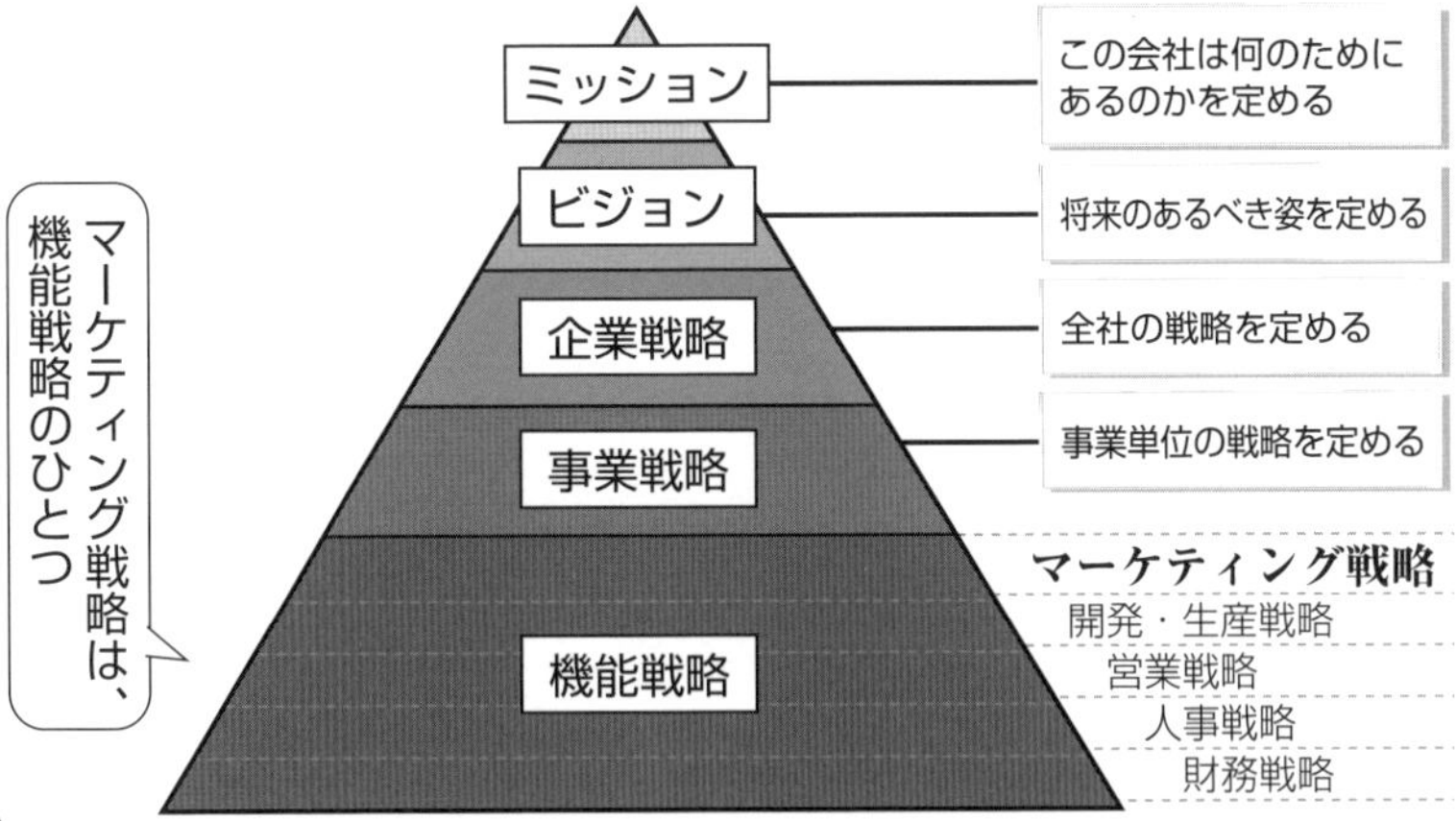
ミッション
この会社は何のためにあるのかを定める
ビジョン
将来のあるべき姿を定める
企業戦略
全社の戦略を定める
事業戦略
事業単位の戦略を定める
機能戦略
マーケティング戦略
開発・生産戦略
営業戦略
人事戦略
財務戦略
マーケティング戦略は、機能戦略のひとつ

マーケティング戦略は、ミッション、ビジョンなど上位の戦略と一貫したものであることが大切！

どちらも会社の「経営理念」などの文書に明文化されています。

◆ミッションと一貫したマーケティング戦略に！

たとえば、会社のミッションが「消費者に良いものを安く」であるのに、マーケティング戦略で「富裕層向けの高級路線」を打ち出しても、うまくはいきません。安くて、良いものを期待した消費者には受け入れられないでしょう。

会社の「全社戦略」は、ミッションやビジョンから策定されたものです。また事業戦略は全社戦略から策定されているので、これもブレがありません。同じように、マーケティング戦略も、ミッションやビジョンと一貫したものでなければなりません。

こうして**すべての戦略が一貫していて初めて、最大の効果を発揮することができる**のです。これが、マーケティング戦略を策定する場合の重要な要素と言えるでしょう。

Column

優良企業ほど陥る「イノベーションのジレンマ」

イノベーションのジレンマとは、優良な大企業がしばしば、新しい技術の採用などで新興のスタートアップ企業に後れをとる現象のことです。1997年に、ハーバード大学ビジネススクール教授のクレイトン・クリステンセンが発表しました。

それによると、イノベーション（技術革新）には、既存の製品の改良を続ける「持続的イノベーション」と、市場を一変させてしまうような「破壊的イノベーション」があります。

そして、過去に破壊的イノベーションを起こした優良企業ほど、その後は持続的イノベーションに偏りやすいと言うのです。

理由は様々ありますが、ひとつには優良企業ほど顧客のニーズをよく知っていて、ニーズに応えるための改良を続けてしまうことがあげられます。

また、破壊的イノベーションの製品と既存の製品のターゲット顧客が同じだった場合、カニバリゼーション（共食い）に陥るリスクも、大企業が参入しにくい理由のひとつです。

その間隙を突いて、新興のスタートアップ企業が市場を席巻し、優良大企業のほうがシェアを失うこともあります。デジカメやカメラ付き携帯が登場したときに、後れをとった光学フィルム・メーカーなどは、イノベーションのジレンマの一例です。

第2章
会社と環境を分析してマーケティング戦略を立てる

顧客だけでなく、経営環境を分析し、マーケティングの総合的な戦略を立てていこう。

1 マーケティングは、どこから始まるのだろう

価値提供プロセスでは、スタートからマーケティングが始まる

◆マーケティングは「商品」から始まるのか？

マーケティング戦略の立案から、マーケティングが始まるのでしょうか。

昔の考え方では、企業には、企業が開発して生産や販売をしている商品やサービスというものが、まずあります（→P30）。

（→P30）

マーケティングは、「どうしたら、その商品やサービスが売れるか」――そこからスタートするわけです。

しかしこれは、「作れば売れた」時代の考え方です。モノやサービスがあふれ、消費者の選択肢も増えて、競合他社との競争が激しくなっている今日の市場では通用しません。

◆商品やサービスの「価値提供プロセス」とは？

フィリップ・コトラーはマーケティングの神様と呼ばれていることは前述しましたが、彼は顧客に商品やサービスが届くまでを「価値提供プロセス」と呼んでいます。「顧客が満足するように、より大きな顧客価値を提供するプロセス」という意味です。

コトラーの価値提供プロセスは、左の図のように3つのプロセスから成ります。

最初の**「価値の選択」**は、要するにSTPです。市場をセグメンテーションした後、ターゲティングとポジショニングを行なって、顧客に提供する価値を選択します。

もちろん、その前に調査分析が入りますが、ス

「価値提供プロセス」とは？

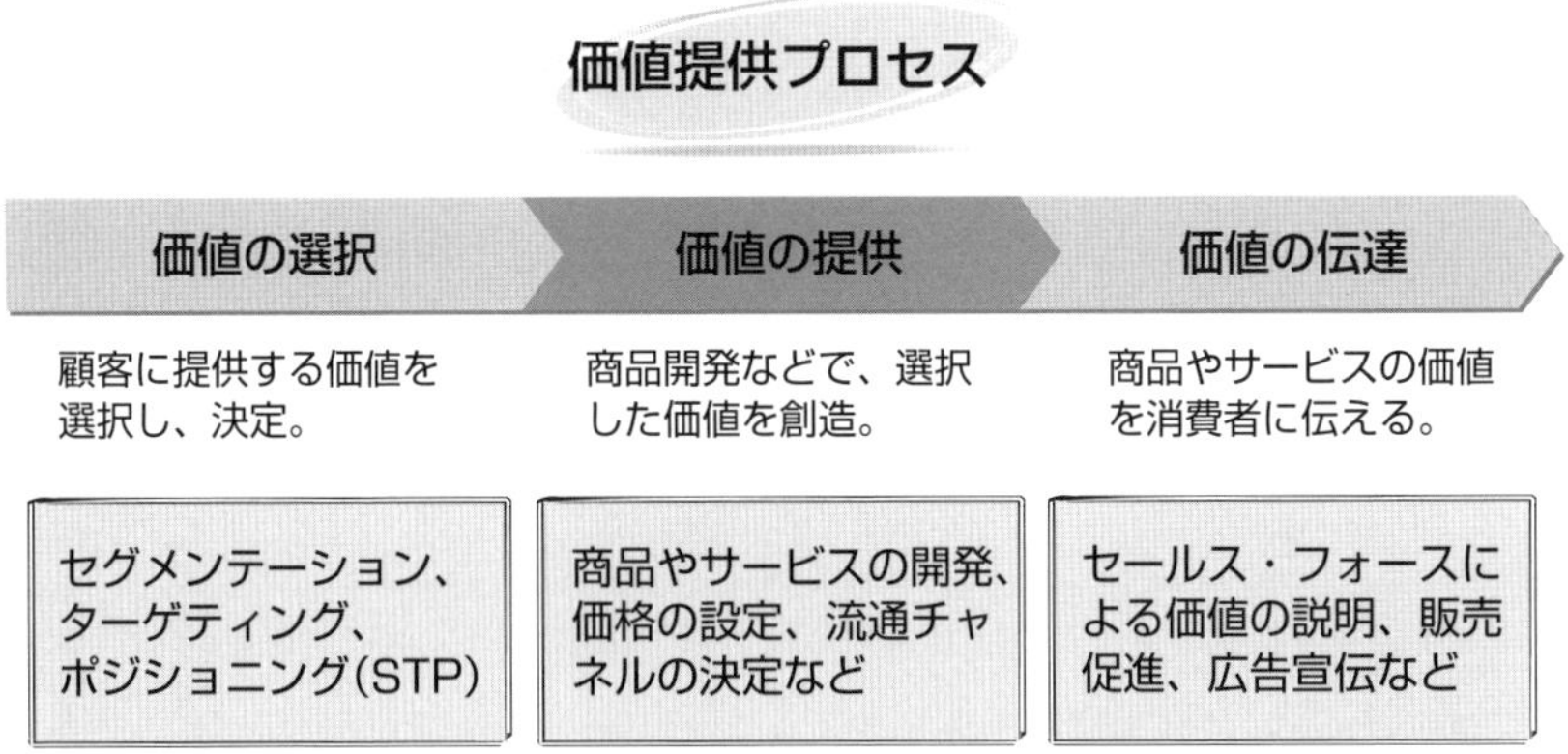

価値提供プロセス
価値の選択
価値の提供
価値の伝達
顧客に提供する価値を選択し、決定。
商品開発などで、選択した価値を創造。
商品やサービスの価値を消費者に伝える。
セグメンテーション、ターゲティング、ポジショニング（STP）
商品やサービスの開発、価格の設定、流通チャネルの決定など
セールス・フォースによる価値の説明、販売促進、広告宣伝など

顧客が喜ぶように、より大きな顧客価値を提供する

タートからすでに、マーケティングが始まっていると言えるでしょう。

◆最初から最後まですべてがマーケティング

では、昔のスタート地点、商品やサービスはどこかというと、第2のプロセス「**価値の提供**」の初めです。しかも、商品やサービスの、そもそもの開発から始まります。

これがマーケティング・ミックスの①、製品です。②の価格設定、③の流通も、この価値の提供プロセスに含まれます。

第3のプロセス、「**価値の伝達**」で行なうのは、セールス・フォース（販売部隊）による価値の説明や、広告などですから、これはマーケティング・ミックスの④プロモーションです。このプロセスで、商品やサービスの価値を伝えなければなりません。

このように、価値提供プロセスの考え方では、最初から最後まで、すべてマーケティングなのです。

2 顧客価値を高めて「競争優位」に立つには?

バリュー・チェーンを分析し、3つの基本戦略と5F分析を活かす

◆「バリュー・チェーン」とは何か?

価値提供プロセスで、より大きな顧客価値を生み出して、顧客に満足してもらうには、どうしたらよいでしょうか。漠然と会社全体を眺めてみても、なかなか良い方法は見つからないでしょう。

この課題に対して、戦略経営の第一人者と言われるアメリカの経営学者、マイケル・ポーターは「バリュー・チェーン」というフレームワークを提唱しています。日本語では「価値連鎖」です。

バリュー・チェーンの考え方では、企業が行なう様々な活動を、付加価値を生み出すための連鎖(チェーン)として捉えます。その連鎖をモデル化したのが、左の図です。

この連鎖の鎖をひとつずつ見ていき、どこでどれだけの付加価値が生み出され、どこでは生み出されていないかを突きとめます。そして、より大きな付加価値を生み出すことにつなげるのです。

全体としての活動で、より大きな付加価値を生み出すことができれば、それが大きな顧客価値になります。

◆付加価値を生み出す5つの「主活動」

具体的に見ていくと、たとえば製造業ではまず、原材料を仕入れて工場に運び、製品を製造します。それを出荷して店舗など販売の場に届けるわけです。そして、販売活動やマーケティング活動を行なって販売し、アフターサービスなどを行なうと、一連の

「バリュー・チェーン」の考え方とは？

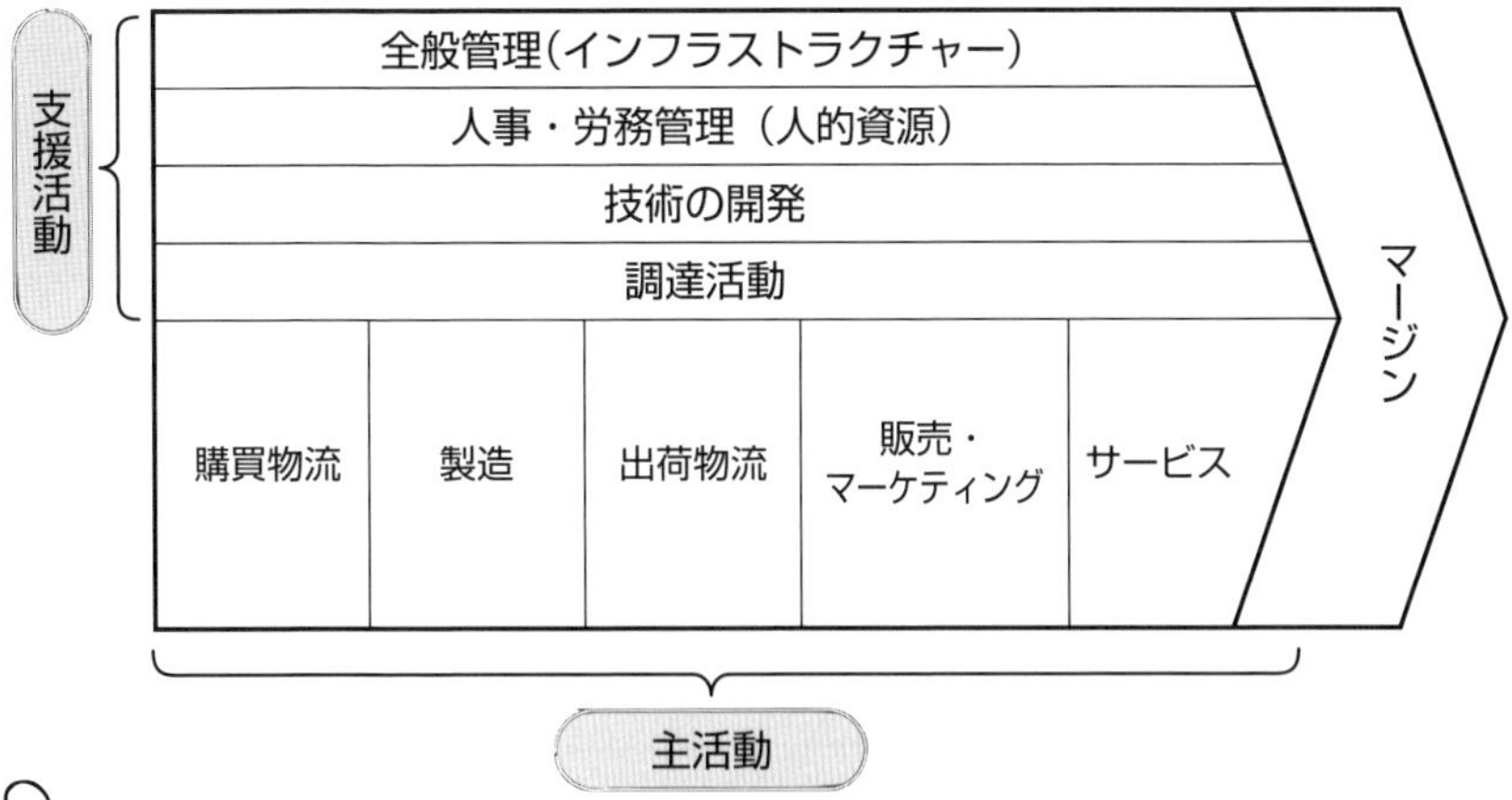

9つの活動の、どこで付加価値が生み出されているか？

活動が一巡します。

このような一連の活動を整理したのが、上の図の下側にある5つの活動です。これらが、企業が付加価値を生み出すための主な活動＝5つの「主活動」になります。

◆4つの「支援活動」を加えて価値を生み出す

しかし、製造・物流・販売といった現場だけがあっても、会社は回りません。たとえば、企業のインフラとして、企画や経理、財務、法務などの活動が必要です。

また、技術者や販売員などの労務管理といった活動も必要ですし、そもそも商品やサービスを製造して販売するには、それらを開発する活動が必要になります。

そして、製造の設備や、販売員の給料などの資金を調達する活動も必要です。ポーターは、主活動をサポートする「支援活動」として、図上側のインフラストラクチャー、人的資源の管理、技術の開発、調達活動の4つをあげています。

以上、5つの主活動と4つの支援活動、合計9つの活動が、企業が付加価値を生み出すために重要な活動です。

これらの活動の結果として、企業はマージン（利益）を得ています。

◆バリュー・チェーンで競争優位性を分析する

ポーターが、このバリュー・チェーンを提唱した著書の書名は『競争優位の戦略』です。

「競争優位」とは、競合他社より優れた製品やサービスを提供したり、より低価格で提供できるなど、競合他社との競争上の優位性のことを言います。

「優位」「優位性」と言われると、むずかしく感じますが、英語の原文では「アドバンテージ」です。

バレーボールや、テニスのデュース後のアドバンテージのように、セットをとれる（利益を上げられる）状況と思えばよいでしょう。

ただし、品質や価格だけがアドバンテージをつくり出すわけではありません。注文の翌日配達ができる流通とか、至れり尽くせりのアフター・サービスなども、競争優位性の源泉になります。

もっと言えば、新製品の製造機械をすぐに調達できる財務、迅速に特許を取得できる法務なども、競争優位の源泉になり得るでしょう。

そこで、自社の競争優位性がどこにどれだけあるのか、分析するフレームワークとして、ポーターはバリュー・チェーンを提唱したのです。

分析のツールとしては、「バリュー・チェーン分析」という呼び方もします。

◆「3つの基本戦略」と「5F分析」

ポーターが『競争優位の戦略』の前に世に出した著書が『競争の戦略』です。

そこではバリュー・チェーンは登場しませんが、

ポーターが提唱した様々な『競争優位の戦略』

優位　＝いわゆるアドバンテージ

●競争優位性を分析する手法

バリュー・チェーン　（バリュー・チェーン分析）

●競争優位性を築きあげる戦略

ポーターの3つの基本戦略　☞P98

マイケル・ポーター
（1947年〜）

●競争優位性を持続させる手法

ファイブ・フォース・モデル　（5F分析）☞P90

企業が競争優位性を築くための、有名な「ポーターの３つの基本戦略」が提唱されています。

後のページできちんと紹介しますが（↓P98）、「コスト・リーダーシップ戦略」「差別化戦略」「集中戦略」の３つです。

同時に提唱されているのが、築きあげた競争優位性を持続するためのツールです。

これも後のページできちんと紹介しますが（↓P90）、簡単に言うと、築きあげた競争優位性を脅かす存在を「５つの脅威」として捉えるものです。

5つの脅威＝「ファイブ・フォース・モデル」と言います。

競争優位性を脅かす、この５つの要因を分析して、対応策を考える手法が「ファイブ・フォース（５F）分析」です。

このようにポーターは、競争優位性に関する様々な手法を提唱しています。戦略経営の第一人者と言われるゆえんです。

3 強みを活かして顧客価値を高める

コア・コンピタンスは中核となる強み、ケイパビリティは組織としての強み

◆経営資源は強みのある分野に集中する

バリュー・チェーンの分析により、会社のどんな活動が大きな付加価値を生み出しているかがわかります。

では逆に、あまり付加価値を生み出していない、弱みとも言える活動があったら、どうすればよいでしょうか。

今日の経済環境では、弱みを克服しなければならないとは限りません。重要でない分野、効率の悪い分野はアウトソーシングする方法が可能だからです。

たとえば、あのアップルやナイキも、iPhoneやエアジョーダンを生産する自社工場を持っていません。アジアなどの、生産に強みを持つ企業にアウトソーシングしているからです。

そして自社の経営資源は、企画や設計、デザインやマーケティングなどの重要な、自社が強みを持つ分野に集中しています。

会社の限りある経営資源を活かすには、得意分野に経営資源を集中することが大事です。

◆「コア・コンピタンス」は独自の能力

このような、競合他社に比べて圧倒的に優れた強みのある得意分野、能力のことを「コア・コンピタンス」と言います。

中核となる能力といった意味で、たとえばその会社が持つ独自の技術やノウハウ、アイデアなどです。

バリュー・チェーンで言えば、たとえば製造の技

術、マーケティングのノウハウなど、特定の活動によるものになります。

コア・コンピタンスを重視する経営を提唱したアメリカの経営学者、ゲイリー・ハメルとコインバトール・プラハラードによると、コア・コンピタンスには左の3つの特徴があります。

①顧客にベネフィットを提供する、②多様な市場に通用する、③競争相手が模倣しにくい、の3つです。逆に言えば、たとえば模倣しにくい技術などで

「コア・コピタンス」とは？

●コア・コンピタンスとバリュー・チェーン

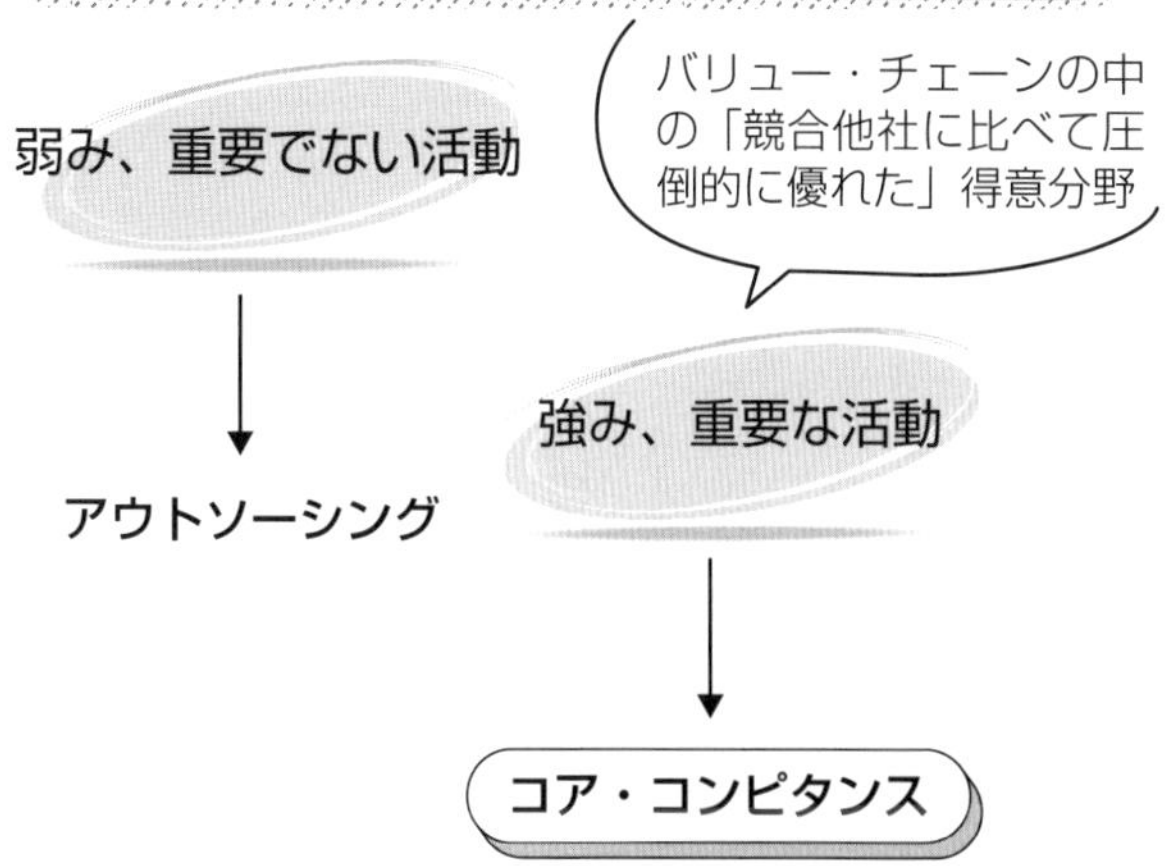

バリュー・チェーンの中の「競合他社に比べて圧倒的に優れた」得意分野
弱み、重要でない活動
アウトソーシング
強み、重要な活動
コア・コンピタンス

●コア・コンピタンスの3つの特徴

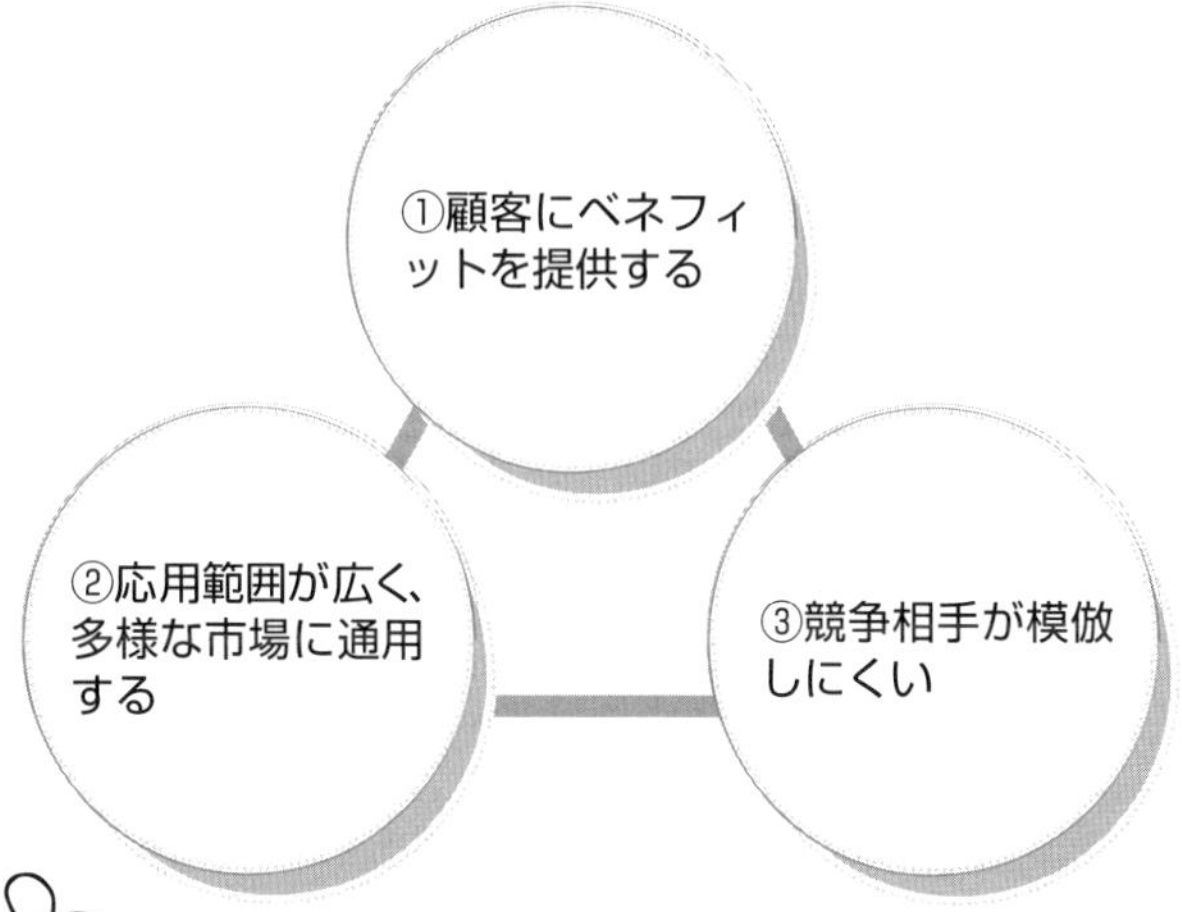

①顧客にベネフィットを提供する
②応用範囲が広く、多様な市場に通用する
③競争相手が模倣しにくい

コア・コンピタンスは競合他社に対する競争優位の源泉になる

あっても、顧客にベネフィットを提供できないなど、3つの特徴に欠ければ、それはコア・コンピタンスではないということです。

コア・コンピタンスがあると、それが競争優位の源泉になります。

◆「ケイパビリティ」は組織力のこと

コア・コンピタンスと言えるものが見つからないとしても、会社として競争優位を築けるものがもうひとつあります。

特別な技術やノウハウがなくても、たとえば組織をあげての顧客対応や、全体としての効率性、技術の開発から発売までのスピードなど、会社の組織力で業績を上げている企業があるものです。

こうした組織力とも言えるものがあると、それも競争優位の源泉になるのです。このような、会社が組織として持つ強み、能力を「ケイパビリティ」と言います。

ケイパビリティは、特定の活動だけに機能するものではありません。様々な企業活動に、横断的に機能します。

◆「ダイナミック・ケイパビリティ」とは？

近年、注目を集めているものに「ダイナミック・ケイパビリティ」があります。

日本でも、経産省・文科省・厚労省が共同で発表した2020年版『ものづくり白書』で、「企業変革力（ダイナミック・ケイパビリティ）の強化」として取り上げられ、一気に注目を集めました。

従来のケイパビリティ（オーディナリー・ケイパビリティ）が組織力と言われるのに対し、**ダイナミック・ケイパビリティは「企業変革力」、つまり企業という組織を自ら変革する能力**とされます。

「不確実性の高まる世界」（『ものづくり白書』より）の中で、企業がどう自身を変革し、対応していけるか、その能力を示すものです。

実際、ダイナミック・ケイパビリティが注目を集めた理由のひとつは、コロナ禍により企業が受けた打撃、様々な環境の変化だったと言われます。

たしかに、外出の自粛から起こった巣ごもり需要、当たり前だったオフィスワークから、テレワークが推奨される変化などは、企業に自ら変革することを促したことでしょう。

ダイナミック・ケイパビリティを構成するのは、左の図の3つの要素とされています。

「ケイパビリティ」は様々な活動に連鎖している

●ケイパビリティとバリュー・チェーン

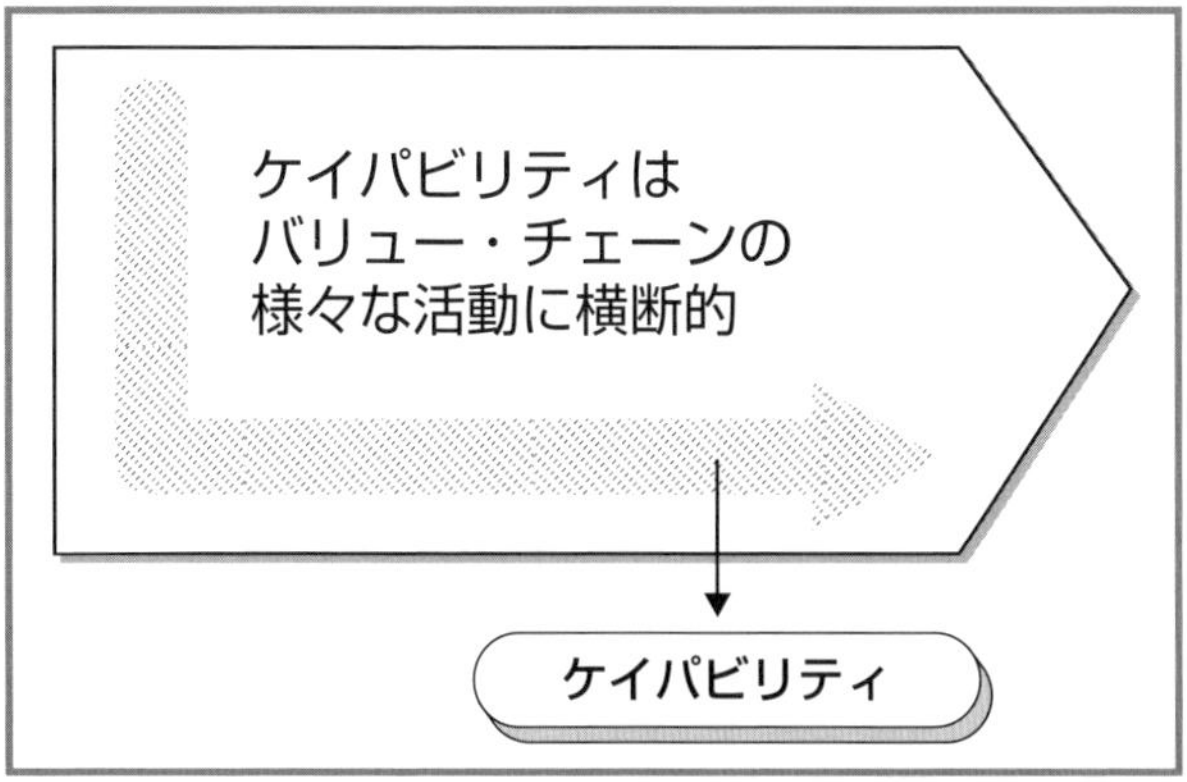
ケイパビリティは
バリュー・チェーンの
様々な活動に横断的
ケイパビリティ

●ダイナミック・ケイパビリティの3つの要素

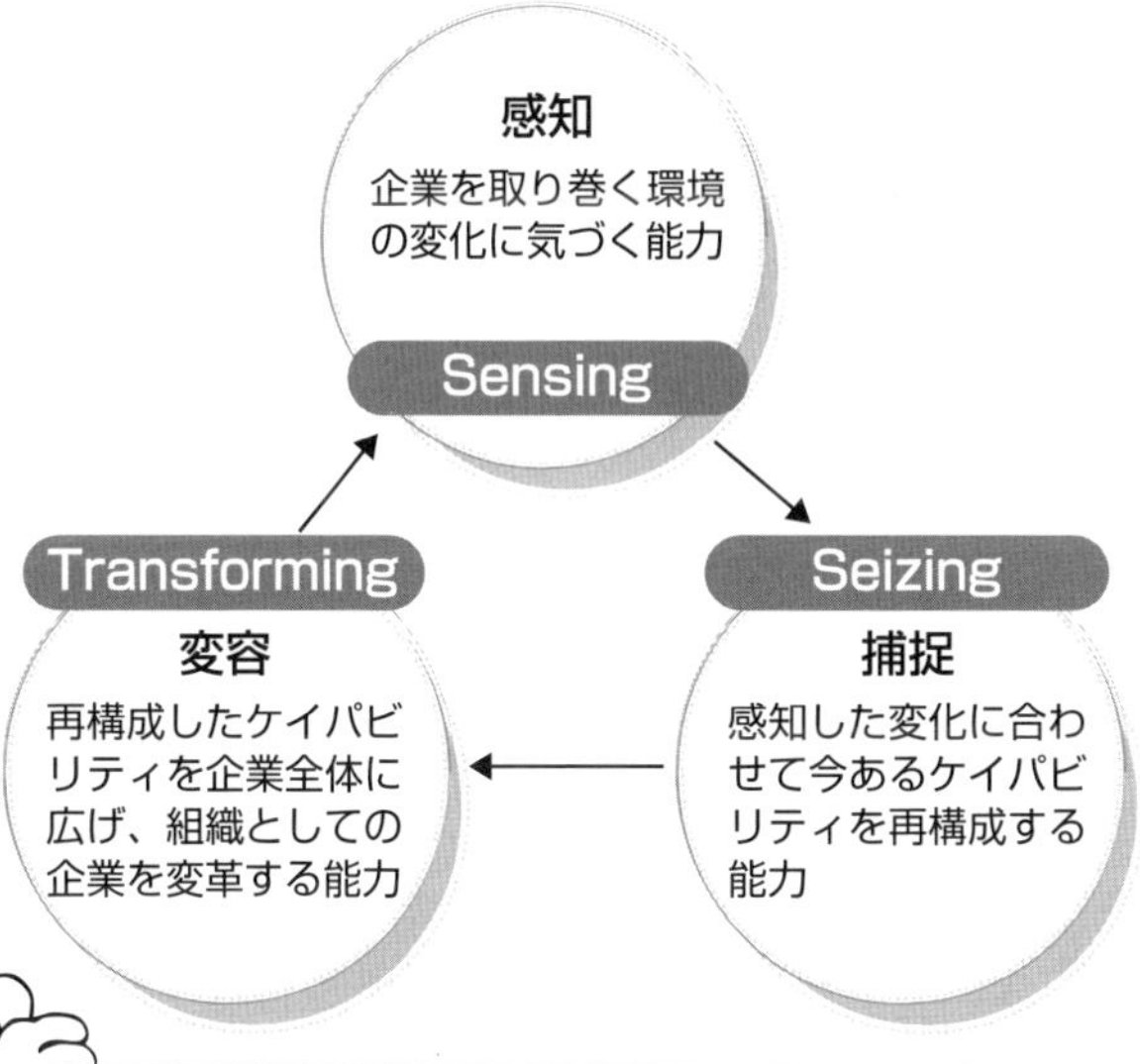
感知
企業を取り巻く環境の変化に気づく能力
Sensing
Seizing
捕捉
感知した変化に合わせて今あるケイパビリティを再構成する能力
Transforming
変容
再構成したケイパビリティを企業全体に広げ、組織としての企業を変革する能力

ダイナッミック・ケイパビリティは
「企業変革力」

4 会社の競争優位をチェックする「VRIO分析」とは?

経営資源を分析して、持続的な競争優位を獲得するには、こうする!

◆「ブリオ分析」は経営資源から分析する

コア・コンピタンスとケイパビリティにより築き上げた競争優位性を、持続させるための分析手法としては、5F分析が代表的です。

ただし、もうひとつよく使われるフレームワークとして「VRIO分析」があります。

5F分析は後で取り上げるとして(→P90)、ここではVRIO分析について見ておきましょう。

VRIOとは、左の図の4つの英単語の頭文字で、「ブリオ」と読みます。アメリカの経営学者である、ジェイ・バーニーが1991年に提唱したフレームワークです。

4つの英単語が示す4つの視点から、自社や他社の経営資源を評価して、競争優位のあるなし、その度合いを明らかにします。

外部環境や、業界内の地位といった要素でなく、内部のヒト・モノ・カネ・情報など経営資源を評価し、競争優位性を分析するところが特徴です。

◆V・R・I・Oはどんな意味か?

VRIOの**第1のVはバリュー**で、日本では「経済価値」などと訳されます。価値という名前が付いていますが、金額であらわすような金銭的価値ではありません。

VRIO分析では、外部からの機会や脅威に適応できる経営資源を、「経済価値」がある経営資源として捉えます。

競争優位がわかる「VRIO分析」

V	R	I	O
Value	Rarity	Inimitability	Organization
経済価値	**希少性**	**模倣困難性**	**組織**
経営資源は機会をうまく捉えられるか、脅威を脅威でなくできるか。	経営資源は他社にない希少なものか、ありふれたものでないか。	経営資源は他社が模倣しやすいものか、マネをしにくいものか。	様々な経営資源を活かす、経営資源としての組織力があるか。

4つの視点から経営資源を評価して、競争優位を分析する

機会とは、利益を上げられる市場があるかということ、脅威とは売上や利益を下げるような環境の変化などです（↓P86）。

そして、その経営資源が機会をうまく捉えられるか、脅威を脅威でなくせるかという視点から、経済価値を評価します。

たとえば「製品の生産体制」という経営資源があったとしましょう。

それが「増産・減産に柔軟に対応できる」ものであれば、「ブームによる急な需要増」という機会にも、「感染症の流行による需要減」という脅威にも適応が可能です。

この経営資源は、経済価値があることになります。

第2のRは、レアリティ＝「希少性」を意味しています。

自社の製品やサービス、さらには技術や流通といった経営資源が、競合他社と比べて希少なものか、ありふれたものでないか、といった視点から評価し

ます。

たとえば、ただの「金属加工技術」はどこにでもあるので、希少性があるとは言えませんが、「世界に数社しかない金属加工技術」だったらどうでしょうか。これは、希少性があると言えます。

第3のIは「模倣困難性（イニミタビリティ）」の意味です。

自社の経営資源（製品やサービス、技術や流通など）が、他社に模倣しやすいものか、それとも簡単にはマネのできないものかという視点で評価します。たとえ、世界に数社しかない金属加工技術でも、競争相手がすぐに、マネできるものでは意味がありません。

「特許を取得した、世界に数社しかない金属加工技術」なら、すぐにはマネできないので、模倣困難性があると言えます。

コア・コンピタンスの特徴のひとつにも「模倣しにくい」がありました（→P67）。ケイパビリティにも、組織力であるがために、模倣には時間がかかるという特性があります。

このように競争優位性のためには、模倣されにくいことは重要なポイントです。

第4のOは「組織」（オーガニゼーション）の意味で、自社の様々な経営資源を活かす組織力があるか、持続的に活かし続けることができるかを評価します。

あまり重要な視点に見えないかもしれませんが、後で説明するように、実は重要な問題点が潜んでいます。

◆これで〝競争優位の度合い〟がわかる

評価は、YESかNOかです。どちらとも言えないや、わからないはありません。

V・R・I・Oの順に評価していくと、左のような表で、競争優位の度合いがわかるしくみになっています。

まず、第1の経済価値がNOだと、その時点で「競争劣位」です。

次に、経済価値がYESで、希少性がNOだと、「競争均衡」となり、少なくとも競争相手と競争ができることになります。

さらに、希少性もYESで、模倣困難性がNOだと一応は競争優位です。ただし、模倣されやすいので持続的な競争優位ではなく、今後も続くとは限ら

VRIO分析で競争優位がわかる

●V→R→I→Oの順にYES ／ NOで評価する

Value 経済価値	Rarity 希少性	Inimitability 模倣困難性	Organization 組織	競争優位 の度合い
NO	→	→	→	競争劣位
YES	NO	→	→	競争均衡
YES	YES	NO	→	一時的な 競争優位
YES	YES	YES	NO	潜在的な 競争優位
YES	YES	YES	YES	持続的な 競争優位

●組織がNOの場合の競争優位性

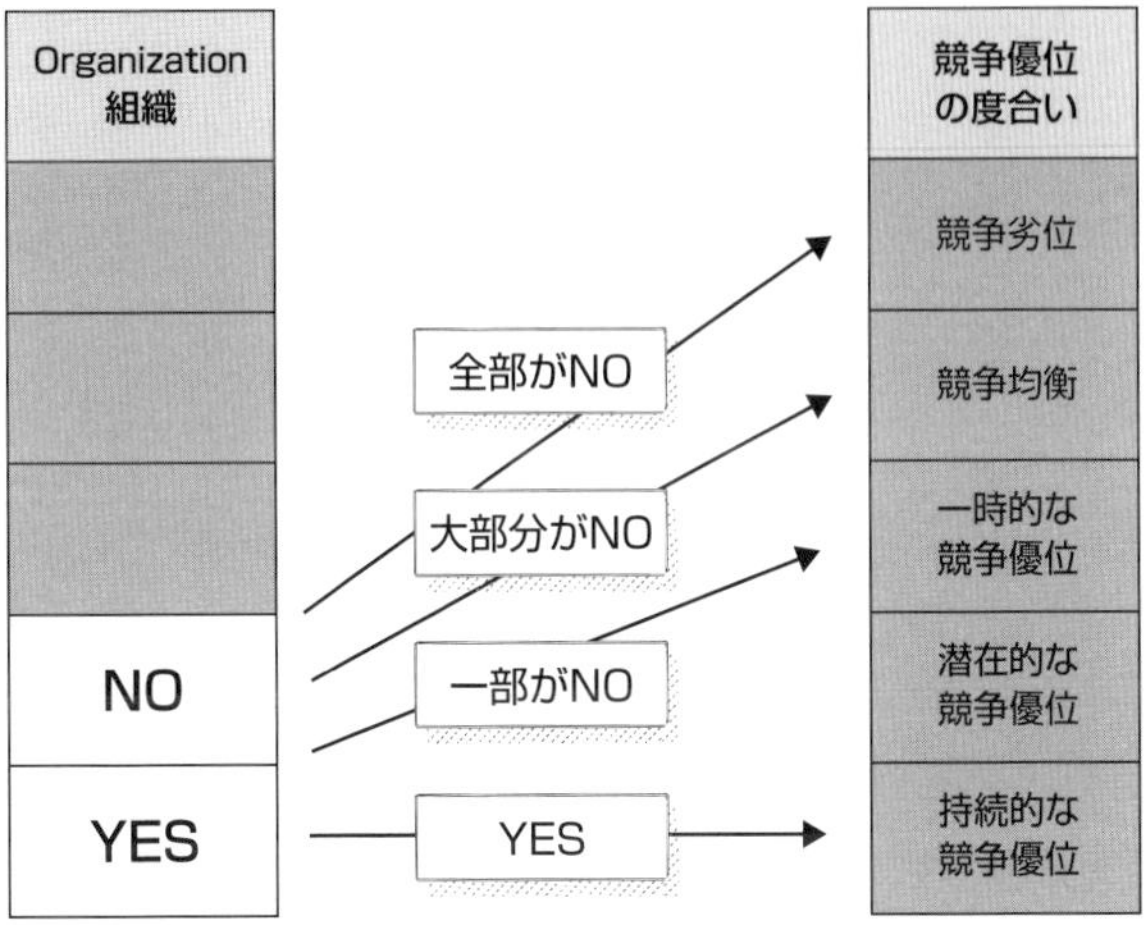

どこがNOになるかで競争優位が変わる。
組織がNOの場合はNOの度合いで変わる

ない「一時的な競争優位」になります。

そこで、模倣困難性もYESで組織がNOの場合ですが、これは一概に言えません。というのは、組織のNOの度合いで競争優位性の度合いも変わるからです。

たとえば、高い商品開発力という経営資源があったとして、それを活かして売上・利益を上げるには、開発した商品を製品化する技術力が必要になります。また、製造した製品を顧客に買ってもらう販売力、それらを支える資金力（財務力）なども必要です。

もし、財務力に欠けると、この場合は一時的な競争優位ですが、販売力にも欠けるとなると、競争均衡になります。

そして、技術力もないとなったら、どんなに高い商品開発力があっても、競争劣位になってしまうのです。

このように、**「組織」がNOの場合は、そのNOの度合いによって一時的な競争優位から最悪、競争劣位までの可能性があります。**

経済価値・希少性・模倣困難性が持つ競争優位性を、組織力のなさが隠しているので、「潜在的な競争優位」と言ってもいいでしょう。

一方、組織もYESであれば「持続的な競争優位」です。VRIOのすべてで、競争相手より優れた状態にあるとわかります。これは、企業の存続と成長につながる最終的な目標です。

◆経営資源の「強み」「弱み」がわかる

VRIO分析は、自社の経営資源が「強み」なのか、それとも「弱み」なのかを判別するためにも利用されます。

VRIO分析によって競争優位の度合いがわかるため、競争優位なら強み、競争劣位なら弱みと判別できるからです。

強みの経営資源は意識して経営戦略に織り込んで

VRIO分析から、強みとなる経営資源がわかる

競争優位の度合い		強み／弱み	
競争劣位	⇒	弱み	経済価値がNOなので、機会と脅威に適応できない
競争均衡	⇒	一応の強み	希少性がNOなので、競争相手も同じ強みを持っている
一時的な競争優位	⇒	一時的な強み	模倣困難性がNOなので、すぐに競争相手にマネされる
潜在的な競争優位	⇒	潜在的な強み	組織がNOなので、経営資源の強みを活かせない
持続的な競争優位	⇒	持続的な強み	すべてYESなので、経営資源の強みを活かせる

弱みとなる経営資源や、強みの段階もわかる

使い、弱みの経営資源は自覚して使わないか、改善の対策を講じるというように活かせます。

しかも、強みのレベルを段階的に分けて把握することが可能です。

競争均衡は一応、強みではありますが、競争相手も同じ強みを持っています。この強みの経営資源では、競争相手に先行することはできません。

一時的な競争優位では、いったん競争相手に先行できます。しかし、その強みがいつまで続くか、保証はありません。

持続的な競争優位になると、常に競争相手をリードできるようになります。その経営資源は、持続的な強みです。

5 戦略を考えるレベル「戦略事業単位」とは？

顧客グループ、顧客ニーズ、技術の3つの次元で考える

◆マーケティングの戦略はレベルに応じて実行する

マーケティングの戦略は、いくつかのレベルに分けて考える必要があります。

まず、ミッションやビジョンから導き出される全社レベルの戦略を考えることが必要です（→P56）。

次に、大企業であれば、事業部制をとっていることも多いでしょうから、全社の次は事業部レベルで戦略を考えます。

しかし、事業部でも複数の事業を行なっている場合は、事業単位のレベルでも戦略を考えることが必要です。

このとき、マーケティングでは「戦略事業単位（SBU）」というものを考えます。**他の事業単位から独立して、戦略の策定と実行を行なえる事業単位のことです。**戦略事業単位には、左の図の3つの特徴があるとされます。

最終的には、製品レベルの戦略を立てますが、それを考えるのも戦略事業単位のレベルです。

◆戦略事業単位をどう決めるか？

戦略事業単位の決定と資源配分は、全社戦略のレベルで行ないます。大企業では事業部の下に位置しますが、中規模の企業では事業部がそのまま、戦略事業単位になるかもしれません。

もっと小規模の企業では、全社が戦略事業単位というケースもあるでしょう。

戦略はレベルに応じて立てる

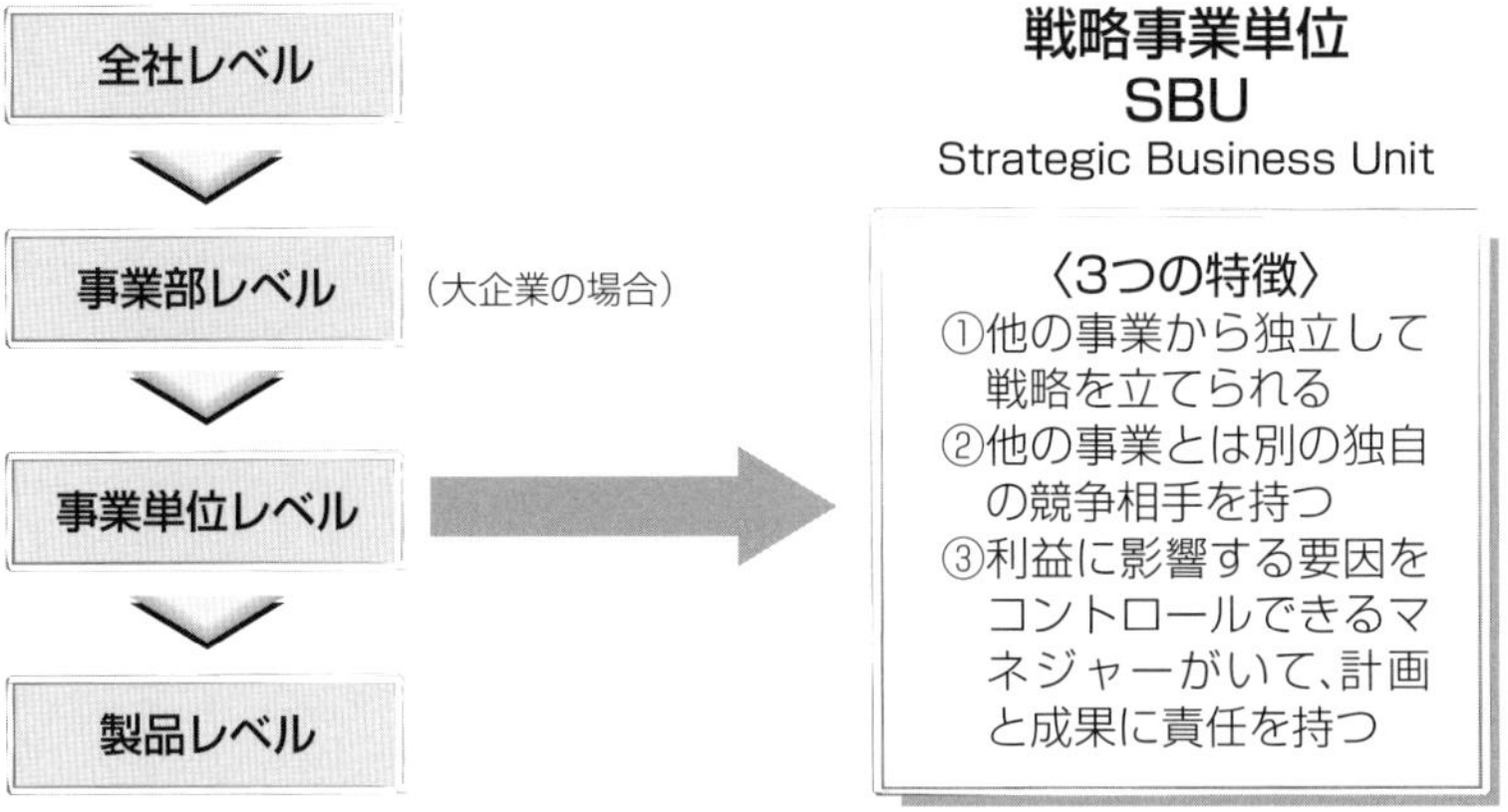
全社レベル
事業部レベル
（大企業の場合）
事業単位レベル
製品レベル
戦略事業単位
SBU
Strategic Business Unit
〈3つの特徴〉
①他の事業から独立して戦略を立てられる
②他の事業とは別の独自の競争相手を持つ
③利益に影響する要因をコントロールできるマネジャーがいて、計画と成果に責任を持つ

事業単位の戦略は戦略事業単位（SBU）で考える

戦略事業単位の区分は、製品に基づいて行なうと考えられがちですが、2大巨頭のひとり、セオドア・レビットは製品より市場に基づくほうが優れていると指摘しています。

製品にはライフサイクルがあり（→P180）、いつかは寿命を迎えますが、市場と顧客のニーズはなくならないからです。

コトラーは、顧客ニーズに顧客グループ、技術を加えて、3つの次元で考えることを勧めています。

たとえば、経費精算システムを販売している会社なら、顧客グループは顧客各社の経理部門、顧客ニーズは経理業務の効率化、技術はシステム開発です。

ですから、経費精算システムと同時に販売している請求書発行システムも、同じ戦略事業単位になるかもしれません。

3つの次元で考えることにより、このような戦略事業単位の区分が可能になります。

6 事業を「金のなる木」に育てるには？

プロダクト・ポートフォリオ・マネジメントで資源配分を考えよう

◆「PPM」で経営資源の配分がわかる

戦略事業単位を決定したら、その事業単位をどうするか決めるのも、全社戦略のうちです。

経営資源を投下して大きく育てるのか、そこそこの経営資源で現状維持を図るのか、場合によっては撤退も視野に入れるのか、経営資源の配分を考えなければなりません。

そのような場合に利用されるフレームワークとして、アメリカの経営コンサルティング会社、ボストン・コンサルティング・グループが開発した「プロダクト・ポートフォリオ・マネジメント」、略してPPMがあります。

プロダクト（製品）という名前が付いていますが、事業やサービスの分析にも使える分析手法です。

PPMでは、左の図のように縦軸に市場成長率、横軸に市場占有率（シェア）をとったマトリクスを使います。

PPMで使う市場占有率は「相対的市場占有率」と言い、市場全体に対する占有率ではなく、特定の競合他社と比較する市場占有率です。

競合他社としては、自社以外のシェアトップの企業などを対象にします。

◆4つのマスの特徴は？

マトリクスができたら、市場成長率の高低と相対的市場占有率の高低に応じて、自社の事業をプロットしていくわけです。

　すると各事業は4つのマスのどれかに入りますが、4つのマスにはそれぞれ名前が付いています（カッコ内は英語の呼び名。日本語とほぼ同じ意味）。そして、各マスには次のような特徴があります。

①花形（市場成長率・高、市場占有率・高）
　今いちばん伸びている事業。利益は大きいが、今の大きなシェアを維持するには、大きな経営資源の配分も必要。

「PPM」とはどういうものか？

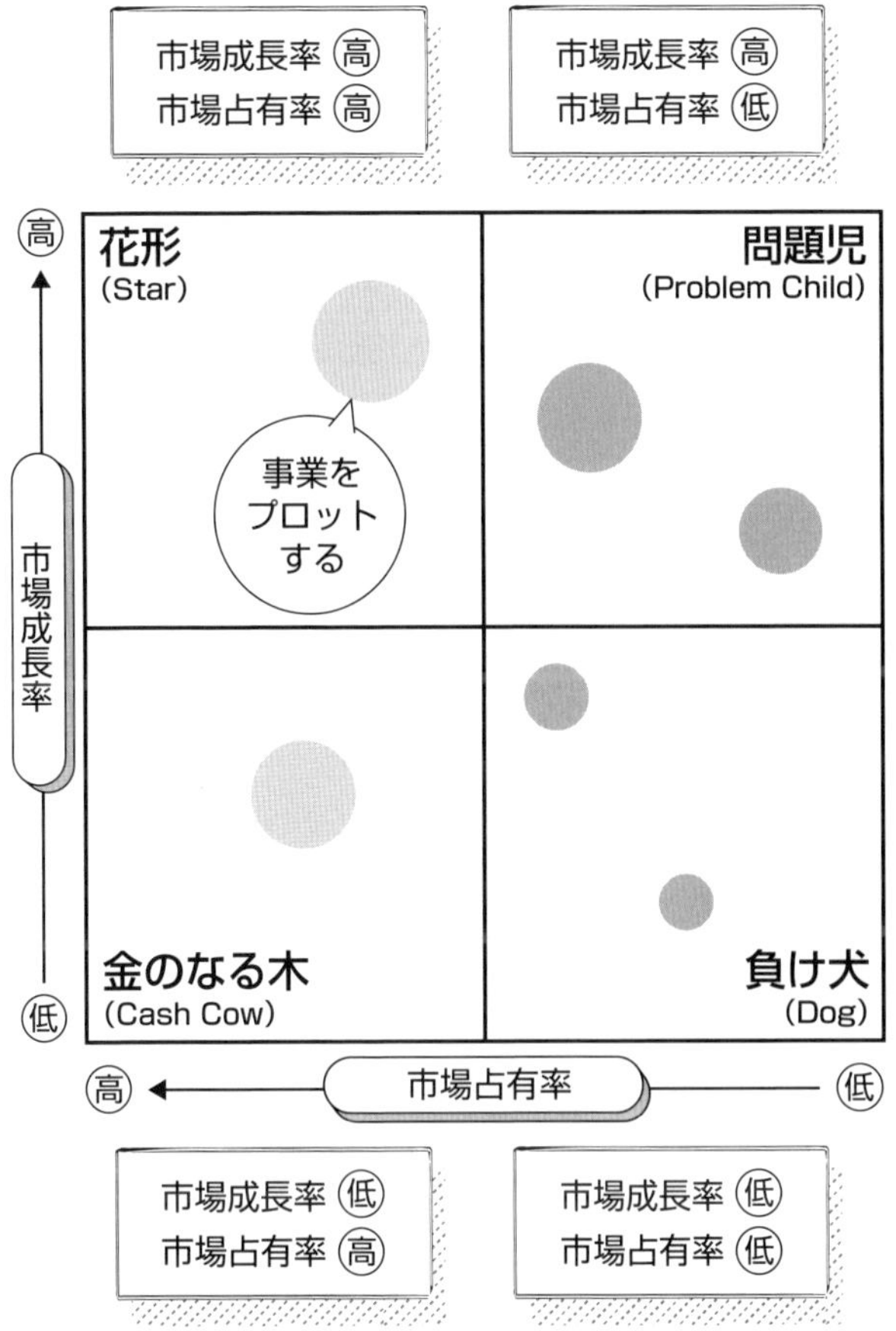

縦軸に市場成長率、横軸に市場占有率をとって、事業をプロットする

②金のなる木（市場成長率・低、市場占有率・高）

成長率は鈍っているが、シェアは高い。少ない経営資源で大きな利益が見込め、他の事業も含めて全体の財源になる。

③問題児（市場成長率・高、市場占有率・低）

市場の成長率は高いが、シェアが低いため利益が出ない。成長率が高い分、シェアを伸ばすには大きな経営資源の配分が必要。既存の市場に投入される新製品は、たいてい問題児としてスタートする。

④負け犬（市場成長率・低、市場占有率・低）

成長率、シェアともに低い。利益もあまり出ない代わり、大きな経営資源も必要としない。

◆戦略と経営資源の配分が導き出される

以上のような特徴から、各マスがとるべき戦略と、それにともなう経営資源の配分が導き出されます。

①花形

一定の経営資源を投下して、今のシェアを守りながら、市場の成長率が鈍る市場成熟期に金のなる木を目指す。

②金のなる木

最小限の経営資源で、このまま、できるだけ利益を上げる戦略を立てる。上げた利益は他のマスに配分する経営資源の財源にする。

③問題児

大きな経営資源を配分して花形に育てる。あるいは、思い切って撤退する。

④負け犬

一定の経営資源を配分して、今よりもできるだけ利益を増やす戦略を立てる。あるいは、思い切って撤退する。

プロダクト・ポートフォリオ・マネジメント

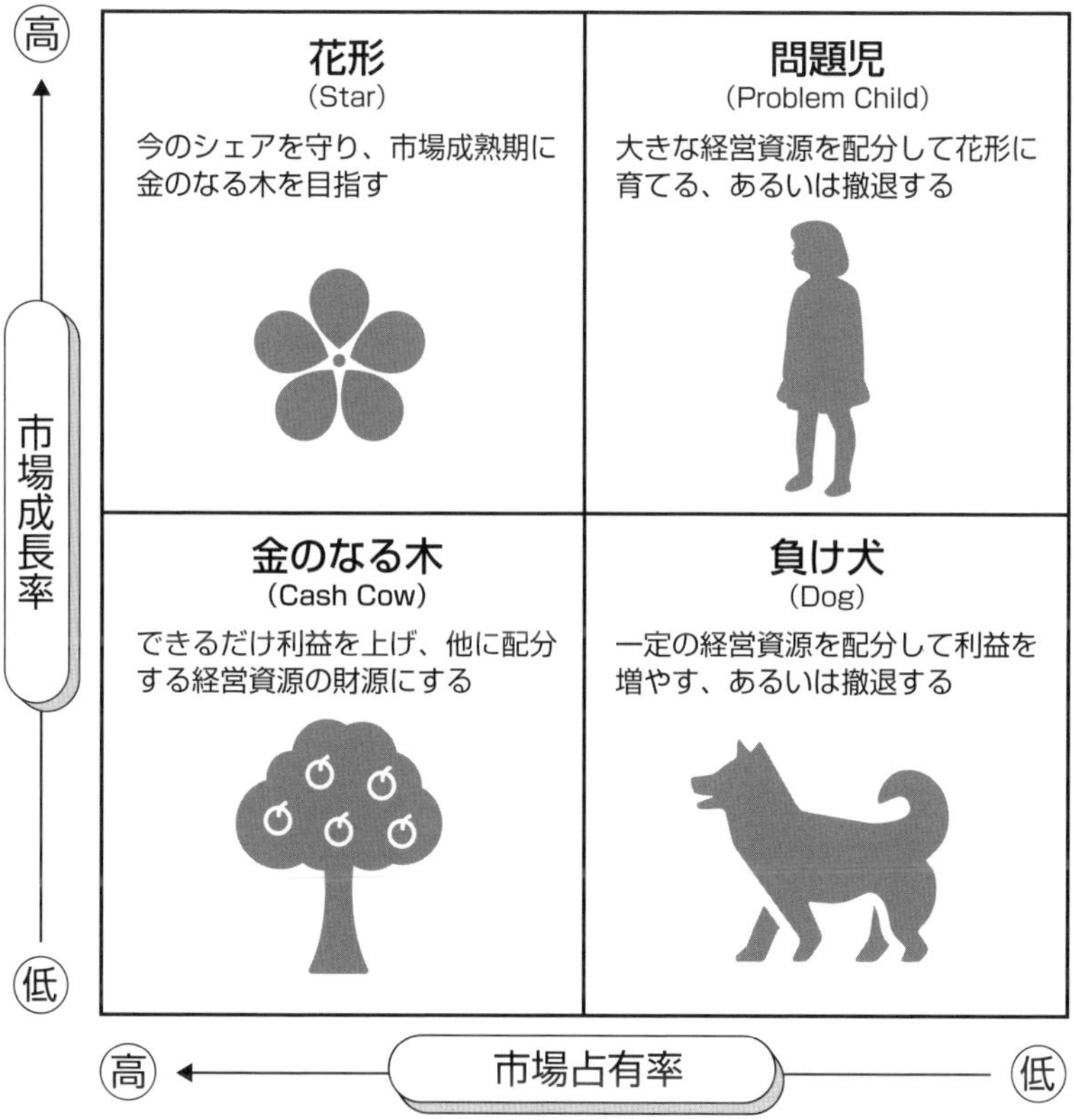

高
市場成長率
低
花形
(Star)
今のシェアを守り、市場成熟期に金のなる木を目指す
問題児
(Problem Child)
大きな経営資源を配分して花形に育てる、あるいは撤退する
金のなる木
(Cash Cow)
できるだけ利益を上げ、他に配分する経営資源の財源にする
負け犬
(Dog)
一定の経営資源を配分して利益を増やす、あるいは撤退する
高
市場占有率
低

M

プロダクト・ポートフォリオ・マネジメントにより、とるべき戦略と経営資源の配分がわかる

7 マトリクスから導き出される「成長戦略」とは？

成長戦略には集中的成長、統合的成長、多角的成長がある

◆「アンゾフの成長マトリクス」とは？

事業の売上と利益を増やし、成長させていく戦略には、どのようなものがあるでしょうか。

ここまで、「戦略」という用語を説明もなく使ってきましたが、この戦略（ストラテジー）という用語はもともと軍事の用語でした。

これを企業の経営に取り入れ、経営戦略などと言われるようにしたのが、「経営戦略の父」と呼ばれるアメリカの経営学者、イゴール・アンゾフです。

現在では、「経営戦略」はもとより、「マーケティング戦略」「戦略事業単位」「戦略的マーケティング」など、当たり前のように使われています。

アンゾフは、事業が成長するための戦略を４つのプロセスに整理し、有名な「アンゾフのマトリクス」「成長マトリクス」と呼ばれるものを提唱しました。左の図が、そのマトリクスです。

◆製品と市場をマトリクスにしてみる

アンゾフの成長マトリクスではまず、成長戦略に「製品」と「市場」という2つの軸を置きます。図では横軸が製品、縦軸が市場です。

さらに、それぞれを「既存」と「新規」に分けます。すると、**製品・市場、既存・新規の組み合わせで4つのマスができる**わけです。ここから、４つのプロセスで成長戦略が導き出されます。

企業はまず、既存の市場で、既存の製品をより広

アンゾフのマトリクスから成長戦略を導き出す

市場 ＼ 製品	既存	新規
既存	**市場浸透戦略** (Market Penetration) ●既存の市場に既存の製品をより浸透させる ●通常は企業が最初に採用する成長戦略 ●浸透すると成長の余地がなくなる	**新製品開発戦略** (Product Development) ●既存の市場に新しい製品を投入 ●市場浸透戦略が行き詰まったときに採用 ●既存の製品が信頼を得ていれば、受け入れられる確率が高い
新規	**新市場開拓戦略** (Market Development) ●既存の製品を新しい市場に投入 ●市場浸透戦略が行き詰まったときに採用 ●既存の製品なので新市場でも受け入れられる可能性が高い	**多角化戦略** (Diversification) ●新製品を新しい市場に投入 ●新製品開発戦略、新市場開拓戦略を採用しないときに採用 ●新製品・新市場なのでリスクが高い

このマトリクスから
4つの成長戦略がわかる
イゴール・アンゾフ
(1918～2002年)

アンゾフの成長マトリクスは製品と市場を軸にとり、さらに既存と新規に分けて成長戦略を導き出す

めようと考えるのが普通です。従来を超えるキャンペーンなどを行なって、今ある市場により深く、より広く浸透しようとします。

これが**第1の「市場浸透戦略」**です。

しかし、市場は限られたものですから、ある程度、市場に浸透すると、それ以上は成長の余地がなくなります。さらなる成長を目指すなら、選択肢は2つです。

ひとつは、**既存の製品を新規の市場に投入する戦略**になります。たとえば、国内で一定のシェアを押さえた製品を、海外の市場で販売するわけです。

国内で実績がある既存の製品ですから、海外でも受け入れられる可能性は高いでしょう。これを「新市場開拓戦略」と言います。

もうひとつは、**既存の市場に、新製品を開発して投入する戦略**です。既存の製品である程度、市場の信頼を得ていれば、新製品も信頼されて、購入してもらえる確率が高くなります。

これが「新製品開発戦略」です。

◆M&Aなどで「統合的成長」を図る戦略

新市場開拓戦略や、新製品開発戦略で成長が見込めないときは、自社の製品や市場にこだわらない戦略をとることもできます。

日本でも現在では一般化したように、M&Aなどで同じ産業分野の他社の事業と統合することが可能だからです。

統合により、売上と利益はただちに増えます。自社の製品や市場によらなくても、成長は可能なわけです。

統合には、仕入先などサプライチェーンの上流（後方）と統合する「後方統合」、流通業者など下流（前方）と統合する「前方統合」、そして競合他社などと統合する「水平統合」などがあります。

このように、統合を通じて成長を図っていく戦略

集中的成長、統合的成長、多角的成長の内容は？

集中的成長	既存の製品、 既存の市場で 成長する	市場浸透戦略 新市場開拓戦略 新製品開発戦略
統合的成長	他社の事業を 統合して 成長する	後方統合 前方統合 水平統合 など
多角的成長	新しい市場に 新製品を投入して 成長する	同心円的多角化戦略 水平的多角化戦略 コングロマリット的多角化戦略 など

アンゾフのマトリクスは、集中的統合と多角的統合をあらわしている

を「統合的成長」と言います。市場浸透戦略など3つの戦略は、「集中的成長」です。

◆新製品を新市場に投入する「多角的成長」

集中的成長や統合的成長が期待できないときは、「多角的成長」を検討することになります。いわゆる事業の「多角化」で、アンゾフのマトリクスでいえば「多角化戦略」です。

多角化戦略は、新しい市場に新しい製品を投入することになるので、既存の市場や製品による戦略と比べるとリスクが高くなります。

ただし多角化戦略でも、既存の製品とある程度の共通点を持たせる「同心円的多角化戦略」、既存の市場にも訴求できるような新製品を開発する「水平的多角化戦略」などは、ある程度のリスク回避が可能です。

まったく新しい市場にまったく新しい製品を投入するのは、「**コングロマリット的多角化戦略**」と言います。

8 事業の「環境分析」は、どのようにすればよいか？

「外部環境分析」「内部環境分析」を行なえばよい

◆事業には外部環境と内部環境がある

会社の全社戦略として事業の経営戦略、成長戦略が定まると、事業ごとの戦略が立てられます。

フィリップ・コトラーのマーケティング・マネジメント・プロセスによれば（→P36）、最初にすべきことは調査分析です。

事業には、会社の外側の環境と、会社の内側の環境があります。これを「外部環境分析」「内部環境分析」として別々に分析するのです。

外部環境分析は、市場や社会など事業を取り巻く外部の環境を分析します。内部環境分析は、事業の経営資源や強み・弱みなど内部の環境を分析するものです。

外部環境分析にはまた、**マクロ環境分析とミクロ環境分析**があります。

マクロ環境とは、企業がコントロールできない環境のことです。政治や法律、経済や社会といった、企業だけでは変えられないものを指します。

マクロ環境に対してミクロ環境とは、顧客、競合他社、取引先などのことです。企業がある程度、コントロールできます。

◆機会・脅威、強み・弱みを見きわめる

外部環境分析と内部環境分析では、分析の目的も異なります。外部環境分析の目的は、事業の「機会」と「脅威」を見きわめることです。

マーケティングで「機会」というのは、要するに、

外部環境分析・内部環境分析の目的

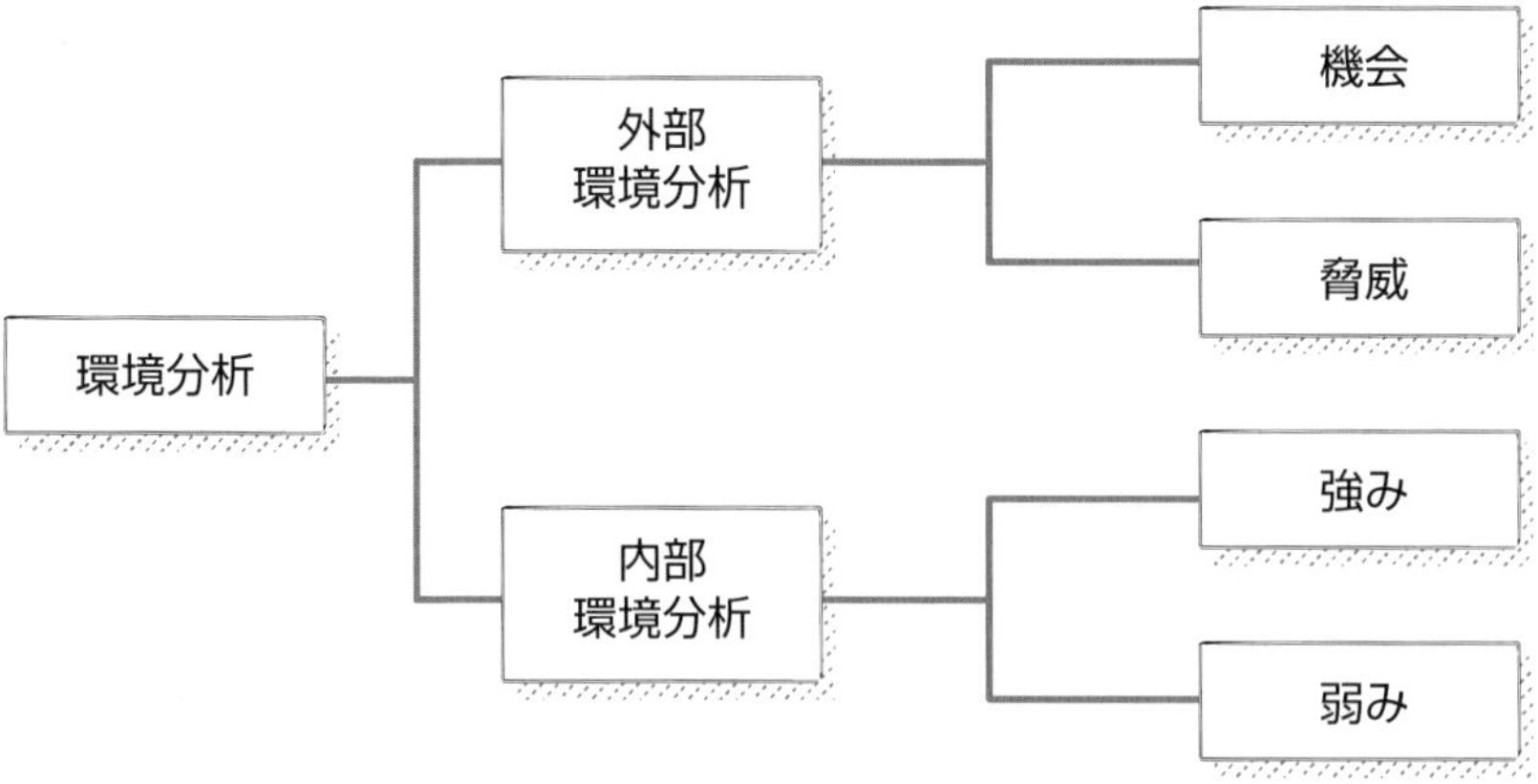

環境分析により、機会・脅威、強み・弱みを見きわめる

事業で売上や利益を上げられる分野、市場があるかということを言います。

また、「脅威」とは、事業の売上や利益を下げるようなトレンドや、環境の変化があり得ないかということです。

一方、内部環境分析の目的は、会社内部の「強み」と「弱み」を見きわめることにあります。

具体的な環境分析にあたっては、分析方法を考えるところから始める必要はありません。外部・内部、マクロ・ミクロの環境ごとに、様々な分析のフレームワークが開発されています。

外部環境分析のうち、マクロ環境分析の代表的なものが「PEST分析」です（→P88）。ミクロ環境分析については、「5F分析」が代表格としてあげられるでしょう（→P90）。

内部環境分析は、70ページで見た「VRIO分析」が代表的です。

9 「マクロ環境分析」とは、どのようなものか？

代表的な外部環境分析「PEST分析」の分析手法を見てみよう

◆PEST分析は代表的なマクロ環境分析

外部環境分析には、マクロ環境分析とミクロ環境分析があります。このうち、マクロ環境分析は、企業が自社だけでコントロールできない、マクロ環境を分析するものです。

マクロ環境分析の代表的なフレームワークに「PEST分析」があります。PESTとは、左の図のように、マクロ環境の4つの環境要因の頭文字をとったものです。

マクロ環境は非常に広範囲ですが、P・E・S・Tをキーワードとして分析を進めることにより、範囲を効率的に絞り、かつ、モレなく網羅することができます。

◆P・E・S・Tとは何か？

第1のPは「政治」ですが、法律の規制や改正、税制による増税や減税もPの範囲です。企業が、競争を行なう市場のルールを変えるもの・ことと考えればよいでしょう。

第2のEは「経済」です。経済も景気から金利まで広範囲ですが、要するに売上やコスト、利益など、自社のバリュー・チェーン（価値連鎖↓P62）に影響を与えるものと括れば、理解しやすいと言えます。

第3のS「社会」も同様に、市場の需要に影響を与えるものと括れば、理解がしやすいでしょう。

需要に影響するものですから、少子高齢化といっ

PEST分析の手法

P Politics 政治的要因	法規制など市場のルールを変化させるもの	•法律（規制・緩和） •税制（増税・減税） •政治（政権交代等） など
E Economy 経済的要因	景気や物価など価値連鎖に影響を与えるもの	•景気•物価•消費動向•GDP •為替•株価•金利 など
S Society 社会的要因	人口動態や流行など需要に影響を与えるもの	•人口動態•少子化•老齢人口 •流行•世論 など
T Technology 技術的要因	新技術など市場競争の成功要因に影響するもの	•新技術•イノベーション •IT化•AI利用•特許 など

PESTは政治、経済、社会、技術の略

た大きなトレンドから、世の中の流行といったものまで含みます。ただし、重要性の低い一時的な流行などは対象にしません。

第4のTは「技術」の意味です。近年で言えば、DX（デジタル・トランスフォーメーション↓巻末）や生成AIなどがあげられるでしょう。

これらへの対応によっては、成功する事業、失敗する事業も出てくるので、競争の成功要因に影響するものと括ることができます。

PEST分析を提唱したのは、フィリップ・コトラーです。マクロ環境は広範囲にわたるものですが、以上のP・E・S・Tに従って進めると、効率的にマクロ環境の分析を行なうことができます。

そのため今日では、マクロ環境分析とはすなわちPEST分析と言われるくらい、重要なフレームワークになっています。

10 「ミクロ環境分析」とは、どのようなものか？

「5F分析」は代表的なミクロ環境分析の手法でもある

◆5F分析は「5つの脅威」を分析する

マクロ環境分析のPEST分析に対して、ミクロ環境分析の代表的なものが「5F分析」です。

戦略経営の第一人者と言われるマイケル・ポーターが、その著書『競争の戦略』の中で提唱しました（→P64）。

競争優位を持続するための分析手法でもありますが、競合他社や取引先、顧客などを分析の対象とするので、ミクロ環境分析の手法でもあります。

ポーターは、市場で企業がさらされる脅威を5つに分類して示しました。脅威とは、売上や利益を下げるような環境の変化などのことです（→P87）。

左の図にあげた5つがその「5つの脅威」で、英語では「ファイブ・フォース・モデル」と呼ばれています。

この**5つの脅威を分析するのがファイブ・フォース分析**、すなわち5F分析です。

5つの脅威はいずれも、自社の利益を減らします。利益の源泉である売上を小さくしたり、コストを大きくしたりするからです。

◆事業の利益を減らす5つの脅威とは？

5つの脅威をひとつずつ見ていきましょう。

第1の脅威は「業界内の競合」です。説明するまでもなく、競合他社の脅威のことです。競合他社は、市場のシェアを自社と争い、自社の売上を小さくして利益を減らしています。

企業にとっての5つの脅威（5F分析）

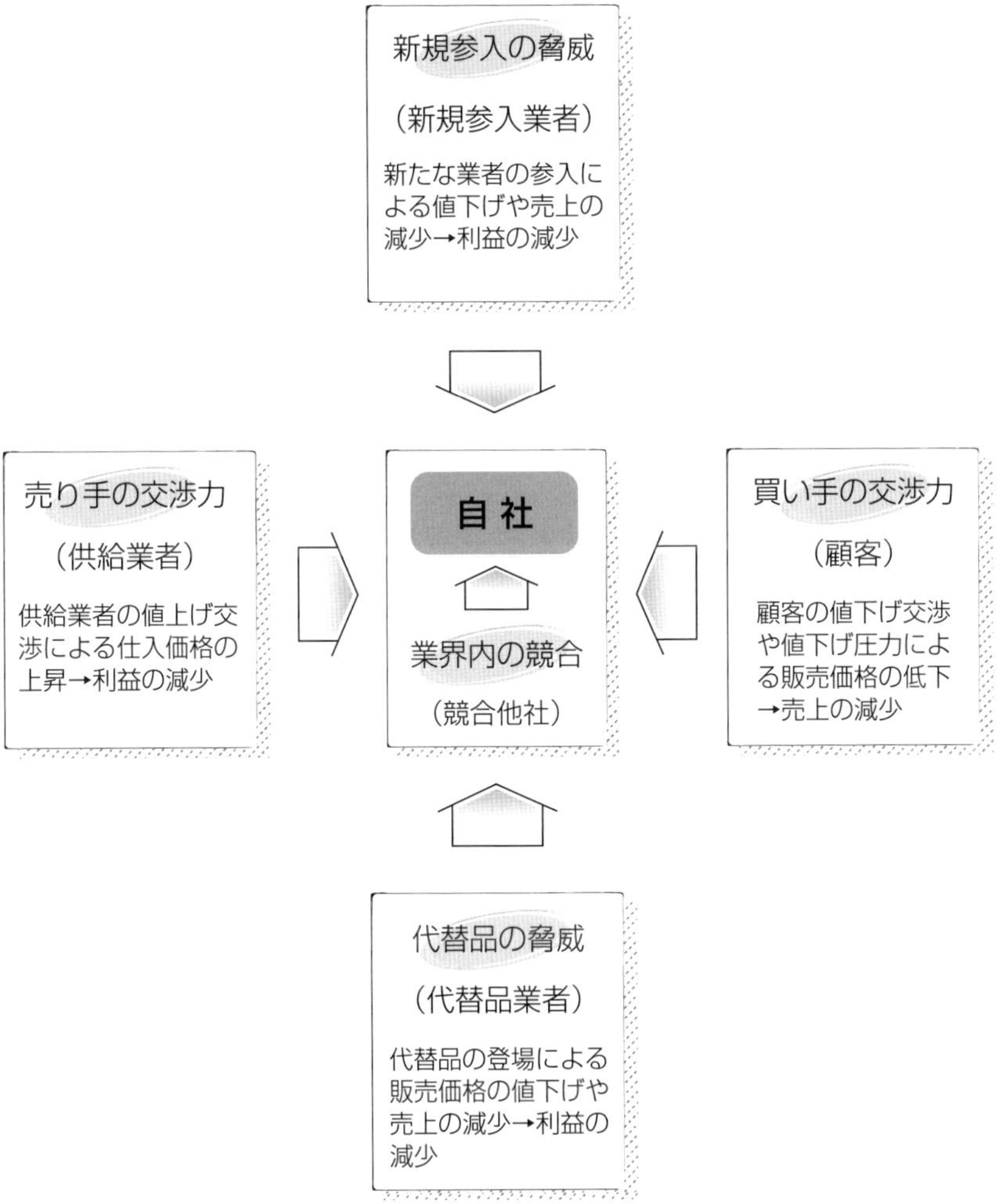
新規参入の脅威
（新規参入業者）
新たな業者の参入による値下げや売上の減少→利益の減少
売り手の交渉力
（供給業者）
供給業者の値上げ交渉による仕入価格の上昇→利益の減少
自 社
業界内の競合
（競合他社）
買い手の交渉力
（顧客）
顧客の値下げ交渉や値下げ圧力による販売価格の低下→売上の減少
代替品の脅威
（代替品業者）
代替品の登場による販売価格の値下げや売上の減少→利益の減少

市場で企業を取り巻く競争要因は５つある。
それをファイブ・フォース（５つの脅威）としてあらわしたもの

第2の脅威は「新規参入の脅威」です。業界に新規参入業者があらわれれば、新しい競合他社となって、自社や既存の競合他社の利益を減らします。

この新規参入の脅威に対しては、参入障壁の有無と、その高さが重要です。「参入障壁」とは、ある業界に参入しようとする企業にとって、参入を妨げる壁となる障害のことを言います。

たとえば、新規参入に対する法規制や、参入の初期コストなどです。法規制が厳しく、初期コストが高いと、新規参入の脅威は小さくなります。

第3の脅威は「代替品の脅威」です。代替品とは、元の製品やサービスが目的としていたことを、達成できる別の製品やサービスのことを言います。

たとえば、よく使われる例ですが、ハンバーガー（ファストフード）に対する回転寿司や、牛丼、ラーメンなどです。代替品が登場して、価格がより安く、同じ目的を達成できると、売上を減らします。

第4は、「買い手の交渉力」です。買い手とは顧客のことですから、顧客が脅威とは意外かもしれませんが、これは顧客の値下げ交渉に対する力関係のことを言っています。

BtoBのビジネスでは、実際に顧客から値下げ交渉を要求されることがあるでしょう。BtoCでも、消費者が代替品に流れるなどして、値下げ圧力がかかることがあります。

とくに、顧客の絶対数が少ないなど、いわゆる買い手市場だと、力関係から顧客の交渉力が強くなるものです。そこで値下げに応じると、売上と利益を減らすことになります。

同様に、**第5は「売り手の交渉力」**です。売り手とは、原材料や仕入商品などの供給業者のことですが、供給業者の絶対数が少ないなど、いわゆる売り手市場だと、供給業者の交渉力が強くなります。

こちらは値下げでなく、仕入価格の値上げ交渉ですが、値上げに応じると仕入コストが増え、同じ売

5F分析の分析項目の例

業界内の競合（競合他社）	• 競合他社の数は多いか • スイッチングコストは低いか • シェア争いが起きているか　など
新規参入の脅威（新規参入者）	• 市場の参入障壁は低いか • 新規参入にかかる初期コストは低いか • スイッチングコストは低いか　など
代替品の脅威（代替品業者）	• 現製品よりコスト・パフォーマンスが良い代替品の可能性はあるか • スイッチングコストは低いか　など
買い手の交渉力（顧客）	• 顧客は絶対数が少ないか • 製品は競合他社と差別化されていないか • スイッチングコストは低いか　など
売り手の交渉力（供給業者）	• 供給業者は絶対数が少ないか • 代替品供給業者はいないか • スイッチングコストは低いか　など

自社がさらされている脅威を５つに分類し、それぞれ分析する

上でも利益を減らします。

◆5Fにどんな分析を行なうか？

以上の5つの脅威に対して、たとえば上の例のような分析を行ないます。

5つに共通して、スイッチングコストの低さがあげられていますが、スイッチングコストとは自社から他社に、他社から自社に乗り換える際のコストのことです。たとえば、製造機械を買い換えなければならないなど、スイッチングコストが高いと他社に乗り換えにくくなり、脅威が小さくなります。

逆に、スイッチングコストがほとんどかからない場合などは、脅威が大きくなるわけです。

また、競合他社の数は多いほうが、脅威は大きくなりますが、買い手（顧客）と売り手（供給業者）の数は、先に述べたような理由で少ないほうが、脅威が大きくなります。

11 環境に応じて導き出される4つの戦略とは？

「SWOT分析」はマクロ環境とミクロ環境を同時に分析する

◆SWOT分析とはどういうものか？

外部環境分析と内部環境分析を、同時に進める分析手法もあります。その名も「SWOT（スウォット）分析」と言います。

SWOTとは、左の図のとおり、**強み・弱み、機会・脅威**をあらわす英単語の頭文字です。

内部環境分析の目的は強み・弱みを見きわめること、外部環境分析の目的は機会・脅威を見きわめることですから（→P86）、両方を同時に分析することになります。

SWOT分析では左の図のように、縦軸の内部環境と外部環境のそれぞれに、横軸のプラス要因とマイナス要因をリストアップし、表に書き込んでいきます。

◆強み・弱み、機会・脅威を分析する

すると、内部環境のプラス要因は自社の強みとなり、マイナス要因は弱みになるのです。同様に、外部環境のプラス要因は機会に、マイナス要因は脅威になります。

たとえば、内部環境のプラス要因で「低価格で提供できる」とあったら、それは自社の強み。「味はそこそこのイメージ」だったら、弱みです。

また、外部環境のプラス要因で「不況による低価格志向」とあったら機会、マイナス要因に「中食・内食が人気」とあったら、それは脅威です。

このようにして、内部環境の強み・弱み、外部環

SWOT分析とは？

SWOTは、強み・弱み、機会・脅威の英単語の頭文字

境の機会・脅威を分析していくことができます。

◆強み・弱み、機会・脅威をマトリクスにする

外部環境にいくら機会があっても、それを活かせる強みが内部にないと、ただの機会で終わってしまいます。

ＳＷＯＴ分析の優れたところは、さらに分析を進めることによって、とるべき戦略が導き出されるところです。

上の図から、今度は縦軸に強み・弱み、横軸に機会・脅威をとって、97ページのようなマトリクスにしましょう。

すると、どのマスに何が入るかによってとるべき戦略がわかります。

たとえば、「低価格で提供できる」という強みと、「不況による低価格志向」という機会が組み合わされると「積極的攻勢戦略」になります。

さらに低価格の商品を開発するなどして、売上を伸ばす戦略が考えられるでしょう。

◆クロスSWOT分析で戦略がわかる

しかし、もしも景気が回復して、高価格でもおいしいものが志向されると、これは脅威です。「味はそこそこ」の弱みとの組み合わせで、守りに回る「専守防衛」か、場合によっては「撤退」の戦略を検討することになります。

一方、**強みと脅威の組み合わせは「差別化戦略」**です。外部環境の脅威に対し、自社の強みを活かして脅威を回避するか、できればピンチをチャンスに変えます。

たとえば、「低価格」の強みと、「中食・内食が人気」の脅威から、他社より安いテイクアウト商品を拡充して差別化する戦略などが考えられます。

そして、**「段階的施策戦略」は、弱みと機会の組み合わせ**です。すぐには対処できないので、現状を維持しながら段階的に対策を講じます。

たとえば、もしも美食ブームになってしまったら、「味はそこそこ」のイメージはすぐには変えられません。

高価格でもおいしい商品を開発するなどして、徐々に対応していく戦略などが考えられます。

このような、SWOT分析から進めて、4つの戦略を導き出す手法が「クロスSWOT分析」です。SWOTをひっくり返して、TOWS（トゥーズ）分析ということもあります。

SWOT分析とクロスSWOT分析の考え方は、昔からあったそうですが、1960年代から、より洗練されたものに整理したのはアメリカ・スタンフォード大学のアルバート・ハンフリーです。ハンフリーが、現代のSWOT分析の創始者とされています。

SWOT分析からクロスSWOT分析へ

●SWOT分析

	プラス要因	マイナス要因
内部環境	S Strength 強み	Weakness 弱み W
外部環境	O Opportunity 機会	Threat 脅威 T

●クロスSWOT分析

	O 機会	脅威 T
S 強み	積極的攻勢戦略	差別化戦略
弱み W	段階的施策戦略	専守防衛 または 撤退戦略

SWOT分析の結果から、クロスSWOT分析によって ４つの戦略が導き出される

12 「3つの基本戦略」があらゆる戦略の出発点になる

3つのうちのどれかを採用すれば、競争優位の戦略になる

◆「ポーターの3つの基本戦略」とは？

様々な戦略を見てきましたが、戦略経営の第一人者であるマイケル・ポーターは、有名な「ポーターの3つの基本戦略」「ポーターの競争優位の戦略」と呼ばれる3つの戦略を提唱しています。

そして、ファイブ・フォース・モデル（→P90）で市場の構造を明確にした上で、3つの戦略のうちのどれかを採用すれば、競争優位の確立を目指せる、とポーターは説明しています。

ポーターの3つの基本戦略とは、「コスト・リーダーシップの戦略」「差別化の戦略」「集中の戦略」の3つを言います。

ポーターがどのようにして、この3つの戦略を導き出したかというと、縦軸に「ターゲットの幅」、横軸に「競争上のポジショニング」をとったマトリクスを描いたのです。

ターゲットの幅とは、標的顧客を幅広く設定するか、狭く設定するかを言っています。競争の範囲を広くとるか、狭くとるかということです。

競争上のポジショニングは、競争優位の源泉を低コストに求めるか、それとも独自の製品やサービスなどによる、差別化に求めるかということをあらわしています。

◆マトリクスでわかる3つの戦略

そこで、左の図のようなマトリクスを描くと、3つの戦略が浮かび上がってきます。まず、ターゲッ

3つの基本戦略はこのマトリクスから導き出された

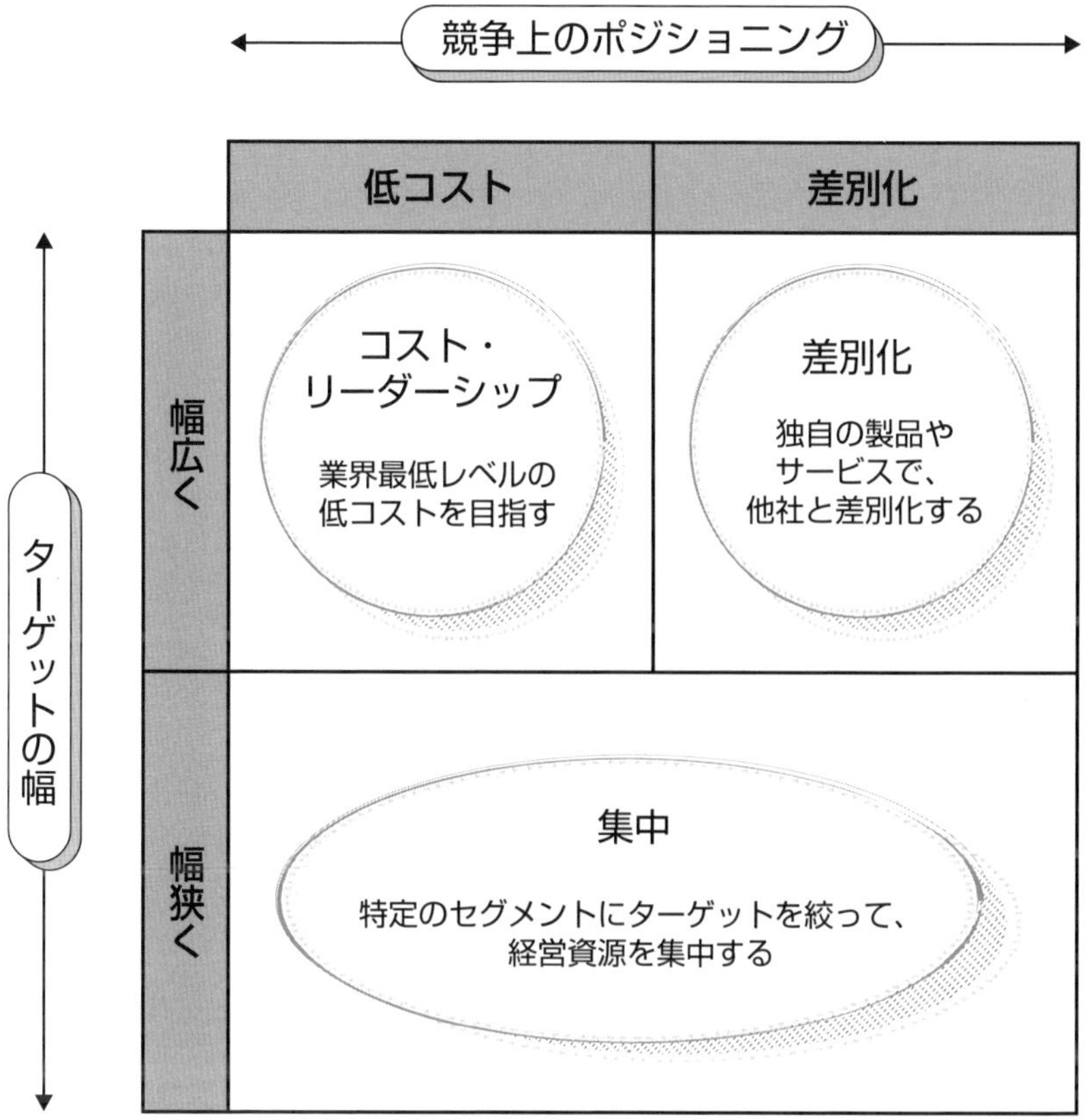
競争上のポジショニング
低コスト
差別化
ターゲットの幅
幅広く
幅狭く
コスト・リーダーシップ
業界最低レベルの低コストを目指す
差別化
独自の製品やサービスで、他社と差別化する
集中
特定のセグメントにターゲットを絞って、経営資源を集中する

コスト・リーダーシップの戦略と差別化の戦略は大きな市場シェアを狙う。集中の戦略はセグメントを狙う

トを幅広くとって、低コストで勝負することにすると、コストでリーダーシップをとる戦略です。次に、ターゲットは幅広くとるものの、低コストではなく差別化で勝負すると、差別化の戦略になります。

そして、ターゲットの幅を狭くとると、特定のセグメント（↓P135）に集中する戦略になるわけです。

◆3つの戦略を比べてみる

3つの基本戦略を見ていきましょう。

①コスト・リーダーシップの戦略

業界で最低レベルのコストを目指す戦略です。製造原価や販売費などのコストを低く抑え、業界のリーダーを狙います。

また、コストが低いと、5つの脅威にも対抗しやすいというのも理由です。

たしかに、競合他社より低い価格で提供できるようになり、売上が上がる可能性が高いし、競合と同じ価格で提供すれば利益が上がります。

低価格で提供できる業界のリーダーは、新規参入者には高い参入障壁になるし、代替品が出てきたときにも競合他社よりダメージは小さいでしょう。

顧客の値下げ交渉にも、仕入先の値上げ交渉にも、対応できる値下げ・値上げの幅が広くなるというものです。

②差別化の戦略

高コスト・高価格でも、顧客のニーズに応える独自の製品やサービスで競合と差別化し、大きな市場シェアを狙います。

ごくわずかな違いだったり、他社が簡単に模倣できるような差別化ではだめです。どれだけ大きく長い期間、差別化できるかがポイントになります。

③集中の戦略

セグメンテーション（↓P136）を行ない、特定のセグメントにターゲットを絞って、経営資源を集中します。そのセグメントで最大のシェアを獲得して、

集中にはコスト集中と差別化集中がある

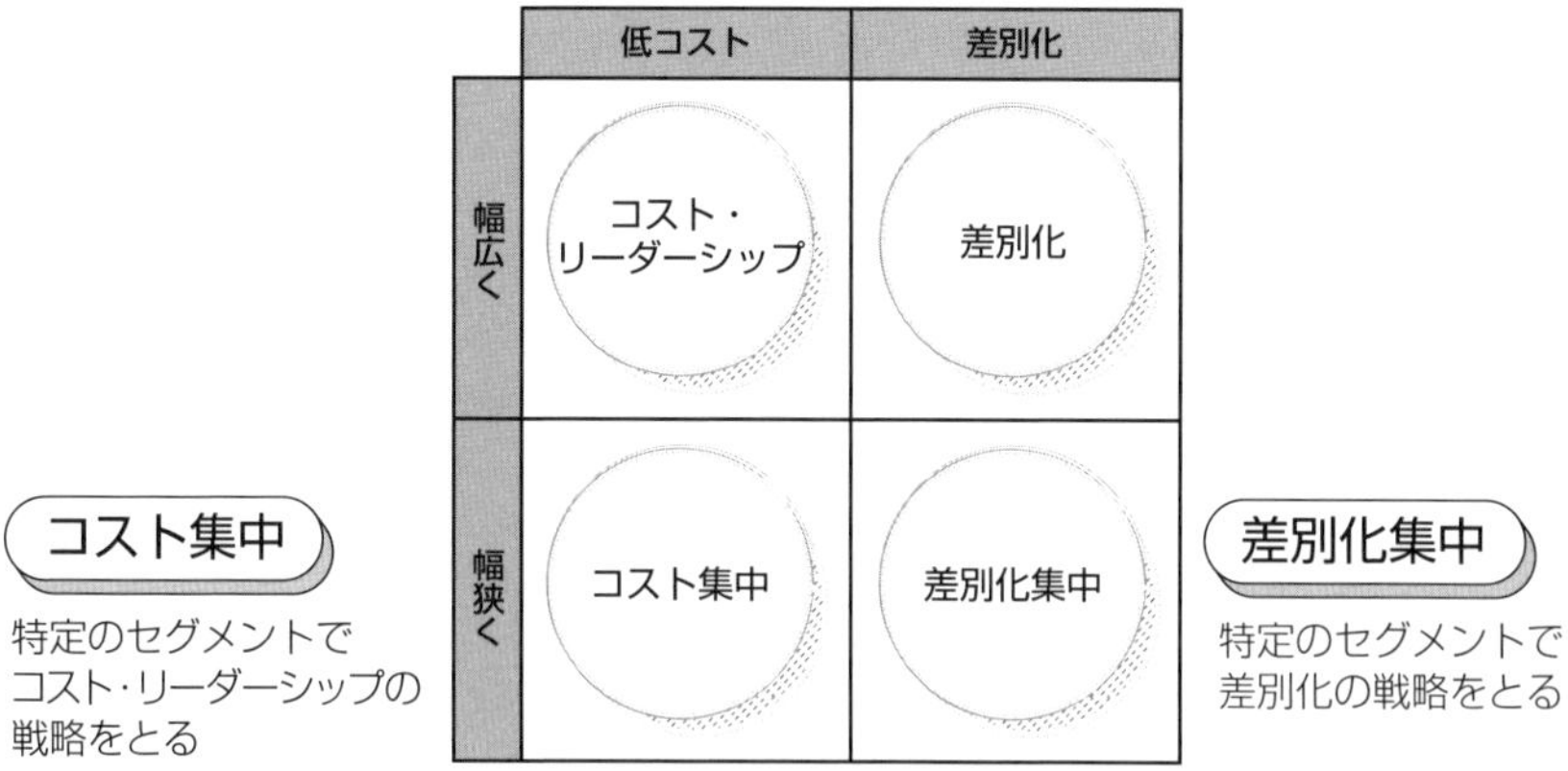

ポーターはのちに集中をコスト集中と差別化集中に分けた

リーダーになることが狙いです。

◆ポーターの4つの基本戦略

ポーターは当初、コスト・リーダーシップ戦略と差別化戦略とはトレードオフの関係にあり、同時に追求することはできないと強調していました。

しかし、インターネットの時代になり、「差別化と集中と低コストを実現している企業もある」と変わってきています。

また当初は、集中はひとつだけでしたが、のちに集中には「コスト集中と差別化集中がある」とも述べています。つまり、**小さなセグメントの中でコスト・リーダーシップか、差別化の戦略をとれる**ということです。

これだと4つの基本戦略になってしまいますが、誰もが相変わらず、「3つの基本戦略」と呼んでいるようです。

13 戦略実行の前にチェックしたい7つのSとは？

「マッキンゼーの7S」は組織運営・組織変革のフレームワーク

◆「マッキンゼーの7S」とは？

どんな戦略でも、それを実行に移すのは会社という組織です。戦略が実現するように、会社という組織をコントロールし、必要なら変えていかなければなりません。

このような組織運営と、組織変革を確実に進めるためのフレームワークが「マッキンゼーの7S」です。アメリカのコンサルティング会社、マッキンゼー・アンド・カンパニーによって提唱されています。

マッキンゼーの7Sは、英単語の頭文字がSで始まる7つの経営資源で構成されています。左の図の7つがそれです。

7つの経営資源はさらに、ハードウェアの3Sとソフトウェアの4Sに分けることができます。

ハードウェアの3Sとは、戦略、組織構造、システムの3つです。ソフトウェアの4Sには、共有された価値観、スキル、スタッフ、スタイルの4つがあげられています。

◆ハードは変えやすく、ソフトは変えにくい

ハードウェアの3Sと、ソフトウェアの4Sには、どんな違いがあるのでしょうか。

ハードウェアの3Sのうち、「戦略」は事業の方向性を定める基礎です。「組織構造」は組織としての形態や構造を示します。「システム」とは、人事や会計など組織のしくみのことです。

つまり、**文書化したり規程で定めたりしているの**

戦略実行前に「マッキンゼーの7S」

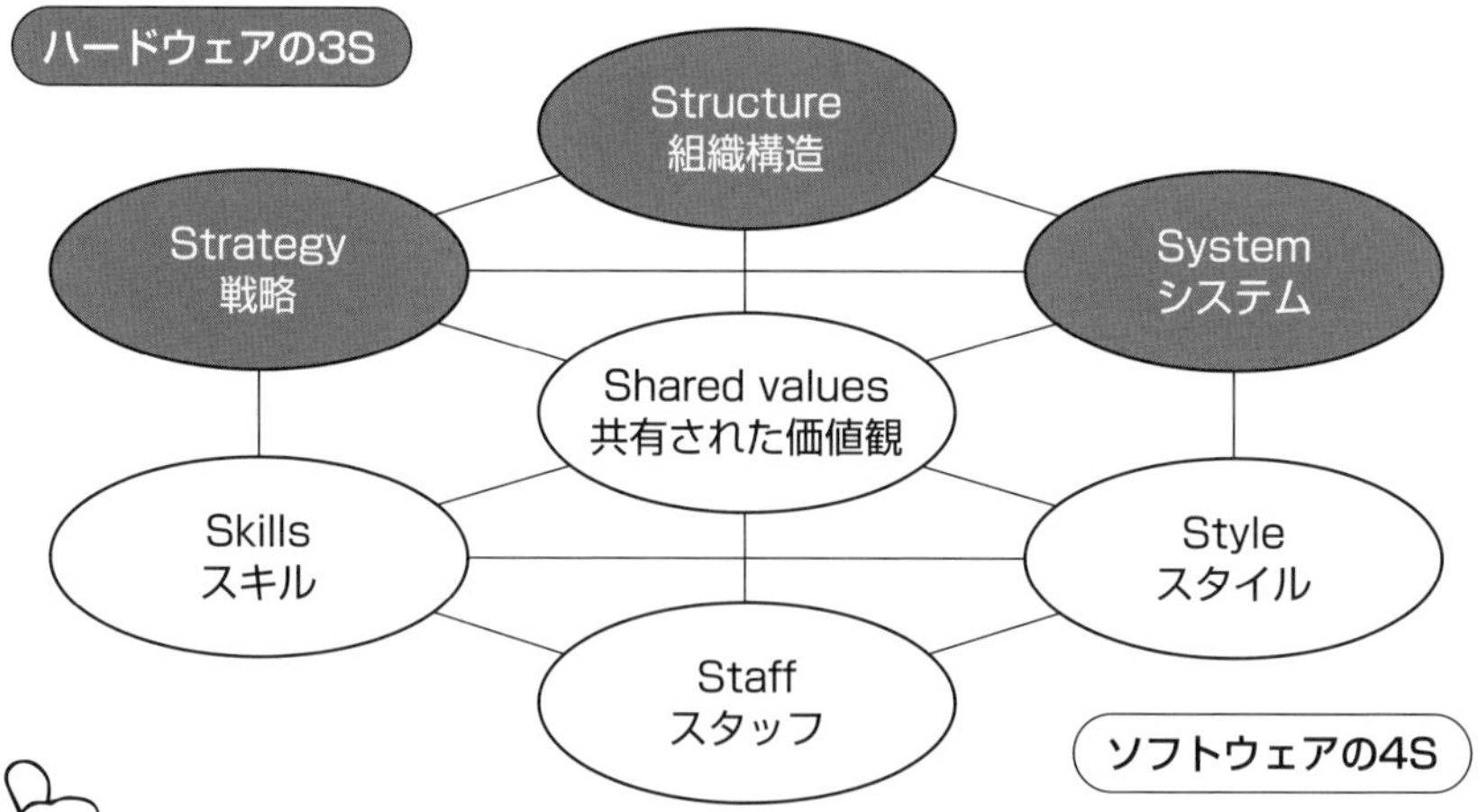

7Sをチェックすれば計画に必要な要素がわかる

で、**比較的短時間で変えたり、コントロールすることができます。**

一方、ソフトウェアの共有された（シェアされた）価値観とは、社員の共通認識のようなものです。戦略や組織構造を変えたからといって、簡単に変えられるものではありません。

スキルとは、営業力や技術力のことですから、これも一朝一夕で身につくものではないでしょう。

スタッフは人材の能力、スタイルは社風や組織文化のことで、どれも短時間で簡単には変わらず、コントロールしにくいものです。

しかし、戦略を実現するためには、コントロールしやすいハードウェアだけでなく、コントロールしにくいソフトウェアも、変えていかなくてはなりません。

マッキンゼーの7Sは、戦略実現のために、何と何を変えなければならないかを示してくれるのです。

14 市場の競争に参加しない戦略はあるか？

「ブルー・オーシャン戦略」は競争のない青い海を目指す

◆「ブルー・オーシャン戦略」とは？

この章でたびたび取り上げた競争優位は、マーケティング戦略の常識です。競争相手に対し競争優位を獲得すれば、売上が伸び利益が上がります。

しかし、競争相手も同じことを目指すので、競争は熾烈になり、**コモディティ化**が進みます。どの会社の製品やサービスも似たものになり、その結果、競争優位も長続きしません。

市場の競争に参加しない戦略はないのでしょうか。

市場の競争を血の色をした赤い海にたとえ、その外側には競争のない、広大な青い海が広がっていると説くのが「ブルー・オーシャン戦略」です。2004年に韓国の経営学者W・チャン・キムと、アメリカの経営学者レネ・モボルニュが提唱しました。

◆競争のない新しい市場を創造する

競争のない青い海とは、まだ誰も参入していない新しい市場のことです。

このブルー・オーシャンを知るには、熾烈な競争を繰り広げる赤い海＝レッド・オーシャンと比べてみるとよいでしょう。左図のような違いがあります。

レッド・オーシャンでは、競争優位がきわめて重要なのに対し、ブルー・オーシャン戦略で新しい市場を創造すると、競争は無意味になります。そもそも、新しい市場には誰も参入していないからです。

しかし新しい顧客をつくり出すためには、新しい

ブルー・オーシャンとレッド・オーシャンの違い

レッド・オーシャン		ブルー・オーシャン
既存の市場で競争する	市場	新しい市場を創造する
競争優位を獲得する	競争	競争を無意味にする
既存の顧客を奪い合う	顧客	新しい顧客をつくり出す
低コストと差別化のどちらかを選ぶ	戦略	低コストと差別化を同時に実現する

ブルー・オーシャンは競争を無意味なものにする

顧客に対して、低コストを実現しながら、同時に高い付加価値を提供しなければなりません。

そこで、ブルー・オーシャン戦略では最初から、低コストと同時に差別化を実現します。基本戦略では当初、両立できないとしていたのと対照的です。

低コストと差別化を同時に実現する方法として、ブルー・オーシャン戦略では「バリュー・イノベーション」という手法を提唱しています。「取り除く」「減らす」をキーワードとして低コストを、「増やす」「付け加える」をキーワードとして差別化を実現するものです。

ブルー・オーシャン戦略の例として、キムは任天堂の「Ｗｉｉ」をあげています。Ｗｉｉは従来、ゲーム機のターゲットでなかった、低年齢の子どもや大人をユーザーと想定して開発されました。

その結果、家庭用ゲーム機の市場に、小さな子どもや大人という新しい市場を創造したわけです。

Column

事業を成功させる条件、「KSF」とは?

事業を成功させるための要件、必要条件を「KSF」と言います。英語のキー・サクセス・ファクターの略で、日本語では「重要成功要因」です。

たとえば化粧品の事業なら、一般的にブランド力や認知度を高めること、コンビニでの品揃えの良さなどがKSFになります。

ただし、業界の種類などによっても、KSFは変わることがあるので、注意が必要です。会社の規模、技術力、顧客対応の良さなど、様々な要素がKSFになる可能性があります。

SWOT分析などを行なう目的のひとつは、このKSFを明確にすることです。一般的に、外部環境分析では、何が事業にとってKSFなのかを明確にすることができます。

また、内部環境分析ではKSFを実現する戦略の立案につなげることが可能です。

第3章

顧客を知ってターゲットを定める

「顧客」は何を考え、どう行動するか……。
それを知ることで「市場」を細分化し
きめ細かいマーケティング戦略が立てられる。

1 「マーケティング・リサーチ」とは、どういうものか？

浮かび上がった課題や機会の解決のために「調査」をする

◆マーケティング・リサーチだけが情報ではない

コトラーのマーケティング・マネジメント・プロセスによれば、マーケティングは「R」（リサーチ＝調査分析）から始まります（→P36）。

リサーチと聞くと、まず「マーケティング・リサーチ」が思い浮かぶでしょう。

一般の企業では専門の業者に依頼して行なうような、マーケティングの調査のことです。

しかしコトラーは、顧客のニーズや消費パターンの変化を理解するには、一時的なマーケティング・リサーチだけでなく、情報が継続的に流れるしくみが必要だとしています。

そして提唱しているのが「マーケティング情報システム」です。

◆「マーケティング情報システム」とは？

コトラーによれば、マーケティング情報システムは「社内記録」「マーケティング・インテリジェンス活動」、そして「マーケティング・リサーチ」によって構成されます。

社内記録とは、自社の社内に蓄積された顧客からの注文や売上、製品やサービスの価格・コスト、在庫などのデータのことです。

どこの会社でも、これらは経理や原価計算のシステムで記録し、保管しています。会社によっては「顧客管理システム」などで、さらに詳細な顧客の

マーケティング情報システムで継続的に情報を流す

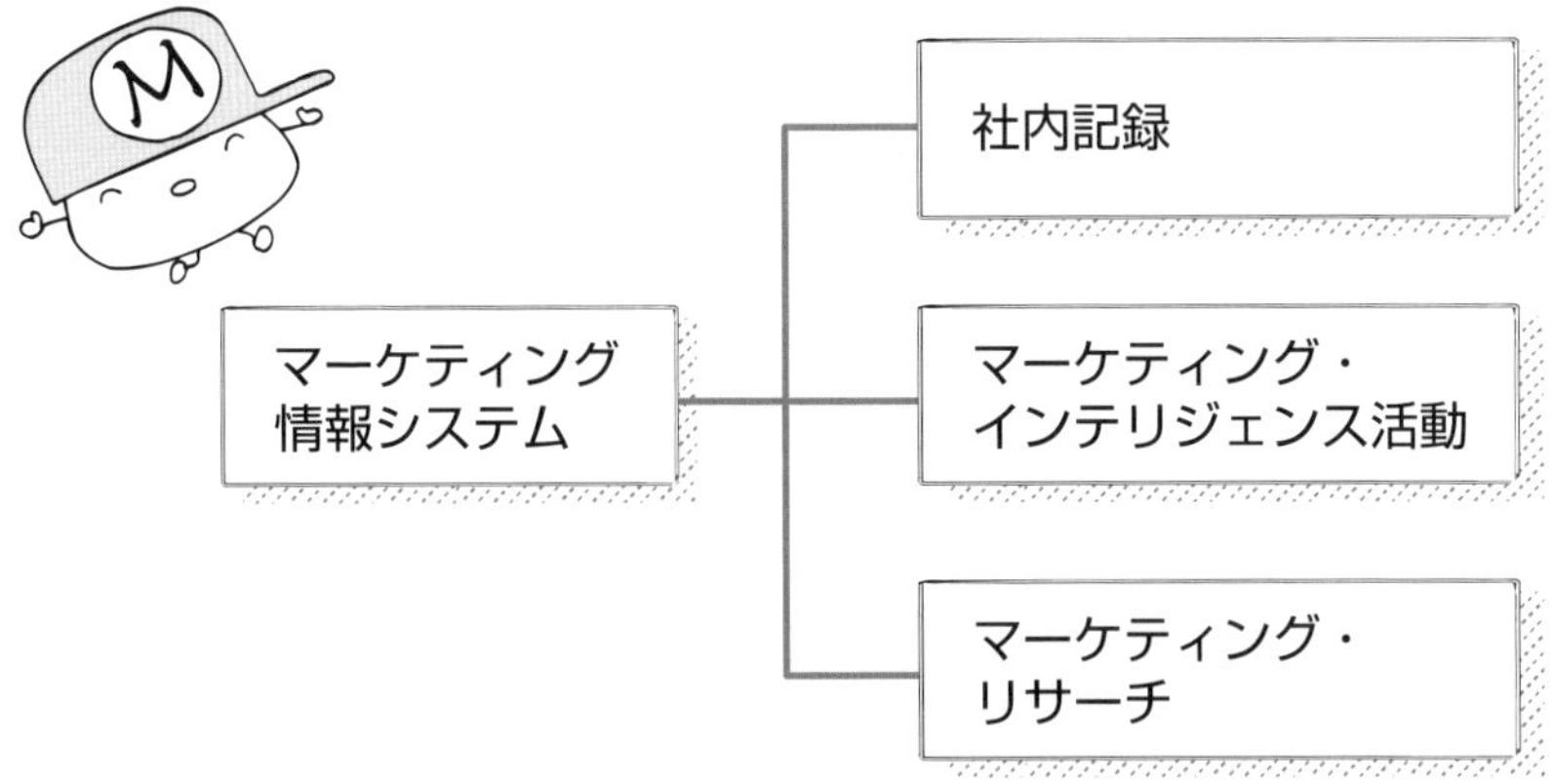

マーケティング・リサーチは課題や機会が明確になってから

データを残しているかもしれません。

次に、**マーケティング・インテリジェンス活動**とは、書籍や新聞、業界の資料などで、現在起こっている変化のデータを収集することです。

顧客や取引先の担当者と話をしたり、インターネットで検索したりすることも、もちろん含みます。

社内記録が過去のデータであるのに対し、このようにして収集されるのは現在の変化のデータです。

そして、**マーケティング・リサーチ**は3番目にあげられています。社内記録の調査や、マーケティング・インテリジェンス活動をした上で行なわれるのがマーケティング・リサーチです。

ですから、マーケティング・リサーチは、たとえば「消費者のニーズを探る」などと言って、漠然と行なうものではありません。

様々な情報で浮かび上がった課題や機会に対し、その課題を解決したり、機会を活かすためのデータを収集するものです。

2 マーケティング・リサーチは、どう行なうか？

調査の目的から意思決定まで6つの段階を踏む

◆2次データと1次データ、どちらを使うか？

コトラーによれば、効果的なマーケティング・リサーチには左の図の6段階が必要です。

まず、前項で見たように、マーケティング・リサーチは課題の解決などのために行なうものですから、その課題と調査の目的を明確にします。

課題と目的を明確にしたら、調査の計画を立案しますが、ここで重要なのがデータの情報源です。これには「2次データ」と「1次データ」があります。

2次データは、各種の調査や統計など、すでに収集されているデータです。無料か、安いコストで入手できますが、調査の目的にぴったり合うものがあるとは限りません。

1次データは、調査の目的に合わせて新規に収集するデータです。ぴったりのデータが入手できますが、データの収集には高いコストがかかります。

どちらか一方を選ぶこともできますが、両方を利用することも可能です。

まずコストの安い2次データを利用し、データが古かったり、不足したりする部分について、1次データを収集する方法などもあります。

◆調査手法と調査手段はどうするか？

調査の計画では、調査手法や調査手段も決めなければなりません。

調査手法とは、どんな方法で調査するかということです。マーケティング・リサーチというと、アンケートのイメージが強いですが、観察や実験といった調査手法もあります（↓P113）。

また、調査手段とは、どんな道具立てで調査をするかということです。主な調査手段としては、「質問票」「質的調査」「機械調査」の3つがあります。

質問票はアンケートなどですが、近年多いのは、インターネットなどを利用したオンラインのものです。ただし、高齢者などが対象の場合は、ダイレクトメールなど、オフラインのものを利用します。

次に、質的調査とは、量的でない、観察調査やインタビューなどの調査手段です。質的なデータを対象にする調査を「定性調査」、数値などで示せる量的なデータを対象にするのを「定量調査」と言います。

3番目の機械調査は、インターネットをはじめ、ＩＣカードやＧＰＳ、その他様々な機器を使って行なう調査手段です。

マーケティング・リサーチの6段階

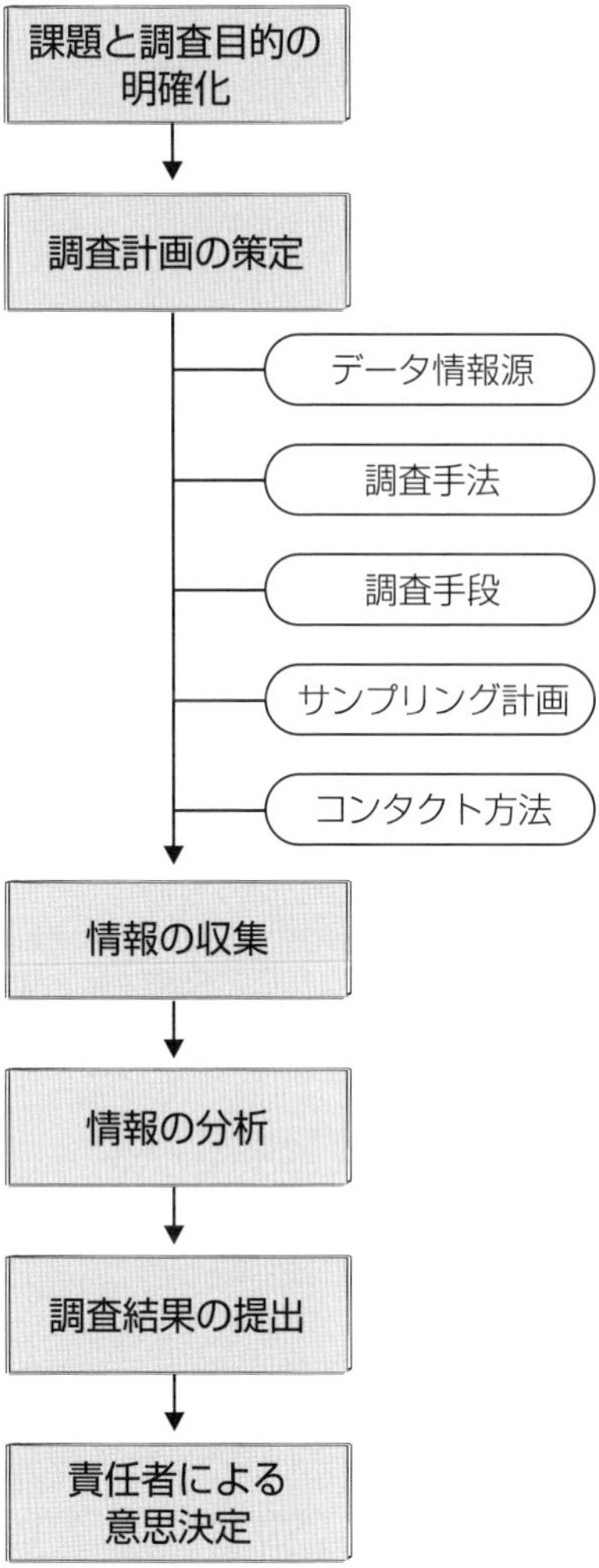

効果的なリサーチにはこの6段階が必要

コンタクト（接触）の方法もいろいろある

郵送質問票	質問票を郵送し、質問に答えてもらう
電話インタビュー	電話をかけ、質問に答えてもらう
対面インタビュー	直接、対面で質問に答えてもらう
オンライン・インタビュー	テレビ電話やチャットで質問に答えてもらう（ウェブ上に質問票を掲載する方法もある）

近年はオンラインでコンタクトする調査も多い

◆サンプリング計画をきちんと立てる

調査手法と調査手段を決めたら、サンプリング計画を立てます。

マーケティング・リサーチは、統計学的に見ても正しい統計調査であることが必要です。サンプルのとり方は、計画の段階できちんと計画しておかなければなりません。

サンプリング計画では、統計の母集団をどこまでとするか（サンプリング単位）、何件のデータをとるか（サンプル・サイズ）、サンプルをどのようにして抽出するか（サンプリング手順）――を決めておきます。

◆コンタクト方法はどれを選ぶか?

調査計画の最後は、コンタクト方法です。調査対象と、どのような方法で接触するかを決めます。主なコンタクト方法は、上の図のようなものです。

マーケティング・リサーチの「調査手法」

観察調査	調査対象の人と環境を観察する。たとえば、来店した人の店内での行動の観察など
フォーカス・グループ調査	6～10人のグループで討論をしてもらう。討論をする人は、特定の条件を決めて選ぶ
サーベイ調査	直接、質問に答えてもらう。紙の質問票やウェブ上に掲載した質問票などを使う
行動データ	顧客の行動を分析する。取引履歴や、問い合わせ・クレームの内容、回数などがある
実験調査	実験を行なう。同じ商品やサービスの価格を、期間によって変えてテスト販売を行なうなどのやり方がある

アンケート(サーベイ調査)以外にも様々な調査手法がある

郵送質問票は簡単な方法ですが、返送してもらう方式にすると、一般的に回収率が良くありません。

一方で、質問票を手元に留め置いてもらい、後日、回収に回る留置《とめおき》調査法だと多少、回収率が良くなります。

電話インタビューも比較的簡単な方法ですが、あまり複雑な内容は聞けません。

対面インタビューだと、かなり複雑な内容まで聞けます。ただし、担当者が対象と直接、対面するので時間とコストは格段に増えるでしょう。

近年は、テレビ電話やチャットを用いる**オンライン・インタビュー**も盛んです。

以上のような調査の計画を策定した後、実際に情報の収集を行ない、収集した情報を分析し、調査の結果を報告します。

調査の目的である課題や機会にどう対処するか、意思決定は報告を受けた責任者の仕事です。

3 「メガトレンド」＝大きな流れを見きわめるには？

6つのマクロ環境のトレンドを見きわめると機会が見つかる

◆「トレンド」と「メガトレンド」に注目する

マーケティング・リサーチで課題を解決することも重要ですが、マーケティング情報システムの情報から、世の中の大きな流れを見きわめることも大切です。どんな立派なマーケティング戦略も、世の中の流れに逆らっては成功はおぼつかないでしょう。

コトラーは、**世の中の流れには2つあると**言っています。ひとつは「トレンド」で、勢いがあり、長く続く持続的な世の中の流れです。

しかし、もうひとつの「ファッド」は、短期的で、社会的・経済的・政治的に重要性がありません。

ファッド（fad）は、一時的流行などを意味する英単語です。

アメリカの未来学者ジョン・ネイスビッツは、この2つに加えて、自分の著書の書名から「メガトレンド」という用語を一般的なものにしました。

通常のトレンドより長く続く、世の中の大きな流れのことを言います。

マーケティングで注目すべきは、トレンドと、このメガトレンドです。

◆マクロ環境、6つの要因とは何か？

ファッドは、社会的・経済的・政治的に重要ではないとされていますが、それでは、何に注目したらよいでしょうか。

コトラーは、マクロ環境のトレンドを見きわめると、マーケティングの機会が見つかる（ことがある）と言っています。そして、マクロ環境の要因としてあげているのが、左下の図の６つです。

ちなみにコトラーの言う「ブロード環境」は、このマクロ環境と同じものです（↓Ｐ52）。

また、マクロ環境要因と言えば、ＰＥＳＴ分析が有名ですが（↓Ｐ88）、デモグラフィック環境と自然環境がＳ（社会的環境）に含まれるとすれば、両者は同じものを指していると考えられるでしょう。

「トレンド」を見きわめる要因

●ファッド、トレンド、メガトレンドの違い

ファッド Fad	長く続かない世の中の流れ（流行）
↓	
トレンド Trends	勢いがあり長く続く世の中の流れ
↓	
メガトレンド Megatrends	トレンドより長く続く世の中の流れ

●マクロ環境の６つの要因

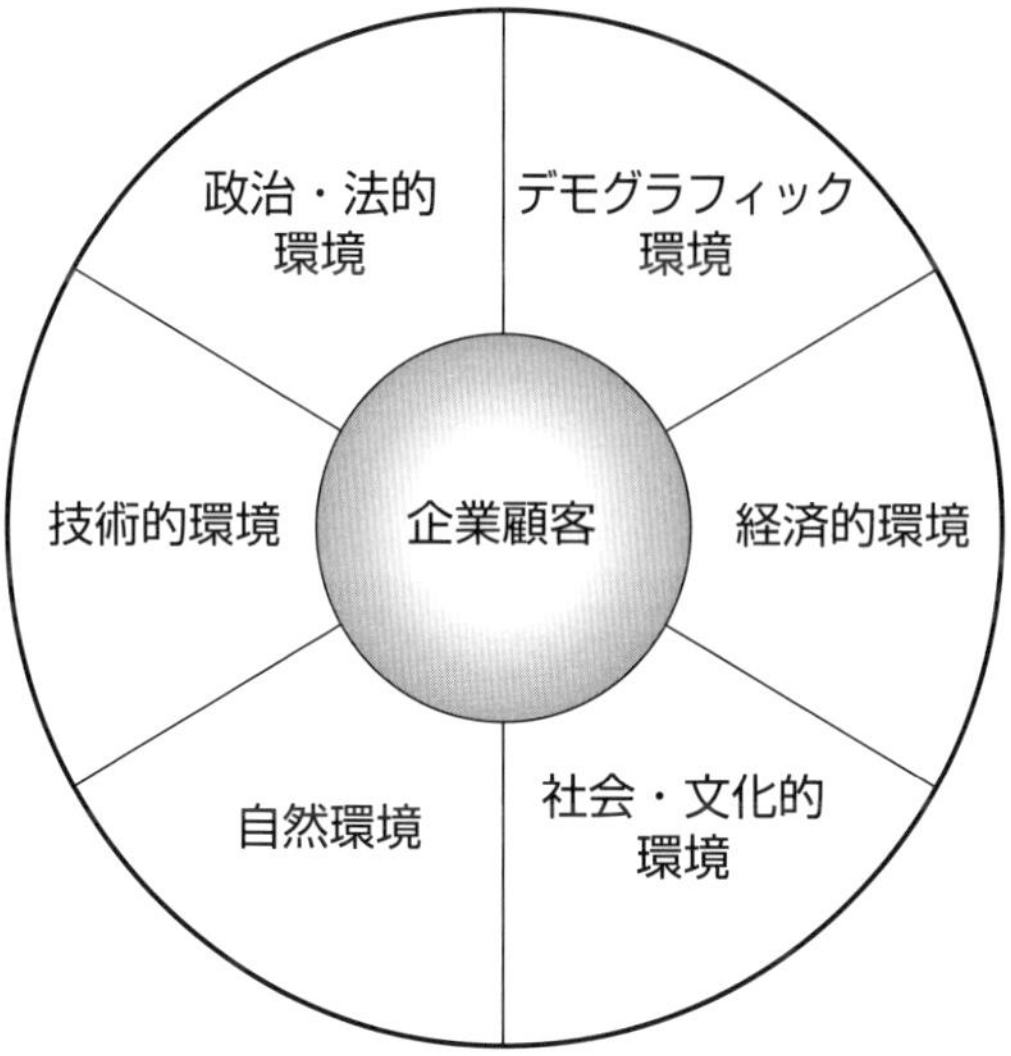

マクロ環境のトレンド、メガトレンドを見きわめる

4 社内のデータから顧客の「価値」を知るには？

「顧客生涯価値」を使って顧客の価値を測ってみよう

◆顧客生涯価値、CLVとは何か？

マーケティング情報システムのうち、社内記録（→P108）を一部利用して、顧客の価値を計算してみることができます。

と言っても、顧客価値（→P50）のことではありません。顧客価値は、買い手である顧客が製品やサービスに求める価値ですが、これから説明するのは売り手の企業が買い手である顧客に求める価値です。

日本語の用語では「顧客生涯価値」と言います。

英語ではライフタイム・バリューから「LTV」、またはカスタマー・ライフタイム・バリューから「CLV」と略されます。この本では、CLVのほうを使用することにしましょう。

CLVの基本的な考え方は、企業にとっての顧客の価値は、1回の購入金額や購入頻度ではなく、一生涯の売上や利益で測ろうというものです。

顧客は、1回の購入で終わってしまうこともありますが、製品やサービスに満足すれば何度も何度も、ときには一生涯、買い続けてくれます。

その一生涯の売上や利益で、顧客の価値を考えるのがCLVです。

◆CLVの計算方法は？

具体的なCLVの計算方法は、いろいろあります。

ここでは、主な計算方法を3つだけあげました。①②のように利益を計算する方法と、③のように売上を計算する方法があります。

顧客生涯価値(CLV)の計算方法の例

① 顧客の年間購買額 × 利益率 × 顧客の継続年数

② 顧客の平均購買単価 × 購買頻度 × 継続購買期間

③ (顧客の平均購買単価 × 購買頻度 × 継続購買期間) − (顧客獲得費用 + 顧客維持費用)

CLVは売上で計算する方法と、利益で計算する方法がある

また、3つの計算方法は共通して、顧客一人ひとりの利益や売上を計算するものですが、顧客全体の合計の数値から、顧客一人当たりの平均を計算することも可能です。

これらの数値のうち、顧客の購買額や利益率、購買頻度などが社内記録からわかります。どれだけの期間、顧客であり続けてくれるか、継続の期間は別途、見積もることが必要です。

◆「カスタマー・エクイティ」とは?

企業の全顧客のCLVの総合計を「カスタマー・エクイティ」と言います。エクイティは、純資産といった意味ですから、**顧客は企業にとって資産であるという考え方**です。

では、カスタマー・エクイティを増やすには、どんな方法があるでしょうか。最も単純なのは、顧客を増やすことです。新規の顧客が増えれば、カスタマー・エクイティも増えます。

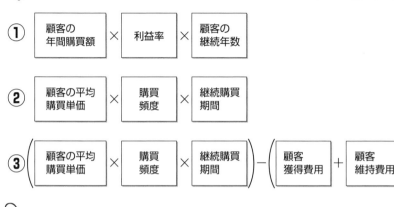

しかし、カスタマー・エクイティが増えたから利益も増えるとは限りません。

CLVを利益ベースで計算する場合、顧客獲得のコストと、それを折り込んだ利益率などが計算に入ります。そのため、新規顧客の増加は利益に直結しないのです。

実際、CLVを計算してみると、新規の顧客を獲得するより、現在の顧客を継続したほうが良いという結果になる例が数多く見られます。

新規の顧客獲得には通常、大きなコストがかかるので、低コストで現在の顧客を維持したほうが、利益が多いという結果になるためです。

◆より長く顧客であり続けてもらう

では、現在の顧客を維持して、カスタマー・エクイティを増やすにはどうしたらいいでしょうか。

ひとつは、顧客の1回当たりの購買額を上げることです。しかしこれは、いわゆる「客単価を上げる」ことになりますから、簡単ではありません。

そこでもうひとつ、方法があります。

図にあげたCLVの3つの計算方法に、計算の要素として共通しているのが、継続の期間です。この期間を長くすることでも、購入の回数が増え、CLVが大きくなります。

つまり、カスタマー・エクイティも増えます。すなわち、**より長く顧客であり続けてもらい、いつまでも購入し続けてもらうことが、CLV、カスタマー・エクイティを大きくする**わけです。

製品やサービスに満足した顧客は、まるで忠誠を誓ったかのように、同じ製品やサービスを、ときには一生涯、購入し続けてくれます。

このような顧客の心理が「**カスタマー・ロイヤルティ**」「**顧客ロイヤルティ**」と呼ばれるものです。

顧客ロイヤルティが高い顧客は、自身が購入し続けるだけでなく、周囲の知人などに勧めて、顧客を増やしてくれることもあります。近年は「ロイヤル・カスタマー」とも呼ばれ、重要視されています。

顧客生涯価値（CLV）を高めるには？

カスタマー・エクイティ

↓ 顧客を会社の資産と考え、CLVを計算する

カスタマー・ロイヤルティ

↓ 顧客に満足してもらい一生涯、顧客であり続けてもらう

カスタマー・リレーションシップ・マネジメント

CRMにより顧客のデータを蓄積し、長期的な関係を築く

CRMは一人ひとりの顧客との関係を強く太いものにする

◆顧客と長いお付き合いをする「CRM」

顧客ロイヤルティを高め、より長く顧客であり続けてもらうには、一人ひとりの顧客との関係を強く、太いものにすることが必要です。

そのために利用される手法、システムとして「カスタマー・リレーションシップ・マネジメント」（CRM）があります。

直訳すれば「顧客関係管理」ですが、要するにコンピューターを利用した顧客データベースです。

ただし、単なる顧客名簿や購買履歴ではありません。CRMでは、問い合わせの履歴や、ときにはクレームの内容まで記録・管理します。それによって、一人ひとりの顧客と長期的な関係を築くのです。

システムとして整備しておけば、担当者が変わったような場合にも同じ対応がとれて、企業に対する顧客ロイヤルティも高まるというものです。

5 心理学者の学説から顧客の「欲求」を見るとどうなるか？

人間は緊急度の高い欲求から満たそうとする傾向がある

◆「マズローの欲求5段階説」とは？

顧客のことをよく知る方法は、CRMやマーケティング・リサーチだけではありません。世の中には、人間の心理や行動について調べた様々な研究があります。

アメリカの心理学者アブラハム・マズローが提唱した「マズローの欲求5段階説」は、人間の「欲求」について考察した、最も有名な学説のひとつです。顧客について知るための基礎になるでしょう。

マズローによると、**人間の欲求は緊急度に応じて5つの段階に分けられます**。緊急度の高い順に「生理的欲求」「安全の欲求」「社会的欲求（帰属と愛情の欲求）」「承認（自尊）の欲求」「自己実現の欲求」の5つです。

それぞれの具体的な欲求の例としては、左の図のようなものがあります。

◆人間の欲求には順序がある

ポイントは、欲求に順序があるということです。欲求5段階説によると、人間は緊急度の高い欲求から満たそうとします。そして、その欲求が満たされると、次の段階の欲求を満たそうとするわけです。

逆に言えば、より下位の欲求が満たされなければ、より上位の欲求を満たそうとはしないということでしょう。

このことは、顧客の購買行動（→P128）を理解するための手がかりになりそうです。

人間の「欲求」は5段階に分かれている

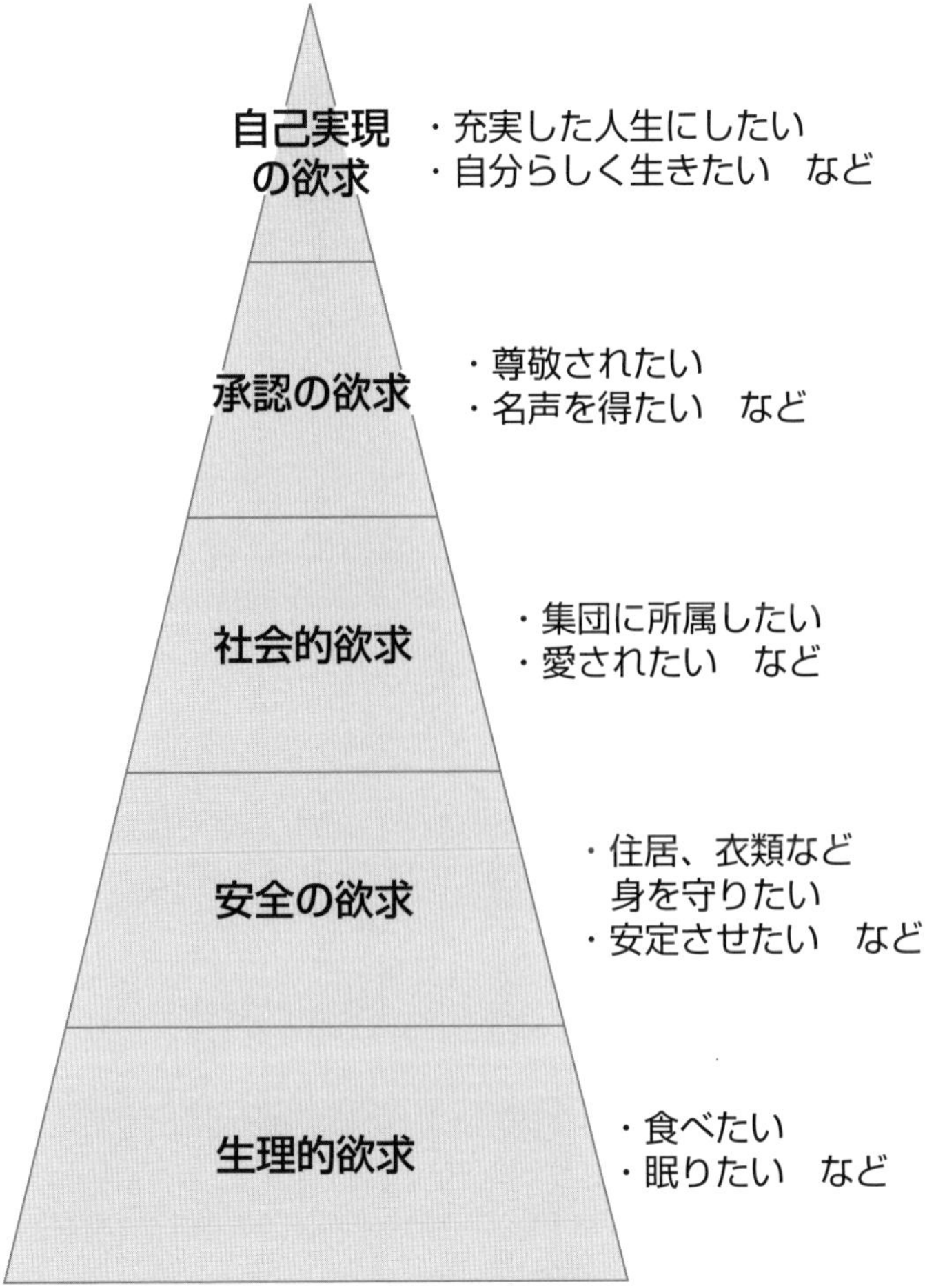
自己実現の欲求
・充実した人生にしたい
・自分らしく生きたい　など
承認の欲求
・尊敬されたい
・名声を得たい　など
社会的欲求
・集団に所属したい
・愛されたい　など
安全の欲求
・住居、衣類など身を守りたい
・安定させたい　など
生理的欲求
・食べたい
・眠りたい　など

豊かな社会ほど、より高い欲求の実現が求められるようになる

人間は下位の欲求から満たそうとする。
下位の欲求が満たされると、その上位の欲求を満たそうとする

6 「AIDMA」で顧客の購買行動がわかる

注目から行動に至る5段階の購買行動がAIDMA

◆AIDMAの5段階で人は行動に至る

それでは、実際に何かを買うまでに、人は何を考え、どんな購買行動をとるのでしょうか。

それを5つの段階で説明したものに、有名な「AIDMA《アイドマ》モデル」があります。アメリカで販売や広告の本を執筆していたローランド・ホールという人が、1920年代に提唱したモデルです。

AIDMAモデルによると、最初、人は広告や検索の画面、リアル店舗の展示などで、特定の製品に目をとめます。これが「注目」の段階です。

次に、広告の説明を読んだり、販売員の説明を聞いたりして、その製品に関心を持ちます。すなわち「興味」の段階です。

そして、機能やデザイン、価格などが希望どおりかそれ以上だと、欲しいと思い「欲求」の段階になります。

ここですぐに買う人もいるでしょうが、高額の製品などでは「これは覚えておいて、もう少し別の製品を見てから」となるのが普通です。

つまり、いま見た製品は「記憶」の段階になり、別の製品の検討を続けるわけです。

こうして、ひととおりの検討を済ませ、「これに決めた！」となると、買うという「行動」に至るのです。

◆AIDMAはどう使われているか？

以上の5段階を、英単語の頭文字で並べたのが

AIDMAの段階別にどんなコミュニケーションが効果的か？

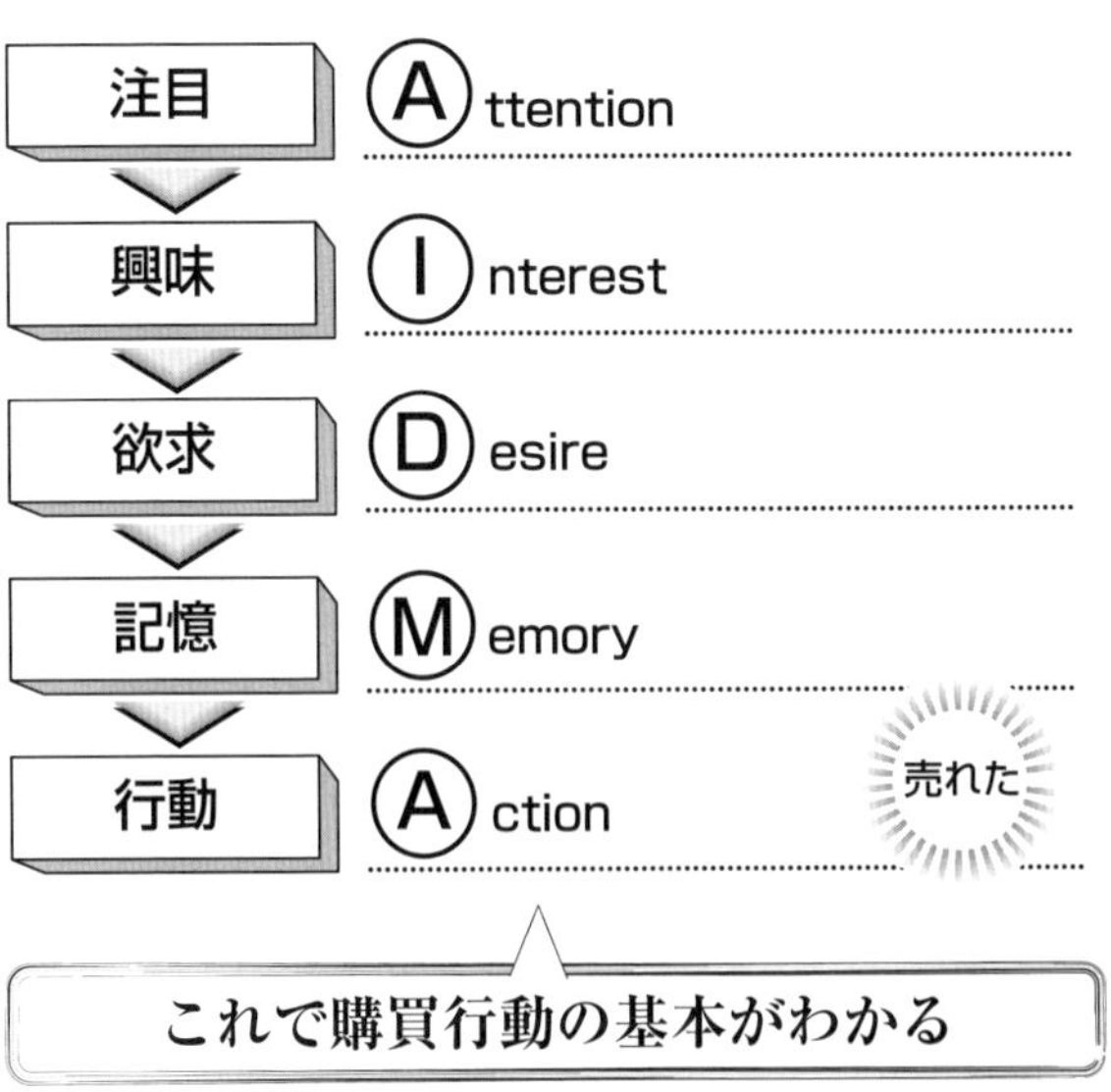

「ＡＩＤＭＡ」です。**ＡＩＤＭＡは、人が何かを買うまでの購買行動モデルとして、販売促進や接客技術の分野などで利用されています。**

たとえば、第6章で見るコミュニケーションの分野では、代表的なコミュニケーション手段として広告がありますが、広告は注目や興味の段階で効果を発揮するとされています。

欲求の段階や行動の段階では、広告の効果は薄いわけですが、同じコミュニケーション手段でも、販売員などによる人的販売は、欲求や行動の段階にも効果を発揮します。

なお、比較的安価な製品などで、記憶（Ｍ）の段階が省略されたときは、「ＡＩＤＡ《アイーダ》モデル」になります。

また、ネット上の購買行動については、日本の広告代理店、電通などが提唱した「ＡＩＳＡＳ《アイサス》モデル」が有名です（いずれも→巻末）。

7 顧客が買うまでの「旅」を描いてみると、こうなる！

カスタマー・ジャーニー・マップでさらに顧客の理解を深めよう

◆「カスタマー・ジャーニー・マップ」の考え方

顧客の購買行動を知るための方法は、ＡＩＤＭＡのほかにも、いろいろ開発されています。たとえば、よく知られた手法に「カスタマー・ジャーニー・マップ」というものがあります。

直訳すれば、顧客の旅の地図、ですが、**顧客が製品やサービスを知ってから、購入などに至るまでの行動や、考えることを分析する**ものです。

これにより、顧客がなぜ、そのときにそのような行動をとったのか、どのようにして購入に至ったのか、あるいは至らなかったのか、理解することに役立ちます。

カスタマー・ジャーニー・マップには、このようにしてつくらなければならないという決まりはありませんが、まず「ペルソナ」を設定し、そのペルソナからカスタマー・ジャーニー・マップをつくる方法が一般的です。

◆まず「ペルソナ」を設定する

ペルソナとは、もともとは西洋古典劇で使われる仮面のことですが、マーケティングでは顧客のモデルのことを言います。

つまり、製品やサービスを購入してくれる顧客の、典型的な人物像、顧客像を考えるわけです。

顧客像と言っても、単純で抽象的なものではありません。左ページの図のように、氏名・年齢・性別から始まって、休日の過ごし方など生活のパターン、ライフスタイルなどの価値観まで設定します。

外観のイメージに近い写真やイラストを添えておくと、よりイメージしやすくなるでしょう。

また、この設定に至るまでのストーリーを書き出すことも大切です。どこで生まれ、どう成長して現在の設定に至っているかを書き出します。

この設定を行なうためには、顧客へのインタビューやアンケートなどマーケティング・リサーチ

「ペルソナ」のつくり方（例）

●ペルソナの設定

氏名	加藤里穂
年齢	30歳
性別	女性
家族構成	独身、一人暮らし
居住地域	神奈川県川崎市
住居のタイプ	賃貸マンション
学歴	私立大学文学部卒
職業・役職	上場企業の総務部主任
経済状況	年収400万円
人間関係	友人
生活パターン	
ライフステージ	
価値観	
趣味	
通信環境	

ペルソナは、まるで実在する人物のように、誰でもイメージできるよう、できるかぎり具体的に、細かく設定していく。イメージに近い写真やイラストも添える

●ペルソナのストーリー

静岡県出身。大学進学を機に上京、一人暮らし。大学時代の友人2人とは、現在もひんぱんにカフェ巡りなどしている。就職した企業では総務部に配属され、2年前に主任に昇進。交際中の彼氏がいるが、結婚後も仕事は続けるつもり……

ペルソナのストーリーも描き出す

カスタマー・ジャーニー・マップを描くために顧客像をペルソナに設定する

の1次データ、各種統計などの2次データ（↓P110）、顧客情報や購買履歴等の社内記録などを用います。

◆ペルソナの行動や思考を書き出す

ペルソナを設定したら、そのペルソナが購入までにどんな道のりをたどるか、カスタマー・ジャーニー・マップを記入します。

まず、横軸にとるのは「認知・注目」「興味・関心」といったフェーズです。このフェーズは、ゴールが何かで変わります。

自社サイトで会員登録をゴールにする場合などは、比較的簡単ですが、リアル店舗で購入、さらにリピーターになってもらうといったゴールだと、フェーズは少し長く、複雑になりがちです。

次に、縦軸にはタッチポイント（製品やサービス・企業との接点）などをとります。そして、縦軸と横軸が交差する場所に、ペルソナの行動、思考・感情などを想像して記入するわけです。

要するに、こういう人だから、こんなフェーズではこういうところがタッチポイントになり、こんな行動をして、こういうことを考えるだろうと想像し、記入します。

また、マーケティング上の課題が見つかれば記入し、それに対する施策も考えて、記入しておくことも重要です。非常にシンプルでわかりやすい考え方です。

ペルソナとカスタマー・ジャーニー・マップは、あくまでも仮説ですが、仮説を立てることでフェーズごとのタッチポイントや、施策を考える助けになるというメリットがあります。

また、複数の担当者でチームを組んでいる場合は、不統一になりがちな顧客像や、顧客の行動に関する理解が統一しやすくなる点もメリットです。

「カスタマー・ジャーニー・マップ」で顧客を捉える

フェーズ	認知・注目	興味・関心	比較・検討	購入・行動
タッチポイント	• 友人からサービスの話を聞く	• SNSでサービスの評判を検索	• ウェブで他のサービスと比較	• SNSのリンクからサイトを訪問
行動	• ハッシュタグを検索			• サービスの会員登録
思考感情	• ヤバイ • 上がる			• 登録するとすぐに使えるようになるのがいい
課題	• ブランドを知らなかった	• SNS上にブランドの情報が少ない		
施策	• SNSで公式アカウントを開設・発信			

ペルソナを想像して情報を記入していく。たとえば、「認知・注目」と「タッチ・ポイント」（接点）が交差する場所なら「友人からサービスの話を聞く」など

顧客の行動や思考・感情だけでなく、マーケティング上の課題があれば記入する

「施策」とは、課題に対する対策・方策といった意味。「マーケティング施策」などというように、よく使用される

顧客が製品やサービスを知ってから、購入に至るまでどのような道のりを経てきたかを想像する

8 何を買うかを決めているのは誰か？ 何か？

購買行動に影響を与える3つの要因と準拠集団に注意

◆「文化的要因」が第1の影響を与えている

ペルソナでは様々な設定を行ないますが、結局、購入するかしないか、購入するなら何を購入するかを決めているのは、どの要因なのでしょうか。

カスタマー・ジャーニー・マップで想像したような、消費者が製品やサービスを購入する際にとる行動を「購買行動」と言います。

コトラーは、**消費者の購買行動に影響を与える要因が、大きく分けて3つある**としています。左の図の「文化的要因」「社会的要因」「個人的要因」の3つです。

第1の文化的要因には、文化そのものとサブカルチャーが含まれます。たとえば、正月に餅を食べるのが日本の文化そのものです。

また、サブカルチャーと聞くと、日本のアニメやマンガが思い浮かびますが、たしかにアニメやマンガが、人々の購買行動に与えている影響は大きいでしょう。

ただし、ここで言うサブカルチャーは、国籍・宗教・人種・地域なども含む、副次的な文化全般です。

さらに、社会階層も文化的要因のひとつになります。上流や中流といった階級、職業や収入をはじめとした複雑な要素で決まる要因です。

社会階層は、一人の人生でも時期によって変わることがあります。

以上のような文化、サブカルチャー、社会階層が

消費者の購買行動に影響を与えるものとは？

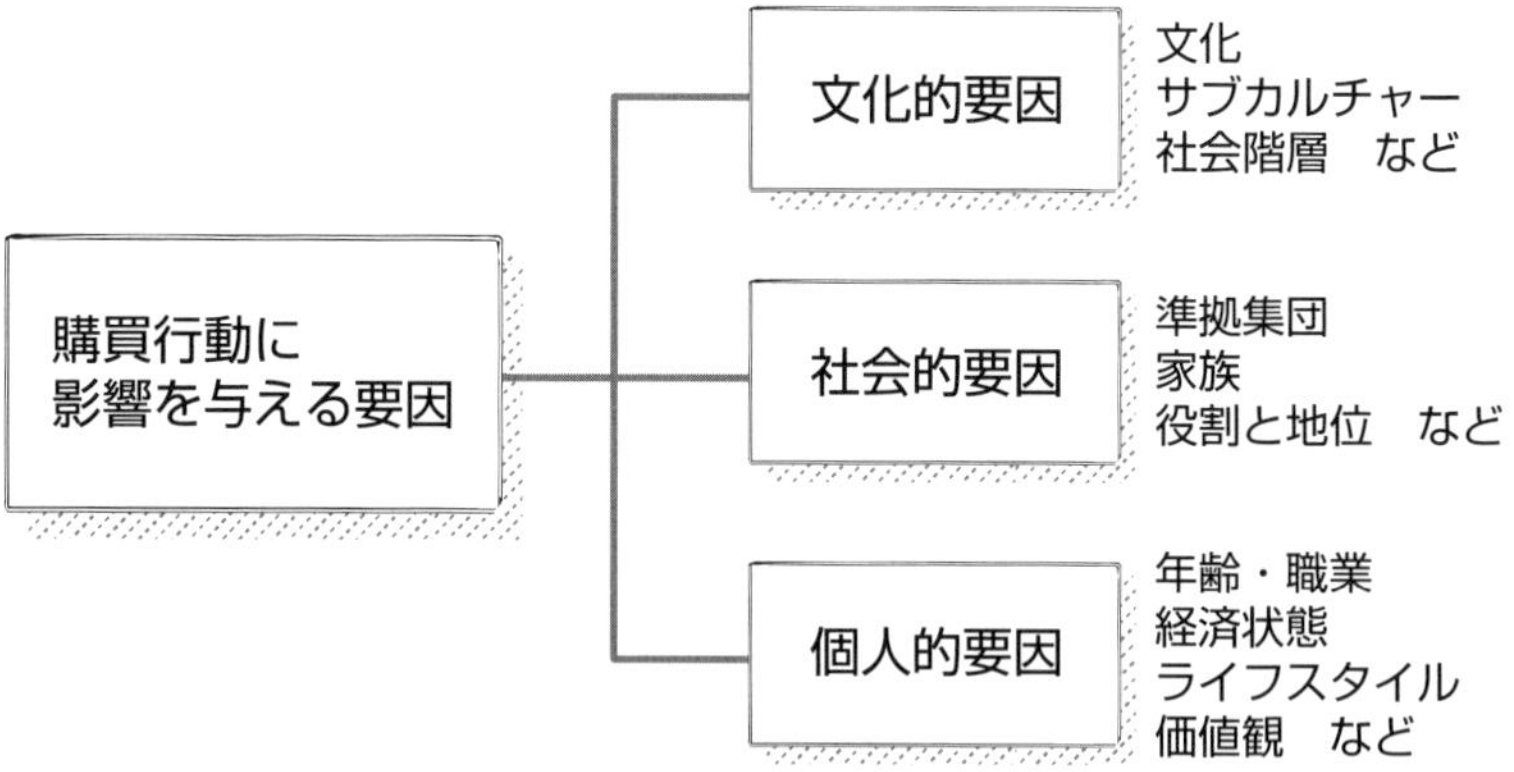

購買行動に影響を与える要因は大きく分けて3つ

何を買うか＝「消費者の購買行動」に第1の影響を与える要因です。

◆「社会的要因」「個人的要因」を探る

第2に、社会的要因として、準拠集団や家族の影響、社会的な役割と地位があります。

準拠集団については後で見ることにして、家族は社会的要因の中でも重要なものです。

子どもの購買行動は、親の強い影響を受けます。また、親の購買行動には、配偶者と子どもの直接的な影響が避けられません。

さらに、社会的な役割と地位も社会的要因です。国家公務員だからとか、社長だからという理由で、購入する衣服などが変わることはよくあります。

第3の個人的要因は、要するに個々人の特性です。年齢・職業・経済状態はもちろん、ライフスタイルや価値観といったわかりにくいものも、購買行動に影響を与えています。

◆「準拠集団」はなぜ重要なのか？

第2の社会的要因のうち、重要なのが「準拠集団」です。個人の購買行動に影響を与えるグループのことを言います。家族は最も重要な準拠集団で、ほかに友人・会社などが準拠集団の例です。

準拠集団の構成員は、日常の会話などで新しいライフスタイルや情報を伝えたり、ときには個人の価値観を変えたりして、購買行動に影響を与えます。たとえば、友人から「EVに変えて良かった」という感想を聞くと、自分も次の買換えでEVをまっ先に検討するといったことです。

また、とくに意識しなくても、周りと同じ行動をとるよう仕向けられる一面もあります。

準拠集団のうちでも、家族・友人・職場の同僚・自宅のご近所など、**個人的で、比較的長いつき合いの範囲が「第1次準拠集団」**です。たとえば、SNS上のオンラインの友人なども含みます。

それに対して、会社や学校・職場団体や地域自治会、さらにSNSなど、公的な関係の範囲が「第2次準拠集団」です。

また、個人が属していない集団でも、影響を受けることがあります。たとえば、好きなサッカーチームがよく行くと聞いた店に、自分も行ってみたりする例です。これは、「願望集団」と呼ばれます。

反対に、嫌いなタレントのグループなど、同じ行動をとりたくないと思わせるのは「分離集団」です。

◆「オピニオン・リーダー」の重要性

準拠集団が重要なのは、その中に「オピニオン・リーダー」がいることが多いという理由もあります。

オピニオン・リーダーとは、ある分野の情報に詳しく、その分野の購買行動に大きな影響を与える人のことです。たとえば、「○○のことなら△△さんに聞け」と言われるような人が当てはまります。

マーケティングでは、準拠集団のオピニオン・リーダーを見つけ出し、その人たちに向けたプロモーション（コミュニケーション）などを行なうことがあります。

近年よく耳にする「インフルエンサー」（↓巻末）も、オピニオン・リーダーです。そこで、たとえばインフルエンサーに自社製品を使ってもらい、SNSで発信してもらうといった手法もあります。

ただしこの場合、広告など明瞭に判別できる表示がないと、景表法（↓P142）に反する違法行為です。

個人の購買行動に影響する集団

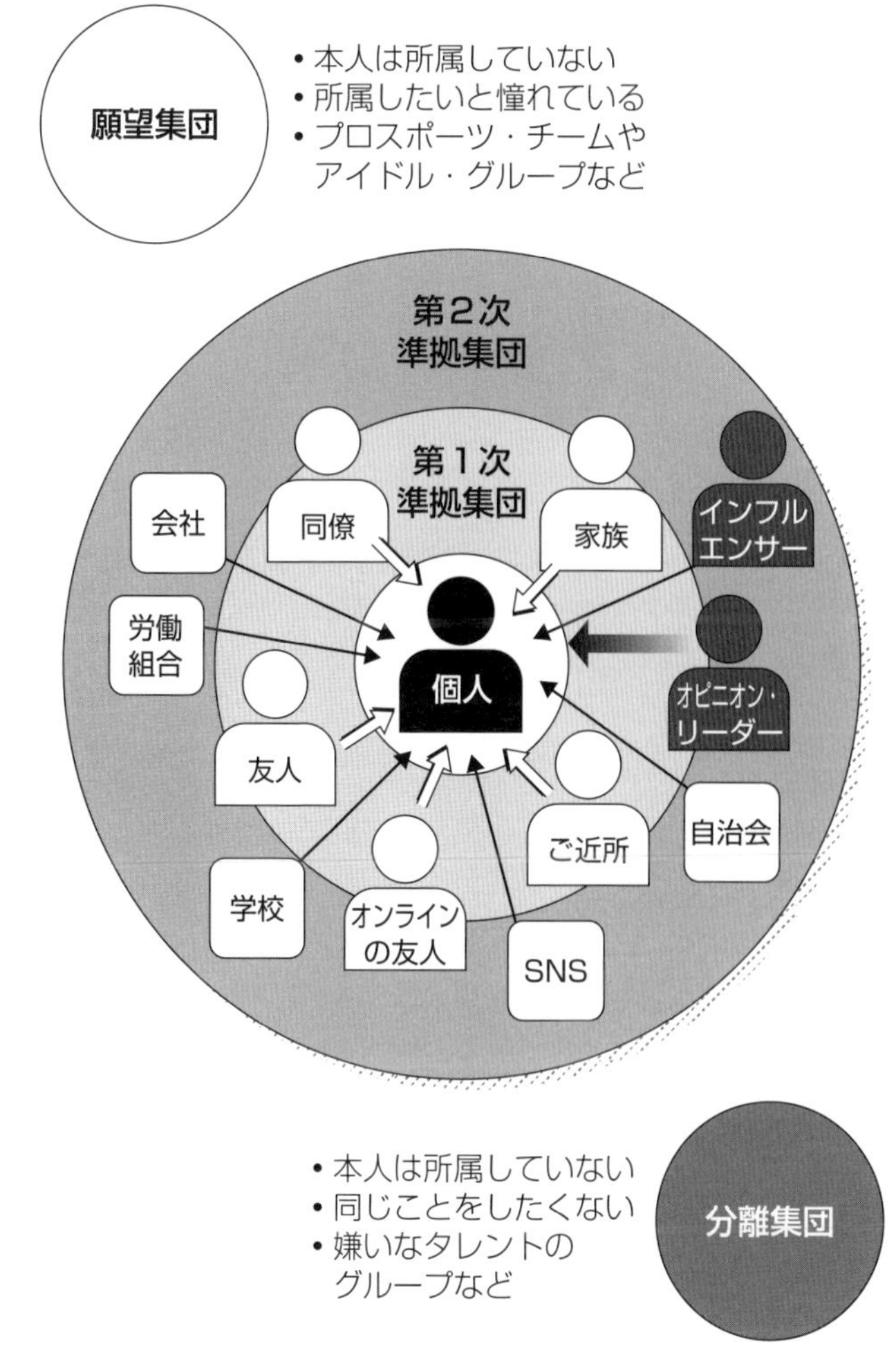

準拠集団にはオピニオン・リーダーがいることが多い

9 購買行動に影響する消費者の2つの特性とは?

データとして扱いにくい心理学的な特性もある

◆「デモグラフィック特性」は数値であらわせる

購買行動に影響を与える個人的要因には、年齢・職業・経済状態と並んで、「ライフスタイル」や「価値観」があります(→P129)。

年齢・職業・経済状態が数値や、具体的な分類であらわされるのに対し、数値化も分類もむずかしいライフスタイルなどがあげられているのには、多少の違和感があるでしょう。

これは、同じ個人の特性であっても、特性の性質が異なるからです。

年齢・職業・経済状態など、数値や分類であらわせる特性は「デモグラフィック特性」と言います。デモグラフィックは、日本語では人口統計学的などと訳される用語です。

デモグラフィック特性は、マーケティングのデータとしてもよく利用されています。数値や分類の形式なので、データとして扱いやすいからです。

年齢・職業・経済状態のほか、性別、未婚・既婚の別などのデータもよく利用されます。

◆「サイコグラフィック特性」も必要な理由

一方、ライフスタイルなどの特性は、「サイコグラフィック特性」と言い、心理学的特性などと訳されています。

ライフスタイルや価値観のほか、趣味嗜好やパーソナリティ(性格)などがサイコグラフィック特性です。

消費者の購買行動に影響を与える特性

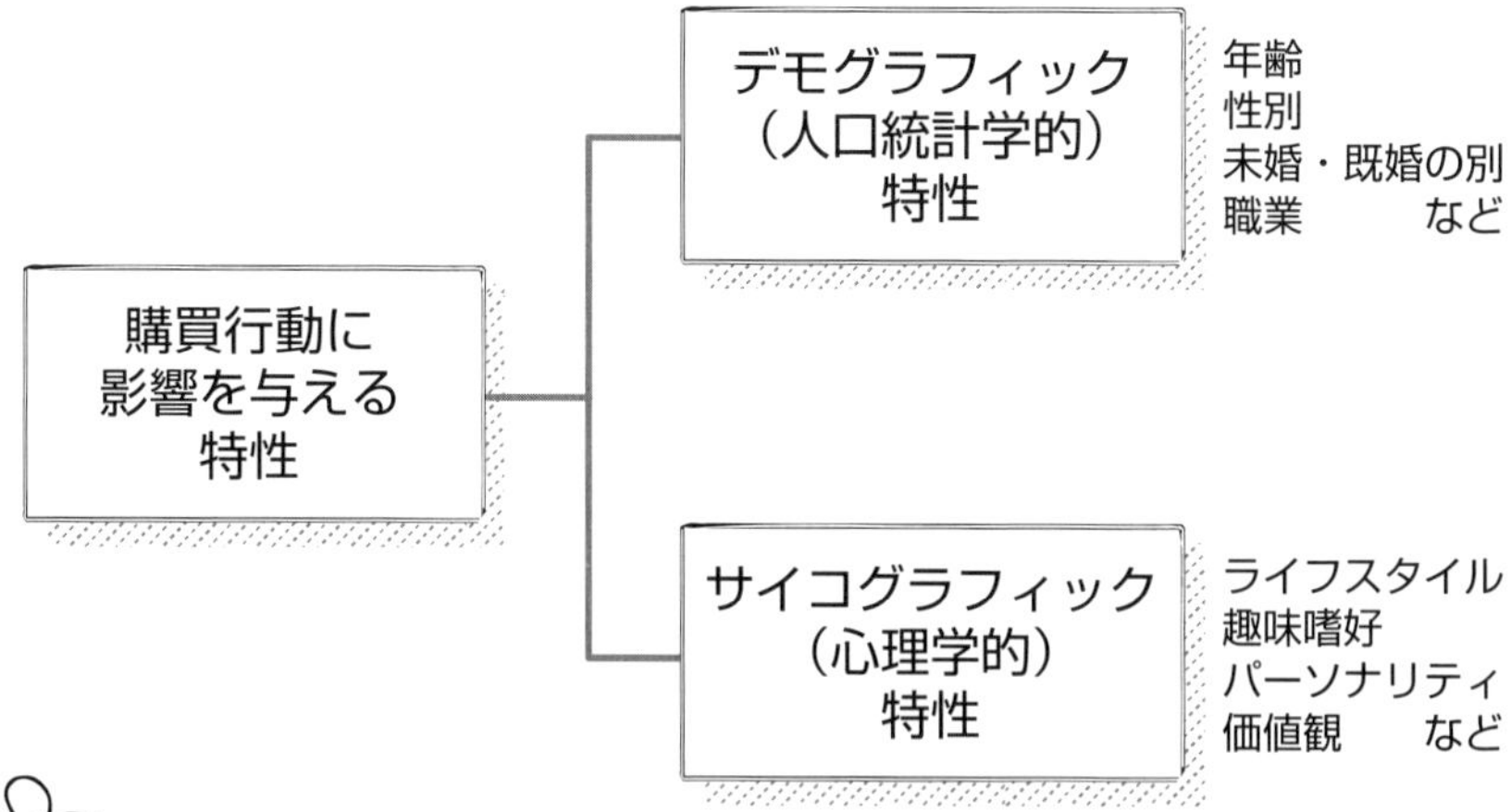

ライフスタイルやパーソナリティはデータとして扱いにくい

デモグラフィック特性の要因は、数値や分類なので扱いやすいですが、サイコグラフィック特性のデータにも必要な理由があります。

たとえば、デモグラフィック特性のデータでは同じなのに、まるで違う購買行動をとるケースなどがあるからです。

その原因は、サイコグラフィック特性の違いにあります。実際、デモグラフィック特性はまるで違うのに、サイコグラフィック特性が同じで、同じ購買行動になるケースも珍しくありません。

このように、**購買行動の分析にあたっては、デモグラフィック、サイコグラフィック、両方の特性の分析が必要**です。

そこで、データとして扱いにくいサイコグラフィック特性についても研究が進み、たとえば分類しにくいはずのライフスタイルを分類して、いくつかのタイプを設定する「ライフスタイル分析」（→巻末）などの手法も開発されています。

10「市場細分化」は、どのように行なうのか？

セグメンテーションには大きく分けて4つの基準がある

◆高度成長期の「マス・マーケティング」

前項、前々項で見たように、世の中には様々な顧客、消費者がいます。

このような、**多種多様な顧客、消費者でつくられているのが「市場《しじょう》」**です。

顧客、消費者と並べたのは、市場にはすぐにでも買おうとしている買い手と、将来、買ってくれるかもしれない見込みの買い手がいるからです。

マーケティングで「市場」と言ったときは、顧客だけでなく見込み客も含めます。

高度経済成長期の日本市場などでは、こうした市場全体に対して、ひとつの製品やサービスを大量生産・大量販売していました。

そのほうが製品やサービスのコストが下がり、低価格で提供できたり、大きな利益を得られたりしたからです。このようなマーケティングを「マス・マーケティング」と言います。

◆時代は「ミクロ・マーケティング」へ

しかし、消費者はますます多様化し、市場全体に対してひとつの製品やサービスを大量生産・大量販売するやり方はむずかしくなっています。

そこで、必要とされているのが、市場を細かく分けて見ること＝「セグメンテーション」（市場細分化）です。このやり方は、マクロ・マーケティングに対して「ミクロ・マーケティング」と言います。

市場細分化の4つのレベルとは？

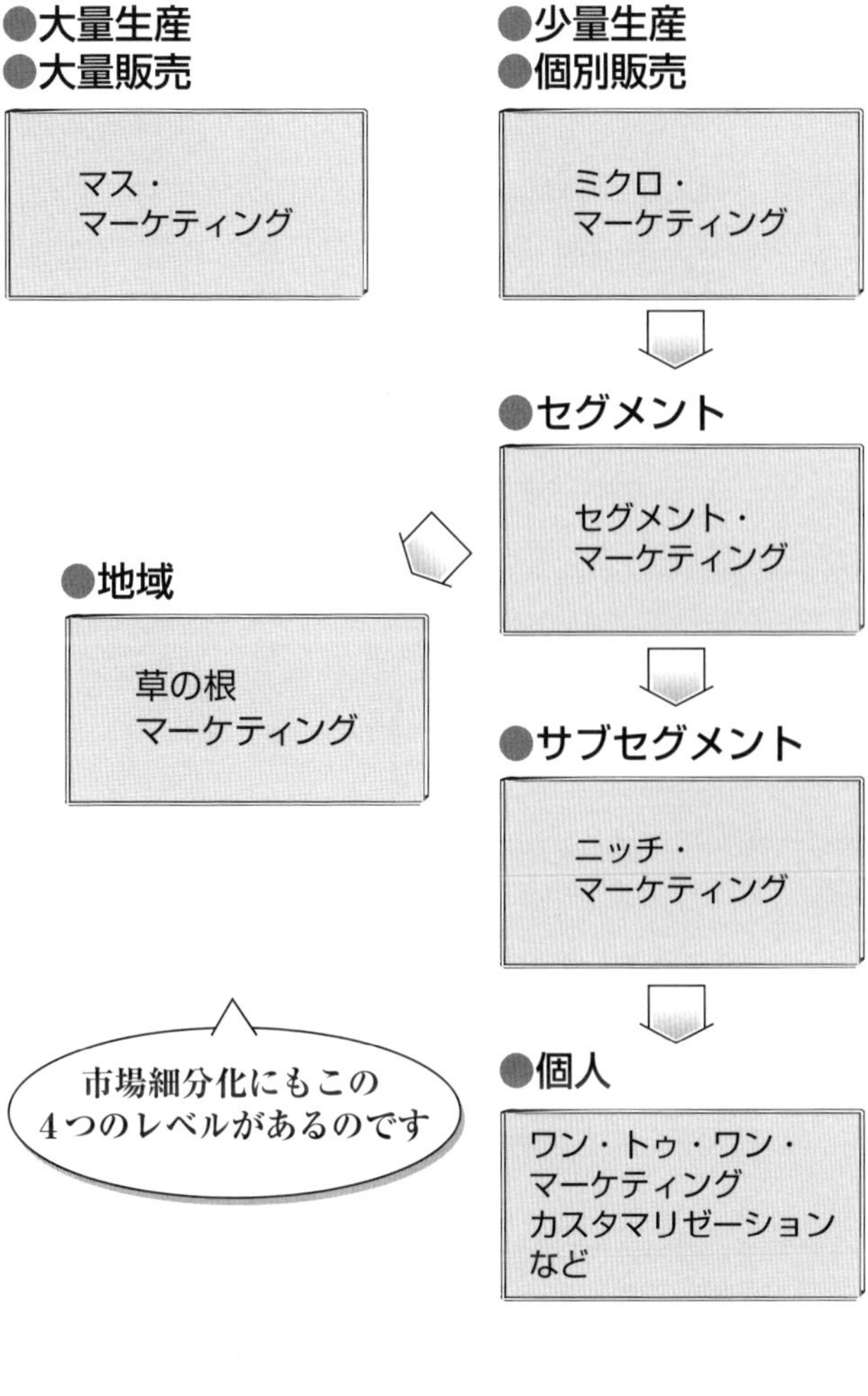

コトラーの分類によると、ミクロ・マーケティングには4つのレベルがあります。

第1は「セグメント・マーケティング」で、基本的な市場細分化を行なって、そのセグメントをマーケティングの対象にするものです。

しかし、セグメントもかなり大きな市場なので、さらに細分化を行なって、サブセグメント（ニッチ）とすることもできます。

ミクロ・マーケティングには
市場細分化の4つのレベルがある

ニッチとは、1社か2社しか参入しない、小さな市場のことです。この小さな市場を対象にするのを**「ニッチ・マーケティング」**と言います。

一方で、地域のニーズに特化することもできます。できるだけ地域の顧客に寄り添うので**「草の根マーケティング」**とも呼ばれるものです。

そして、細分化を極限まで進めると「個人」になります。たとえば、顧客が自分で、製品やサービスをカスタマイズできるようにする「カスタマリゼーション」などが代表的な例です。

◆「セグメンテーション」の基準

以上のように、市場を細分化して見るのがSTPのS、セグメンテーションです（↓P46）。では、どのような基準で細分化を行なえばよいでしょうか。

細分化の基準は、いろいろ考えられます。左の図は、一般的な消費者市場の細分化の基準（細分化変数）をコトラーがまとめた例です。

まず、**地理的、デモグラフィック、サイコグラフィック、行動**の4つの大きなグループがあり、それぞれに具体的な基準があります。

たとえば、地理的細分化で、地域を基準に市場を細分化して見るのはわかりやすい例です。

デモグラフィックによる細分化にも、所得・性別・職業といったわかりやすい基準が並びます。ただし、年齢と家族のライフサイクルには注意が必要です。消費者のニーズは年代によって変化しますが、ライフサイクルとライフステージ（↓P138）が同じとは限らないからです。

一方、サイコグラフィックによる細分化には、ライフスタイルとパーソナリティがあります。

◆行動による細分化もできる

少しわかりにくいのは、行動による細分化かもしれません。まず、**オケージョン**というのは、時と場合といった意味ですが、どんな時と場合に製品やサービスが関わるかで、細分化して見るものです。

ニーズが発生するオケージョン、購入するオケージョン、使用するオケージョンを考えます。

また、ユーザーの状態による細分化は、非ユーザー・元ユーザー・潜在的ユーザー・初回ユーザー・レギュラーユーザーに分けて見るものです。

使用量状況は、ライトユーザー・ミドルユーザー・ヘビーユーザーに細分化します。

以下の説明は、細かくなりすぎるので省略しますが、たとえば購買準備段階なら、「認知していない」から「購入する意思がある」までの6段階といった細分化です。

具体的な市場細分化のポイント

地理的細分化	地域／人口規模／人口密度／気候帯
デモグラフィックによる細分化	年齢／世帯構成／家族のライフサイクル／所得／性別／職業／教育水準／宗教／人種／世代／国籍／社会階層
サイコグラフィックによる細分化	ライフスタイル／パーソナリティ
行動による細分化	オケージョン／ベネフィット／ユーザーの状態／使用量状況／ロイヤルティの状態／購買準備段階／製品に対する態度

大きく分けて４つの基準で市場を細分化して見る

11 自分たちの顧客は今どこにいるのか？

「ライフサイクル」と「ライフステージ」から市場細分化をする

◆「ライフサイクル」を市場細分化にどう使うか？

市場細分化の基準には、地域や年齢、性別など、わかりやすいものもあります。しかし、簡単そうに見えても、使い方には細心の注意が必要です。

たとえば、「年齢」によって、人は食べるものも着るものも変わります。ある年代の人は、一般的にこういったものを好むという、傾向のようなものもあります。

そこから「ライフサイクル」という考え方もできます。たとえば、大きな括りとして子ども↓大人↓高齢者の3つを考え、どの段階にいるかで市場細分化を行なうわけです。

しかし、年齢とライフサイクルを単純に結びつけるのはムリがあります。

同じ年代でも、小さな子どもを育てている夫婦と、子どもを独立させた夫婦では、買うものも、興味や関心も変わってくるでしょう。「家族のライフサイクル」も影響するわけです。**かつてとは大きく変わりました。「家族」のあり方も、**

また、高齢者でも「気持ちが若い」人がいる一方で、年齢が若い人でも古くさい考え方をする人がいます。「心理的なライフサイクル」の影響も、考える必要があるということです。

◆ライフイベントで変わる「ライフステージ」

さらに、人の人生には様々なライフイベントがあ

ライフサイクルとは別に「ライフステージ」を考える

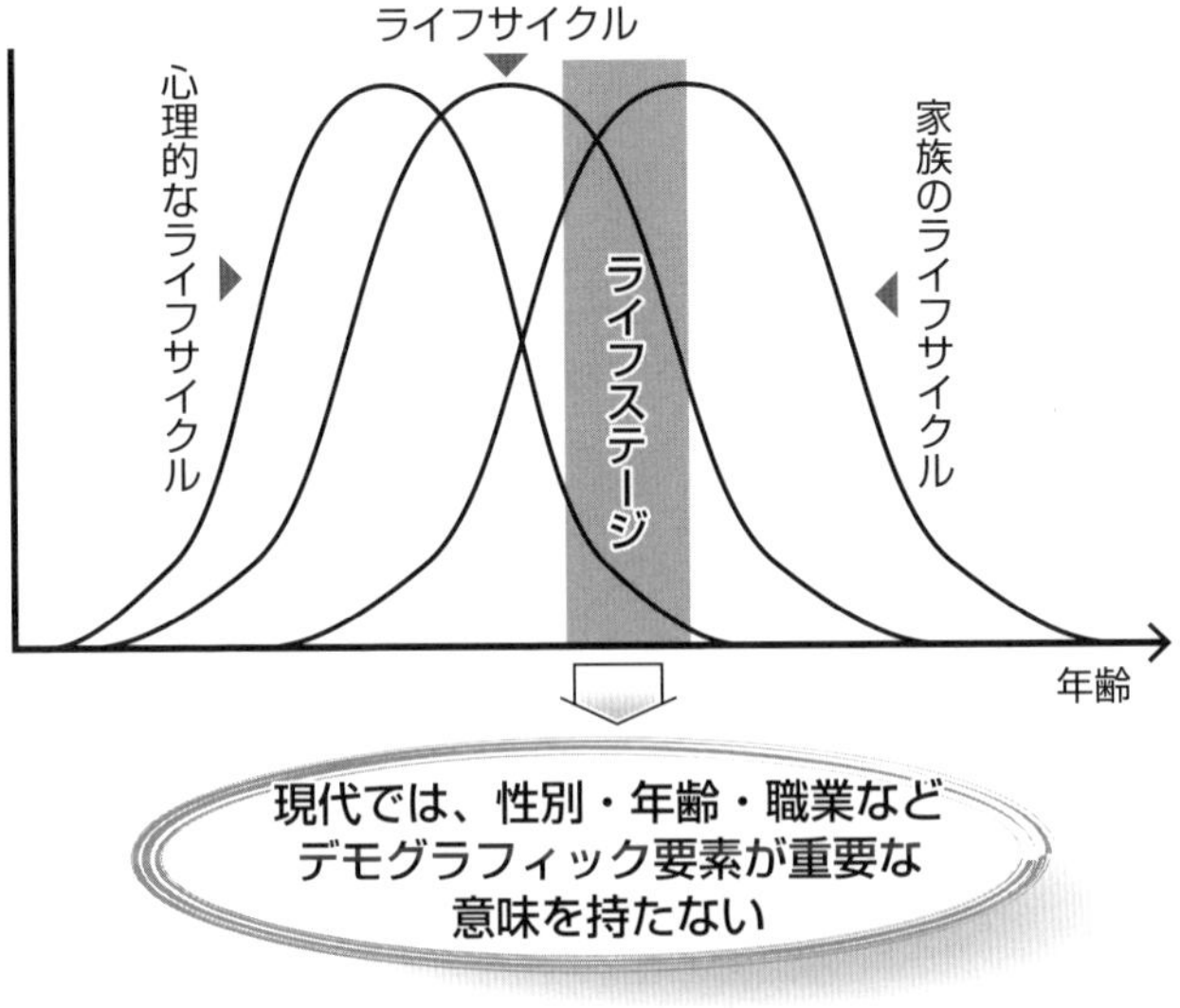

ります。入学・就職・結婚・子育て・マイホームの購入・子どもの結婚・孫の誕生……。

こうしたライフイベントの中には、ライフサイクルのどこで起こるか、決まっていないものもあります。

つまり、ライフサイクルとライフイベントも、単純に結びつけることはできないということです。

そこで、ライフイベントによって変わる状況を「ライフステージ」として、ライフサイクルとは別に考えることもあります。

どのライフステージにいるかによって、買うものも、興味や関心も変わるからです。

市場細分化にあたっては、年齢やライフサイクルからスタートするとしても、どこかでライフステージの考え方を取り入れておく必要があります。

12 細分化した市場から「標的市場」を選ぶには？

「ターゲティング」は5つのパターンから選ぶことができる

◆STPのT、ターゲティング

細分化した市場の中から、ターゲット・マーケット＝「標的市場」を選択します。これがSTPのT、ターゲティングです（↓P47）。

コトラーによると、ターゲティングには5つのパターンがあり、会社の経営資源の大きさや、強み・弱みに応じて選ぶことができます。

それには、左の図のように製品やサービスと、市場を縦横の軸にとって考えることが必要です。

第1のパターンは「集中」、1つの市場に経営資源を集中します。小さな会社でも、その市場でなら大企業と渡り合えるパターンです。ただし、その市場に大きな変化があると、全滅のリスクがあります。

そこで、経営資源に余裕があれば、強みを活かせる市場を2、3選んで、「選択的専門化」にします。

◆製品やサービスを選ぶか、市場を選ぶか？

また、強力な1つの製品やサービスを持っている会社は、隣接する市場にそれを投入して「製品専門化」を選ぶことができます。

たとえば、関西地方で展開していたラーメンチェーンが、東海地方や北陸地方に進出するといったパターンです。

逆に、特定の市場に強力な販売網を持っているなどの場合は、関連する製品やサービスをその市場に投入する「市場専門化」を選ぶことができます。

たとえば、コピー機で実績のある会社が、プリンターや、スキャナーも手がけるといったパターンが考えられます。

すべての市場に製品やサービスを投入する「フルカバレッジ」のパターンもありますが、これは経営資源の豊富な大企業だけができる選択でしょう。

ターゲティングの5つのパターンとは？

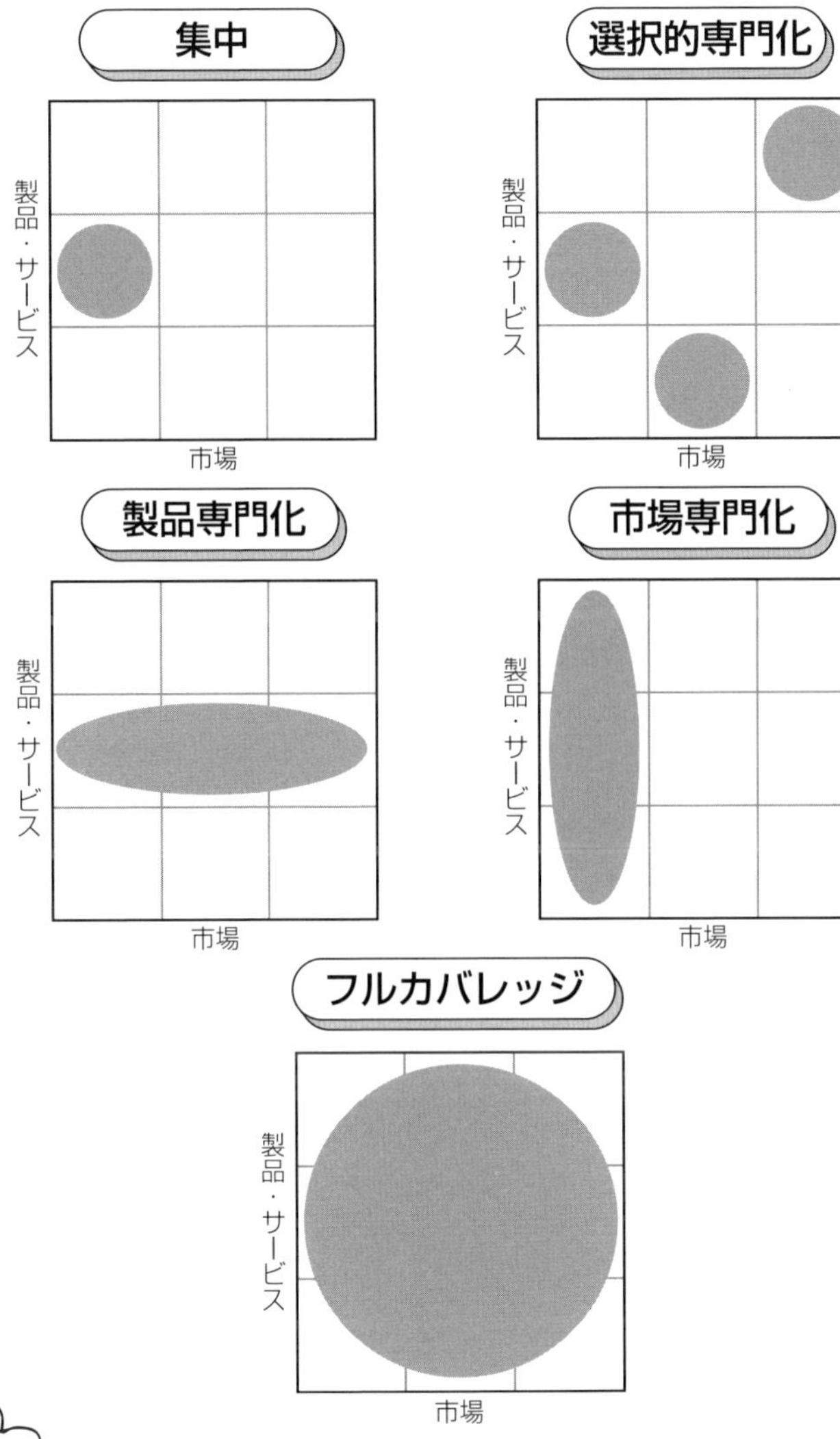

集中は小さな会社でも大企業と渡り合える。フルカバレッジは大企業しかできない

Column

ついに始まった「ステマ」の法規制

「ステルス・マーケティング」、略してステマの法律による規制が、2023年10月から始まりました。

ステマは、実質的には広告なのに、消費者に広告とわからないように見せる行為です。影響力の大きいインフルエンサーが、広告主の依頼を受けた上で、商品を勧めたりするケースがあります。

消費者は、インフルエンサーの自発的なオススメと勘違いして、商品を買ったりするわけです。

以前は、ステマに対する法律の規制がなく、広告主はやりたい放題でした。しかし、2023年10月からは景表法（不当景品類及び不当表示防止法）の運用が変わり、ステマが法令の定める「不当表示」の類型のひとつになっています。

違反とされれば、広告主に対して表示停止を求める行政措置などがあるわけです。インフルエンサーのほうは、規制の対象になっていません。

また、「広告」「PR」「○○社から商品の提供を受けて投稿」などと明確に表示した場合も、ステマとはされません。

第4章

ブランド戦略で差別化を図る

漫然と売っても消費者の心には届かない。
「この商品は、どこか違う」という
〝ブランド〟にして差別化するのが売上向上のポイント。

1 「ブランド」とは、いったい何だろう

「他社の商品やサービスと差別化するための名称」などのことである

◆有名ブランドとプライベート・ブランド

日常会話で「ブランド」と言うと、いわゆる「ブランドもの」をイメージする人が多いでしょう。

では、シャネルやディオールのような有名ブランドがマーケティングにおける「ブランド」なのでしょうか。

近年、物価高のせいか、よく耳にするのが「プライベート・ブランド」（PB）です。

流通業者が、自社の店舗で販売するために作る商品群で、他の同程度の商品より安く買えるところが人気になっています。

2021年にリニューアルされた、量販店ドン・キホーテの「情熱価格」は、大きな「ド」の目立つロゴマークで、リニューアル時には3900アイテムも揃えていたそうです。

ちなみに、ドン・キホーテでは同じPBでも「お客さまと共創する」「ピープルブランド（PB）」と呼んでいます。

一方、大手メーカーが作り、全国の小売店で販売するような商品は「ナショナル・ブランド」と言います。テレビ・コマーシャルで宣伝しているような商品は、たいていナショナル・ブランドです。

このようなプライベート・ブランドやナショナル・ブランドが「ブランド」なのでしょうか。

そもそも「ブランド」とは何のことか？

ブランドとは……

商品やサービスを識別させ、競合他社の商品やサービスから差別化するための名称、言葉、記号、シンボル、デザイン、あるいはそれらを組み合わせたもの

（一部抜粋）

アメリカ・マーケティング協会

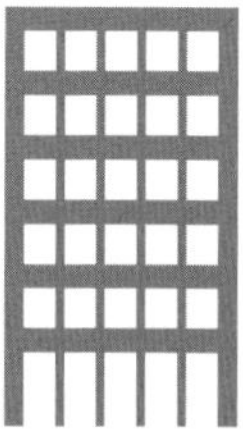

ブランドとは競合他社の商品やサービスとの「差別化」。ブランド化することで製品の価値も上がる

◆ブランドのマーケティング上の定義は？

アメリカ・マーケティング協会では、「ブランド」という用語を上のように定義しています。ポイントは、「識別させ」「差別化するため」というところです。つまり、**A社のものでもB社のものでもなく、「この会社のコレ」と見分けさせ、他社のものと差別化**するわけです。

そのための手段は、商品名でもパッケージ・デザインでも、マークでもキャッチ・コピーでも、あるいはその全部でも、何でもかまいません。

その目的とするところは、「差別化」にあります。差別化は重要です。マイケル・ポーターの競争戦略でも、コスト・リーダーシップ、集中に並び、基本戦略のひとつになっていました（↓P98）。

ブランドにより差別化ができれば、低コストや、経営資源の集中と同じくらい、強力な戦略になるということです。

2 ブランドを大きく育てる4つの戦略

ブランド戦略はブランドの階層や成長度合いから選択する

◆企業ブランド、事業ブランドもある

ブランドは、個別の商品やサービスだけにあるのではありません。基本的なパターンとしては、左の図の5つの階層でブランドがあります。

たとえばソニーグループのソニー、トヨタ自動車のトヨタなどは、それだけで「コーポレート（企業）・ブランド」です。ソニーのゲーム機、トヨタのクルマというだけで安心感、期待感が湧くでしょう。

一方、たとえばユニクロとGUは、ともにファーストリテイリングという企業の「事業ブランド」です。事業ブランドとは、企業が複数の事業を展開している場合に、事業ごとにブランドを分けることを言います。

GUは、トレンドのアイテムを低価格で提供するという特徴を持つため、ユニクロのブランドとは一線を画しているわけです。

◆ファミリー・ブランド、製品群ブランド

また、いくつかの製品カテゴリーにまたがって、ひとつのブランド名を統一的に付けるのが「**ファミリー・ブランド**」です。ヘアケア、ボディケア製品などでよく見られます。

たとえば、花王の植物物語は、石鹸・シャンプー・リンスなどの製品カテゴリーにまたがるファミリー・ブランドです。

反対に、最初に中心となる製品があり、派生したバリエーションの製品をひとつのブランドで統一す

るのを**「製品群ブランド」**と言います。

代表的なのは、日清食品のカップヌードルでしょう。オリジナルのカップヌードルから始まり、カレー、シーフード、現在ではＰＲＯ、ぶっこみ飯まであります。

以上のような製品群に対して、ひとつだけの製品のブランドは「製品ブランド」です。

◆ファミリー・ブランドにする戦略

ブランドの階層や、成長の度合いから、４つのブランド戦略を考えることができます。

まず、最も単純なのは、①個別の製品ブランドに

ブランドの5つの階層

コーポレート（企業）ブランド
（例）「ソニー」「トヨタ」など

事業ブランド
（例）「ユニクロ」「GU」など

ファミリー・ブランド
（例）「植物物語」「キレイキレイ」など

製品群ブランド
（例）「カップヌードル」「マルちゃん正麺」など

製品ブランド
（例）「健康ミネラルむぎ茶」「やかんの麦茶」など

製品やサービスだけでなく
企業も製品群もブランドになる

することです。

会社にとって最初の商品だったり、新しいカテゴリーの最初の商品だったりする場合も、個別の製品ブランドからスタートするほかありません。

もし、その商品やサービスがヒットしたら、「カップヌードル」のように、製品群ブランドに発展させることもできるでしょう。


しかし、製品カテゴリーが違う商品やサービスの場合は、ファミリー・ブランドにするのがひとつの戦略になります。すなわち、②1つのファミリー・ブランドにする戦略です。

ライオンの「キレイキレイ」は、薬用ハンドソープのイメージが強いですが、手指の消毒ジェルや除菌・ウイルス除去スプレーなどとともに、1つのファミリー・ブランドになっています。

また、ひとつの会社のひとつの事業でも、違うジャンルの製品群を展開するときは、別のファミリーブランドにすることがあります。

たとえば、**花王には洗顔料などのファミリー・ブランドとして「ビオレ」がありますが、乾燥性敏感肌のスキンケア製品は「キュレル」のファミリー・ブランドにしています。**

これが③の、いくつかのファミリー・ブランドにする戦略の一例です。

◆コーポレート・ブランドと組み合わせる戦略

さらに、コーポレート（企業）・ブランドが充分に確立されている場合は、④コーポレート・ブランドと組み合わせる戦略がとれます。

たとえばトマトジュースは、ヘンにひねった商品名を付けるより、トマトジュースとするのがいちばんわかりやすい商品です。

そこで、「カゴメトマトジュース食塩無添加」という製品ブランドにし、企業ブランドと組み合わせます。企業ブランドに対する信頼感と、わかりやすさを兼ね備えた製品ブランドです。

「デルモンテ食塩無添加トマトジュース」という製品ブランドにも、同様の効果があります。

　これがもし、知らない企業名＋トマトジュースだったり、ただトマトジュースと書いてあったら、いわゆる「ノーブランド」ということになってしまいます。その場合、ブランドの力は活きません。

　このように、ブランドの階層と、もとになる製品ブランドや企業ブランドがどれくらい確立されているかによって、4つの戦略の中から選択することが可能です。

4つのブランド戦略

①個別の製品ブランドにする

「健康ミネラルむぎ茶」

「やかんの麦茶」など

② 1つのファミリー・ブランドにする

「植物物語」

「キレイキレイ」など

③いくつかのファミリー・ブランドにする

花王「ビオレ」
　　「キュレル」など

④コーポレート（企業）ブランドと組み合わせる

「カゴメトマトジュース食塩無添加」

「デルモンテ食塩無添加トマトジュース」など

ブランドの階層などから
4つのブランド戦略が導き出される。

3 ブランドを確かなものにする「ブランディング」

消費者の頭に「○○なら△△」のイメージをつくり上げる

◆ブランディングとは何か？

どのブランド階層もブランド戦略も、時間がたてば自然にブランドができるわけではありません。

ブランドの方向性やコンセプトを考え、ブランド名を決めてロゴを作り、市場に出した後も、認知度をリサーチして改善するなど、大きなコストと長い時間をかけてブランドはできるのです。

このような活動の全体を「ブランディング」と言います。

ブランディングが成功し、ブランドが確立すると、たとえば「普段着の数が足りないな」と思ったとき、消費者の頭の中に、ユニクロの赤いロゴが思い浮かぶようになります。

つまり、**「○○なら△△」という、ある程度共通したイメージが、消費者の頭の中にできる**わけです。

これが、ブランディングの成果になります。

◆「ブランド・エクイティ」とは？

ブランディングがうまくいくと、顧客の中にはそのブランドに、非常に強い愛着を感じ、商品やサービスそのものというより、ブランド自体に価値を見いだす人が出てくるものです。

そうなると、まるでブランドに忠誠を誓うかのように、購入し続けてくれます。このような顧客の心理が**「ブランド・ロイヤルティ」**です。

ブランド・ロイヤルティの高い顧客は、顧客生涯

ブランディングの意味と効果

ブランディングの効果

ターゲットとする顧客の頭の中に、
「そのブランドは競合他社とどう違い、
自分にとってどんな役に立つか」という
イメージができあがる

効果的な差別化ができる

ブランディングによって、消費者に「○○なら△△」のイメージが定着する

価値（↓P116）も非常に大きくなります。なぜなら、他より高い価格でも、そのブランドを購入し続けてくれるからです。

そこでアメリカのマーケティング学者、デービッド・アーカーは、このようなブランドが持つ価値の全体を「ブランド・エクイティ」と呼びました。

エクイティは純資産の意味ですから、顧客が会社の資産であるように（カスタマー・エクイティ↓P117）、ブランドもまた会社の資産であるわけです。

ただし、たとえば「値段は安いけど味は普通」という場合のように、ブランドには多少、マイナスの面が伴うこともあります。

そこで、ブランド・エクイティの考え方では、資産と言えるプラスの面と同時に、負債と言えるマイナスの面を含めた、総合的な価値を考えることにしています。

4 自社ブランドのポジションは、どこにあるか？

ポジショニングを行なうと、競合との違いが明確になる

◆要するに「ポジショニング」とは？

ブランド戦略でとりわけ重要なのが「ポジショニング」です。

STPマーケティング（↓P46）の3ステップ目、セグメンテーション（市場細分化）、ターゲティング（標的市場の選択）に続いて、会社や、商品・サービスの立ち位置を決めます。

ポジショニングがうまくいくと、ターゲットとする顧客の頭の中に、ブランドのポジションがしっかりとできます。

そのブランドは競合とどこが違い、自分にとって、どんなときにどんな役に立つというイメージです。

たとえば、家族の誰かが乾燥性敏感肌だと気づいたとき、すぐに「キュレル」のブランドが頭に浮かぶといった具合です。

◆「KBF」を基準にポジショニングする

ですから、ポジショニングを行なう際のポイントとしては、他とどこが違うかを考えることが大切になります。

ブランドはもともと、他と差別化するためのものだからです（↓P145）。

そこで「KBF」が重要になります。KBFは日本語で「購買決定要因」、要するに何が購入の決め手になっているか、その要因です。ポジショニングは、このKBFを基準にして行ないます。

「KBF」は購入の決め手になった要因のこと

KBF
Key Buying Factor
（購買決定要因）

例
- 価格が安い
- 品質が良い
- 性能が高い
- イメージが良い
- 実績がある
- 評価が高い
- サービスが良い
- 保証が充分
- 割引がある　など

KBFはターゲットの顧客によっても異なるので注意！

上の図のように、様々な要因がありますが、ターゲットの顧客によっても異なってくるので注意が必要です。

たとえば、顧客が自由に使えるお金の少ない人なら、価格の安さが最優先のＫＢＦかもしれません。しかし富裕層なら、品質の良さや性能の高さが優先され、価格は優先度が低いＫＢＦになることがあります。

◆「ポジショニング・マップ」を利用する

ポジショニングを行なう際に、よく利用されるのが「ポジショニング・マップ」の手法です。

ポジショニング・マップでは、ターゲットとする顧客のＫＢＦを分析し、相関性の低い２つを選んで、縦軸と横軸に置きます。

たとえば、スマートフォンの例で考えてみましょう。女性は一般的に手が小さく握力も弱い人が多いので、小型で軽量のものが好まれると考えられます。

しかし、小型軽量にするとバッテリーも小さくなり、長時間の使用が多少、犠牲になるでしょう。ビジネスマンの男性などには、避けられてしまうかもしれません。

そこで、横軸には「小型軽量」と、反対の「大型重量（バッテリー長持ち）」を置くことにします。

次に、若い女性なら一般に、「オシャレ」なスマホを求めると思われます。

しかし、鮮やかな色や、かわいいデザインのスマホは、たとえば中高年の男性がビジネスシーンで使うには不向きです。

周囲の人に信頼されるような、落ち着いた色やデザインが選ばれるかもしれません。

そこで、「オシャレ」と、反対の「ダサい（落ち着いた）」を縦軸にとることにします。

このポジショニング・マップ上に、まず自社のポジショニングを、続いて競合他社のポジショニングをマッピングしてみます。

すると、競合他社との違いが明確になって、顧客にアピールすべきポイントなどもはっきりするわけです。

また、自社の狙うポジションに、競合他社がいるかいないかもわかります。

もし近くにいないなら、そのポジショニングでは競争相手がいないか、少ないということです。

一方、近くか、ズバリそのポジションに競合がいるなら、競争を覚悟して参入するか、ポジショニングを変えて別のポジションを狙うか、決めなければなりません。

別のポジショニングを探す際にも、ポジショニング・マップが役に立ちます。**できるだけ空白の広い、他社のマッピングがないところが、競争がないか、少ないポジショニングです。**

「ポジショニング・マップ」で競合との違いが明確に

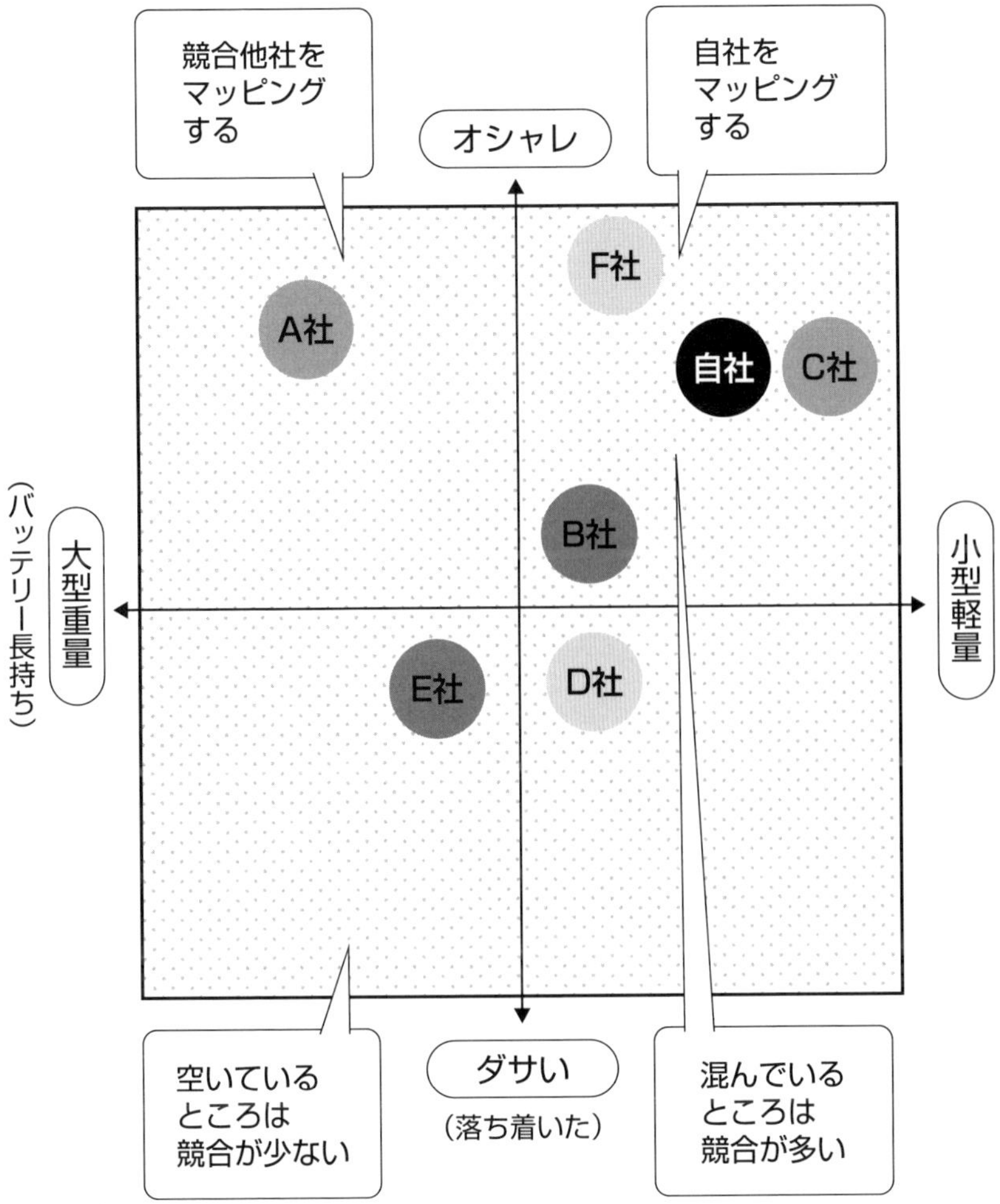

そのポジションに競合他社がいるか、いないか――
競合他社のいない(少ない)ポジションもわかる

5 ブランド化することは「差別化」すること

ブランドが確立すると、消費者に明確なイメージができる

◆差別化は製品やサービスに限らない

ポジショニングがうまくできると、その企業や製品・サービスはブランド化します。ブランドは「差別化するため」(↓P145)のものですから、ブランド化はすなわち差別化と言っていいでしょう。

差別化ができると、消費者の頭の中に他社や、他社の製品・サービスとの違いについて、明確なイメージができます。

と言うと、差別化は製品とサービスの面だけで行なうように思えますが、そうとは限りません。

フィリップ・コトラーは、「差別化の方法は5つある」と言っています。

左の図が、その5つの方法です。

◆差別化ができる5つの方法

まず、製品とサービスが差別化の最も基本であることは言うまでもありません。しかし、スタッフや流通チャネル、イメージによって差別化することもできます。

よく教育され、専門的な技術や知識を持ったスタッフが対応する会社は、たとえ他社と同じ製品やサービスを扱っていても、他社とは違う明確なイメージが消費者の中にできるものです。

次に、チャネル(流通)による差別化があります。

たとえば、販売店があちこちにあって入手しやすいとか、ネット通販で簡単に買えるなど、消費者が

利便性を感じると、それも差別化につながります。
　そして、**イメージも大事**です。ユニークな社風とか、SDGsに取り組んでいる良いイメージなどでも、他社との差別化が可能でしょう。

　このように、仮に製品やサービスで差別化できる要素が見つからなくても、いろいろな方法で差別化は可能です。そうした他社との違いも、ひとつのブランドになります。

差別化するための5つの方法とは？

製品による差別化
大きさ・形・構造
特徴
性能・品質　など

サービスによる差別化
注文の容易さ
配達のスピード
取付けサービス　など

スタッフによる差別化
販売員の技能と知識
礼儀正しさ
安心感・信頼性　など

チャネルによる差別化
入手のしやすさ
信頼できる代理店等
代理店の専門知識　など

イメージによる差別化
独自のアイデンティティ
良いイメージ
ブランドの認知率　など

製品やサービスで差別化できなくても
スタッフや流通、イメージで差別化できる

6 競争上のポジションから戦略を決める

マーケット・シェアから競争戦略を考えてみると、目標が見えてくる

◆「コトラーの競争地位戦略」とは?

同じポジションでも、市場での競争上のポジションから、そのポジションに合った競争戦略を考えることができます。

コトラーが提唱した手法で、「コトラーの競争地位戦略」と呼ばれているものです。

競争地位戦略では、業界でのマーケット・シェア(市場占有率)によって企業を4つのタイプに分け、それぞれの競争地位から戦略を考えます。4つのタイプとは、左の図の4つです。

①マーケット・リーダー

業界1位のシェアを持ち、業界をリードする企業。自社のシェアを維持し、増大させることが戦略の目標です。同時に、市場全体の拡大も図ります。市場が拡大すれば自動的に、リーダーの売上も増大するからです。

②マーケット・チャレンジャー

業界で2、3番手に位置し、リーダーに挑戦して業界トップをうかがう企業。リーダーや競合他社に競争を仕掛け、自社のシェアを拡大する戦略をとります。

業界で2、3番手の企業は、次のマーケット・フォロワーを選択することも可能です。

③マーケット・フォロワー

業界2、3番手でもトップは狙わず、リーダーや

市場シェアから決まる4つのタイプ

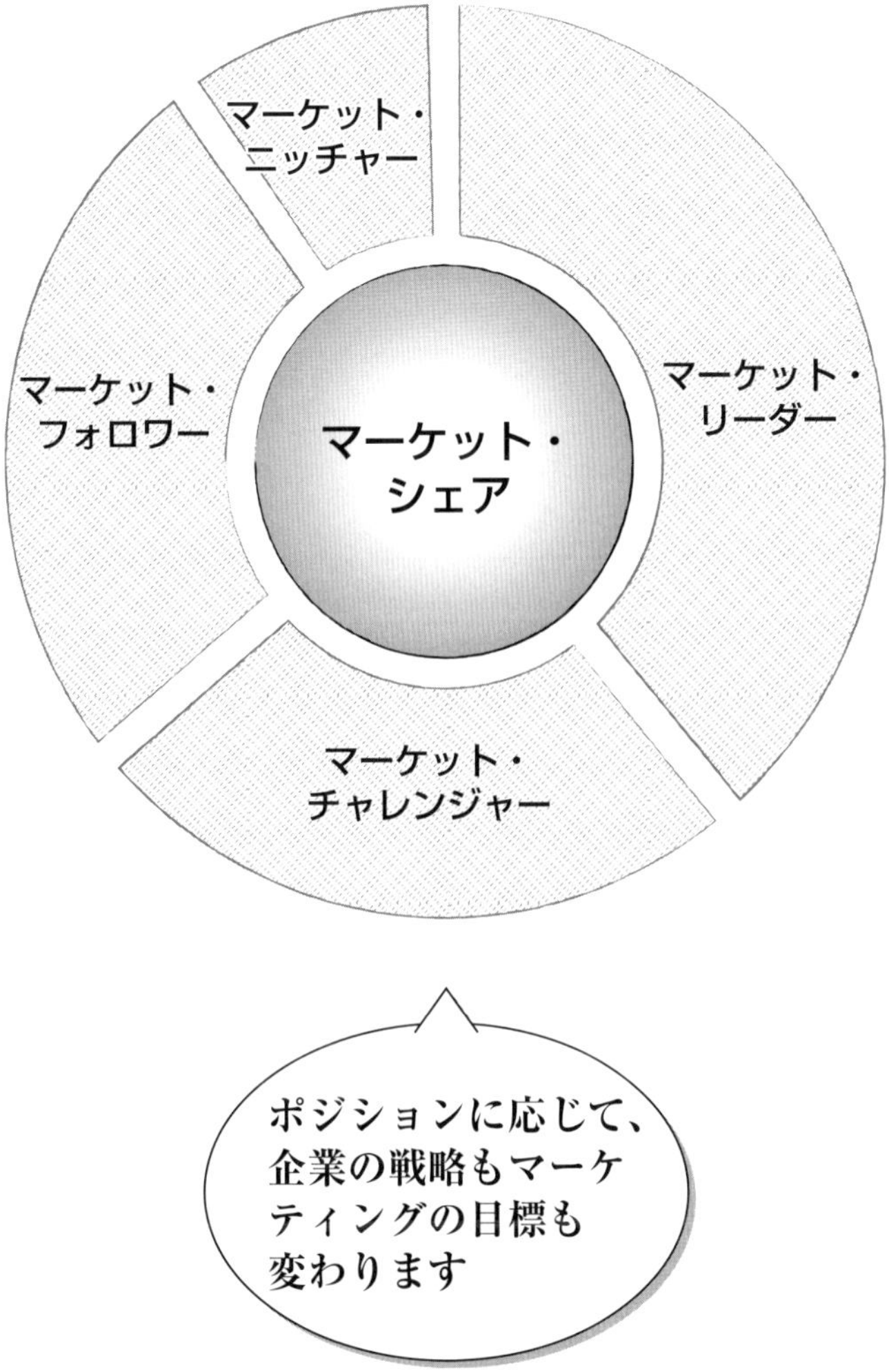

シェア2、3番手の企業はマーケット・チャレンジャーか
マーケット・フォロワーを選択できる

競合他社の戦略を模倣します。模倣により開発コストなどを抑え、大きな利益を得ることが戦略の目標です。

④マーケット・ニッチャー

全体としてのシェアは高くないが、ニッチ（↓135）でリーダーになり、独自の地位を確立しようとする企業。

高価格帯の商品や、流通チャネルの絞り込みなどで、利益を大きくすることが戦略の目標になります。

◆「嶋口モデル」による4つのタイプ

コトラーの競争地位戦略については、のちに日本の経営学者、嶋口充輝《みつあき》が経営資源の量と質という視点から整理しています。「嶋口モデル」と呼ばれるものです。

嶋口モデルでは、4つのタイプ分けを量的経営資源の量と、質的経営資源の質によって行ないます。量的経営資源、質的経営資源とは、左の表上のようなものです。

この量と質から、4つのタイプに分かれます。

量が多く質も高いのは、マーケット・リーダーです。経営資源の量が多くても質が低いと、マーケット・チャレンジャーになります。逆に、経営資源の量が少なく質が高いのが、マーケット・ニッチャーです。嶋口モデルでは、量も少なく質も低いのは、マーケット・フォロワーとされます。

◆戦略の目標と基本方針がわかる

この4つのタイプから、戦略の目標とともに、基本方針がわかるのが嶋口モデルの特徴です。

①マーケット・リーダー

基本方針は全方位戦略です。要するにフルカバレッジですが（↓P141）。マス・マーケティングである必要はありません。

市場をセグメントに分け、セグメント・マーケティングを展開できます（↓P135）。

「嶋口モデル」による4つのタイプとは？

●経営資源の量と質

量的経営資源	資金量、販売拠点の数、生産能力　など
質的経営資源	技術力、マーケティング力、ブランド・イメージ　など

●経営資源と4つのタイプ

質＼量	多い	少ない
高い	マーケット・リーダー	マーケット・ニッチャー
低い	マーケット・チャレンジャー	マーケット・フォロワー

●戦略の目標と基本方針

	戦略の目標	基本方針
マーケット・リーダー	最大シェア／最大利益　など	全方位戦略
マーケット・チャレンジャー	シェアの増大	差別化戦略
マーケット・ニッチャー	利益	集中戦略
マーケット・フォロワー	利益	模倣戦略

②マーケット・チャレンジャー

差別化戦略をとります（↓P100）。リーダーや競合他社との違いを際立たせ、シェアを拡大することが狙いです。

③マーケット・ニッチャー

基本方針としては、ほとんど集中の戦略しか選択肢がありません。1つか、ごく少数のセグメントに経営資源を集中し、ニッチのリーダーになるか、コスト・リーダーシップをとります（↓P100）。

④マーケット・フォロワー

模倣が基本方針です。開発コストなどがかからないので、大きな売上がなくても一定の利益を上げられます。

このように、4つのタイプ別の基本方針を導き出せるのが嶋口モデルの特徴です。

Column

ポジショニングのカギになる「KBF」

ポジショニングで重要なのは、他社の製品やサービスと比べたときに、自社の製品やサービスがどうなのかと考えることにあります。ブランドはもともと、競合他社の製品やサービスと差別化するためのものだからです。

そこで、「KBF」が大事になります。

KBFとは、英語のキー・バイイング・ファクターの略で、日本語で言えば「購買決定要因」です。要するに、製品やサービスの購入を決めるときに、決定的なカギになる要因のことを言います。

商品や顧客により、KBFは様々です。たとえば、食品でグルメの顧客なら「味が良い」。同じ食品でも、健康志向の顧客なら「健康に良い」。そして、通常は高価な高級食材なら、「価格が安い」がKBFになるでしょう。

ポジショニングは、このKBFを基準にして行なうのが基本です。ただし、上記で見たように、ターゲットとする顧客によってKBFが変わってくる点には注意が必要になります。

第5章

「製品戦略」と「価格戦略」を立案する

製品の特徴を把握し、「売れる製品」をどう作り、
「価格」をどう設定するか……。
この「製品戦略」「価格戦略」の基本を見ておこう。

1 工業製品やサービスだけが「製品」か？

市場に出る製品は有形財からアイデアまで10種類ある

◆有形財とサービス以外にも製品はある

マーケティングの4Pでは、最初のPは「製品」（プロダクト）です。

製品と言われると、工業製品が頭に浮かびますが、フィリップ・コトラーは「市場に出る製品」として左の図のようなものをあげています。

実はこれは、「マーケティングの対象」としてあげられている10種類と同じものです。**マーケティング用語としての製品（プロダクト）は、マーケティングの対象になるものすべてと考えてよい**でしょう。

10種類の製品のうち、形のある有形財と、形のないサービスは当然、製品であるとして、経験はその有形財とサービスを組み合わせたものです。

たとえば、観光地などにある陶芸体験は、陶芸を体験できるサービスと、自分で作った陶器＝有形財を入手できる組み合わせになります。

一方、イベントは、大はオリンピックから、小は少人数のコンサートまで、様々なイベントがマーケティングの対象です。

◆人や場所も製品のうち

注意したいのは、人や、場所なども、製品に含まれることです。

たとえば、芸能界にデビューする知名度の低い新人を、大スターに育てるとか、過疎地の地域おこしのために、新住民の移住を促進する活動といったものも、マーケティングの対象になります。

これらも製品のうちであるわけです。

図のうち、**資産**とあるのは不動産や、株式・債券などの金融資産のことです。不動産には形があり、電子化された株式などには形がありませんが、いずれも、所有権という形のない権利を取引するところが共通点です。

不動産会社や証券会社にとっては、これらがマーケティングの対象＝製品になります。

組織については**企業**などを、**情報**については新聞や雑誌、テレビ・ラジオなどを思い浮かべれば、マーケティングの対象であることがわかるでしょう。

最後の**アイデア**とは、ノウハウや考え方のことです。たとえば、企業経営のノウハウといったものは、それを持つ経営者や経営コンサルタントを通じて、マーケティングの対象＝製品になります。

10種類の「製品」(マーケティングの対象)

- 有形財
- サービス
- 経験
- イベント
- 人
- 場所
- 資産
- 組織
- 情報
- アイデア

工業製品やサービスだけが「製品」ではない

2 製品の「3つの要素」「5つのレベル」とは?

価格やサービス・ミックスでも製品は判断されるが……

◆製品は3つの要素で判断されている

前項で見たような製品の「戦略」とはどのようなものでしょうか。

顧客が製品について考えるときの場面を見てみます。顧客は、左の図の三角形で示される、3つの要素を基本として、一つひとつの製品を判断していると考えられます。このうち、上の角の価格、価格戦略は、4つのPのうちの第2のP(プライス)ですから、この章の後半で詳しく見ることにしましょう。

また右下の角に、**「サービス・ミックス」**とあるのは、製品では形のある有形財と、形のないサービスが、様々な割合で混合していることをあらわしています。

◆製品の「サービス・ミックス」とは?

実は、実際の製品では純粋な有形財、純粋なサービスは意外に少なく、有形財とサービスのミックスで成り立っていることが多いものです。

たとえば「肉」は純粋な有形財ですが、調理してお惣菜になると、サービスを伴う有形財になります。レストランで提供されれば、有形財とサービスの混合でしょう。

さらに、もともと移動というサービスである飛行機の機内で、機内食として提供されれば、有形財を伴うサービスです。

一方で、日常の通勤などに使う鉄道は、ほとんど有形財を伴わない純粋なサービスと言えます。

このような有形財とサービスの混合＝サービス・ミックスの度合いと、その品質も、顧客の判断材料のひとつです。

そして、残った左下の角、製品の特徴と品質が製品、製品戦略ということになります。

◆製品は「5つのレベル」で考える

コトラーは、製品については5つのレベルを考え

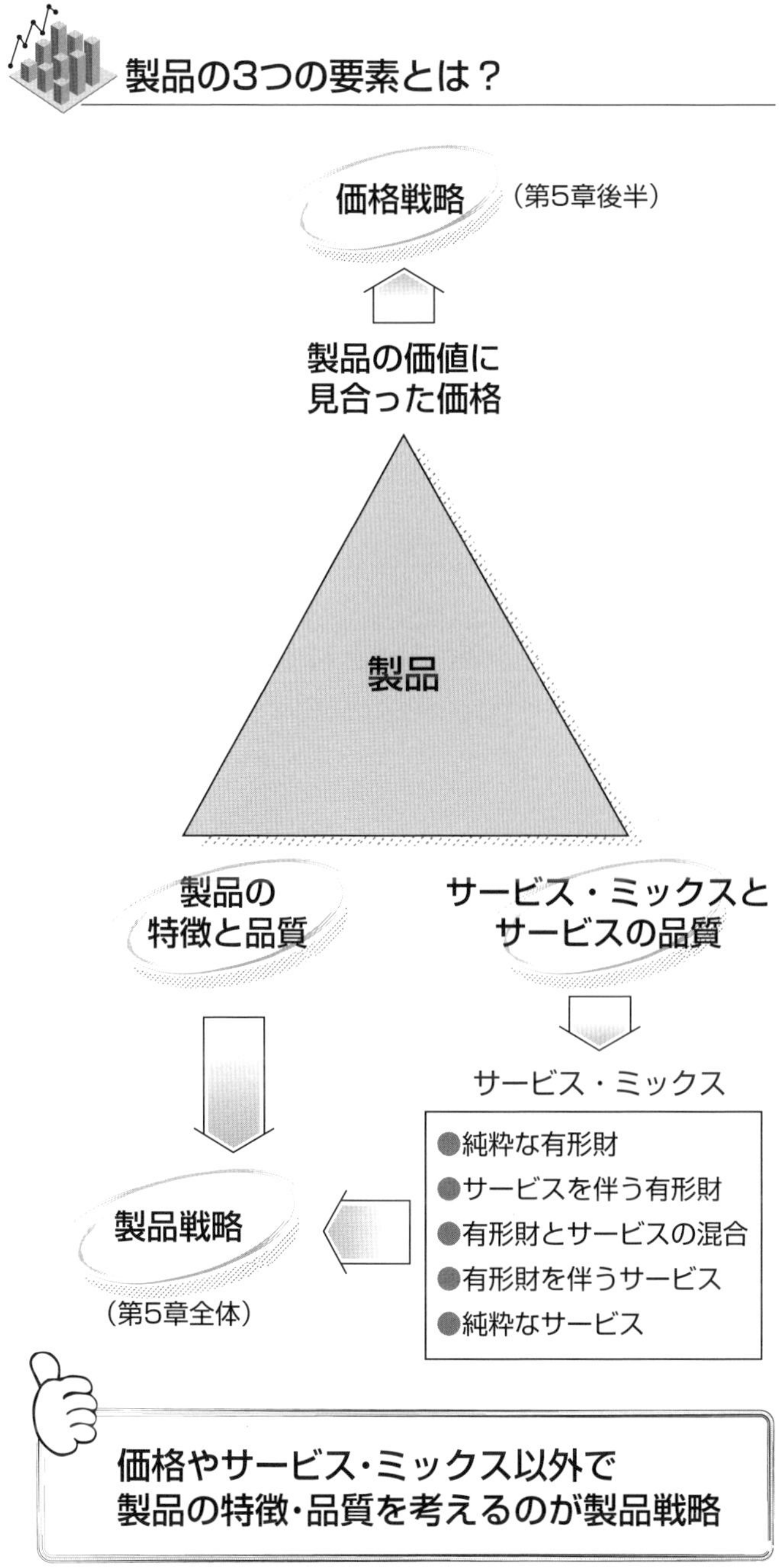

ることが必要と言っています。レベルが上がるほど顧客価値（→P50）が上がるので、**「顧客価値ヒエラルキー」**と呼ばれるものです。

第1のレベルは**「中核ベネフィット」**、顧客のニーズを満たすだけのレベルになります。食べ物屋さんで言えば、空腹を満たすだけです。

第2のレベルは**「基本製品」**、顧客が最低限、この程度は基本と思うレベルを言います。飲食店なら、テーブルと椅子があり、食事と呼べるものが提供されるレベルです。

これが第3の**「期待製品」**になると、顧客が期待する程度には応えてくれるようになります。食堂なら清潔な食器とテーブル、衛生的な食材と調理法などが必須です。

途上国では、店と店の競争は大体、この期待製品のレベルで行なわれています。

第4の**「膨張製品」**は、顧客の期待を超えるレベルです。レストランでは予想を超えたおいしさ、サービスで付いてくるコーヒーとデザートなど、顧客の期待を上回る努力が必要になります。

日本のような先進国では、競争はこの膨張製品のレベルです。

しかし、日本の市場を見てもわかるように、膨張製品レベルの味やサービスも、すぐに競争相手に追いつかれマネされ、当たり前になって、期待製品レベルに戻ってしまいます。

そこで、必要になるのが第5の**「潜在製品」**です。期待を超えた製品が期待製品になってしまったら、次の期待を超えた製品を提供すればよい、つまり、将来にわたって、顧客の期待を超え続けるのが潜在製品です。

とは言え、すべての企業が潜在製品を目指さなければならないわけでもありません。製品には価格の要素もありますが（→P166）、潜在製品を目指せばコスト高で高価格になることもあります。

基本製品以下は困りますが、低コスト・低価格で期待製品を提供するなどの製品戦略はあり得るでしょう。

要は、**漠然と良い品質、適切な価格と考えるのでなく、自社の製品は今どのレベルにあり、どのレベルを目指すのか、**製品を判断する3つの要素も含めて考えることです。

製品の5つのレベルと顧客のニーズとは?

製品と「顧客のニーズ」を見てみよう

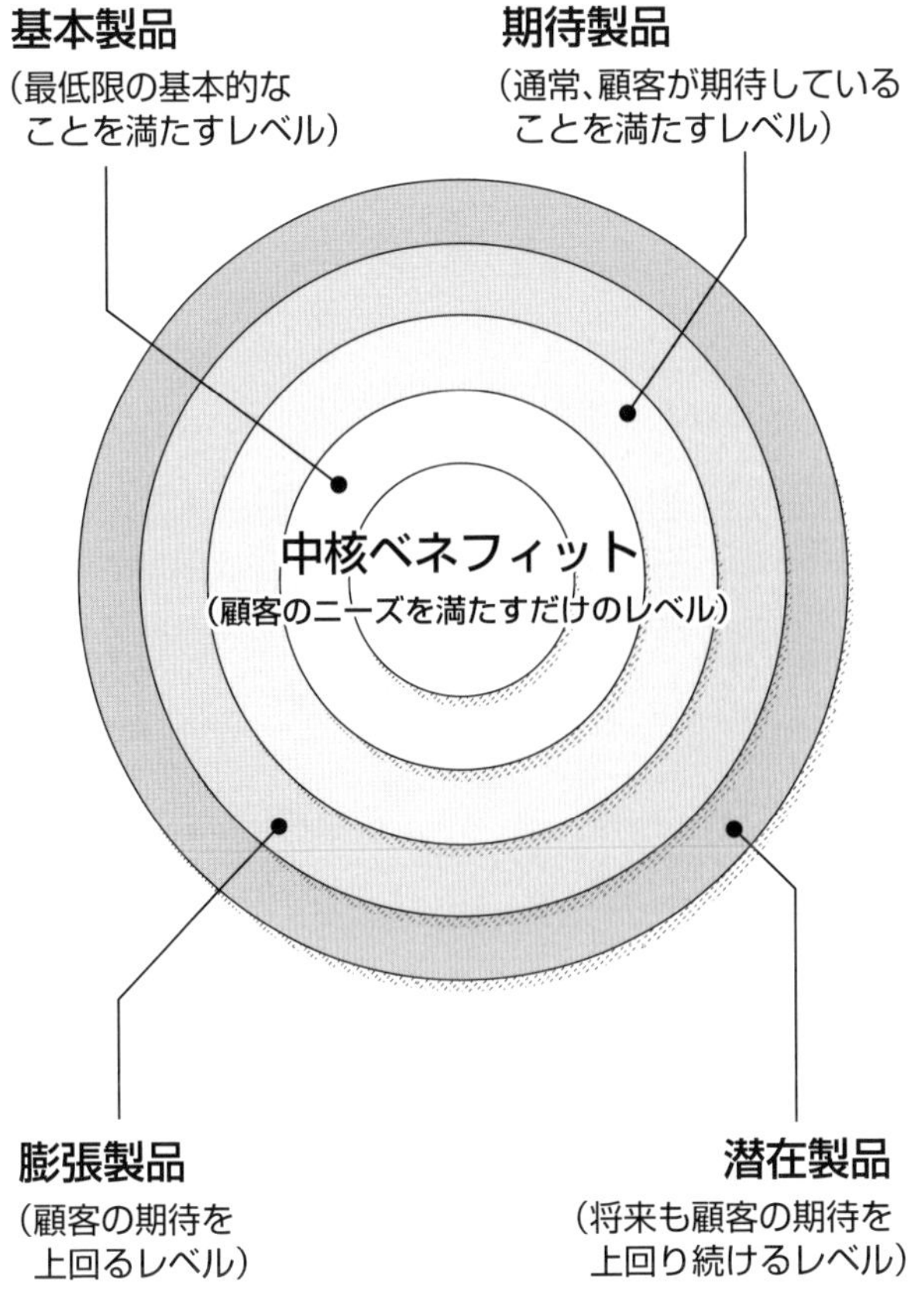

中核ベネフィットから製品のレベルが上がるほど顧客価値が高くなる。自社の製品はどのレベルか、どのレベルを目指すかを考える

3 製品はどのように分類されるか?

消費財の分類、「コープランドの製品分類」はとくに重要!

◆耐久性と有形性で分類して見る

マーケティングでは、製品を分類して見ることも重要になります。どの分類かで、製品のマーケティングが違ってくることがあるからです。

製品を分類する基準は、3つあります。第1に耐久性があるかどうか、第2に形があるかどうか、第3に消費者向けか生産者向けか、という3つです。

まず、**耐久性で分類すると、「耐久財」と「非耐久財」に分けられます**。耐久財は文字どおり、耐久性がある家具、家電、クルマなど、長期の使用に耐える製品です。

高額なものも多く、セールスパーソンによる人的販売（↓P214）や、メーカーによる保証なども必要になります。

一方、非耐久財は、耐久財以外の有形財で、食品や日用品などが代表的です。ほとんどは1回か、短期間の使用で消費されるので、消費者はそのつど購入しなければなりません。

そのため、どこでも簡単に買えるような流通、気軽に買える低価格、広告により認知度を上げることなどが重要になります。

以上は形のある製品でしたが、第2の基準、形のあるなし＝有形性をあてはめると**「サービス」**が加わります。

サービスは、宿泊やマッサージなど形のない製品です。形がないだけに、徹底した品質管理など、売

製品を耐久性・有形性・用途で分類すると……

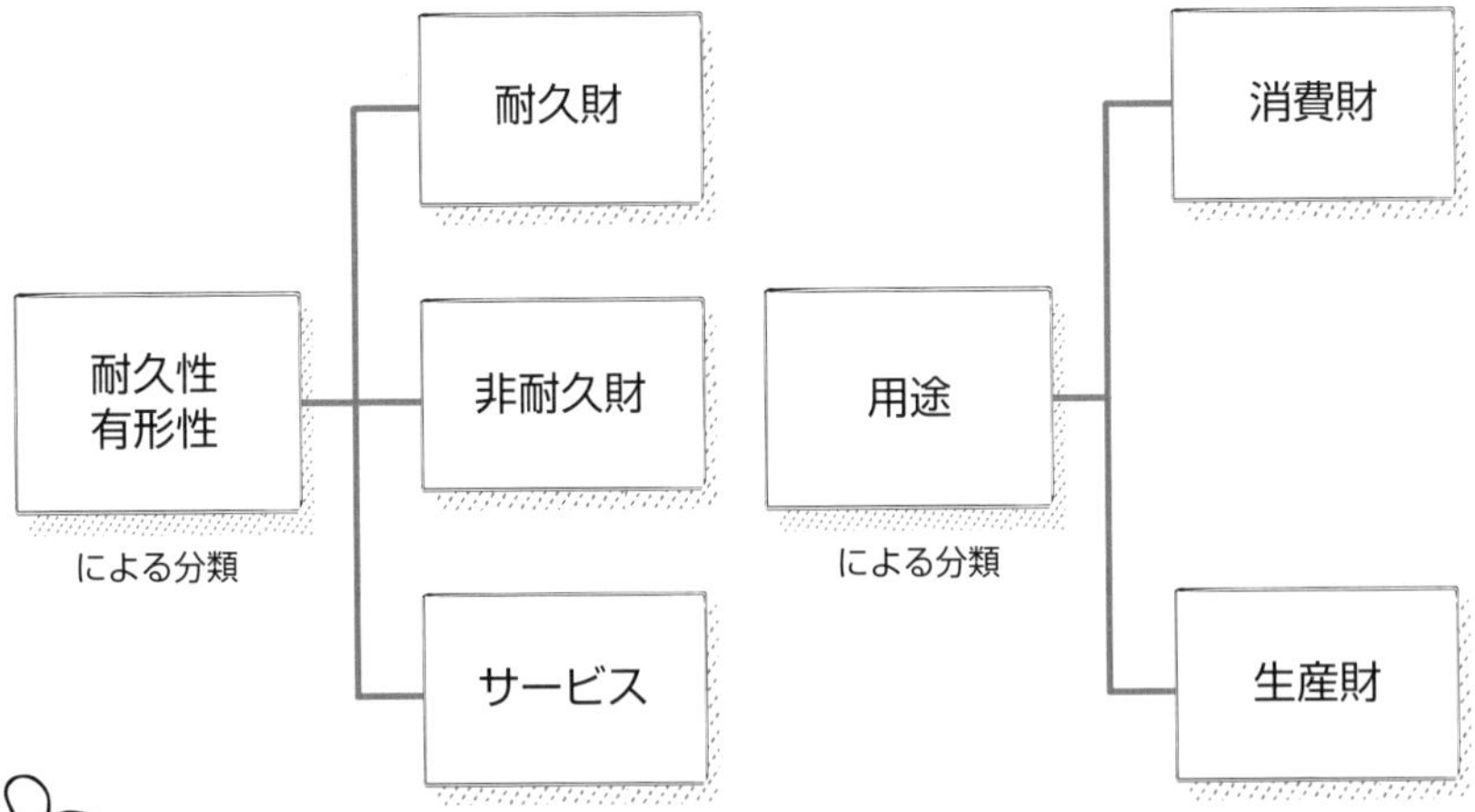

耐久財・非耐久財・サービス、消費財・生産財に分類できる

り手の信用が重要になります。

◆消費者向けの製品をさらに分類する

第3の基準は、消費者向けか生産者向けかという、**用途による分類**です。

それぞれ「消費財」「生産財」に分類されます。

生産財とは、原材料から工作機械まで、生産に使用される様々なものです。

消費財は、さらに3つに分類できます。消費者の購買行動により、「最寄《もより》品」「買回《かいまわり》品」「専門品」の3つに分類するものです。

アメリカのマーケティング学者、メルヴィン・コープランドが提唱したことから、「コープランドの製品分類」と呼ばれています。

最寄品は、消費者が買うために特別な努力をしない製品です。一般に単価は低くなりますが、ひんぱんに購入されることから、最寄りの店で買われる機会が多くなります。

食品や日用品が代表的で、英語では「コンビニエンス・グッズ」です。コンビニでも買えるような、購入のしやすさがポイントになります。

また、知っている製品と知らない製品では、知っている製品が買われる傾向があるので、広告などで認知度を上げておくことも大切です。

買回品は、消費者がいくつかの店を回って、比較検討した上で買う製品を言います。英語では「ショッピング・グッズ」です。
単価と購入頻度は中程度ですが、品質・価格・デザインなどが比較検討されるので、それらのバランスが重要になります。代表的なのは、衣料品、家具などです。

専門品（スペシャリティ・グッズ）とは、その製品を買うために、消費者がわざわざ出向くような製品を言います。

一般に製品単価は高く、いわゆる「専門店」で購入されることが多い製品です。たとえば、直営店でしか買えないような高級ブランド品などが、専門品の代表例になります。

高価格でも買ってもらうためには、ブランドのイメージを守る必要があることから、販売店の選定などには充分な注意が必要です。

◆生産者向けの製品も3つに分類できる

生産者向けの生産財も、3つに分類することができます。「材料・部品」「資本財」「備品・サービス」の3つです。

資本財とは、工場の設備・機械装置などのこと、備品は資本財ほど長期間の使用に耐えないもの、サービスはメンテナンスや修理など、形のないものを言います。

この**生産財の3分類は、一見、脈絡がないように見えますが、実は生産プロセスとの関係から分類さ**

消費財・生産財をさらに分類すると、こうなる！

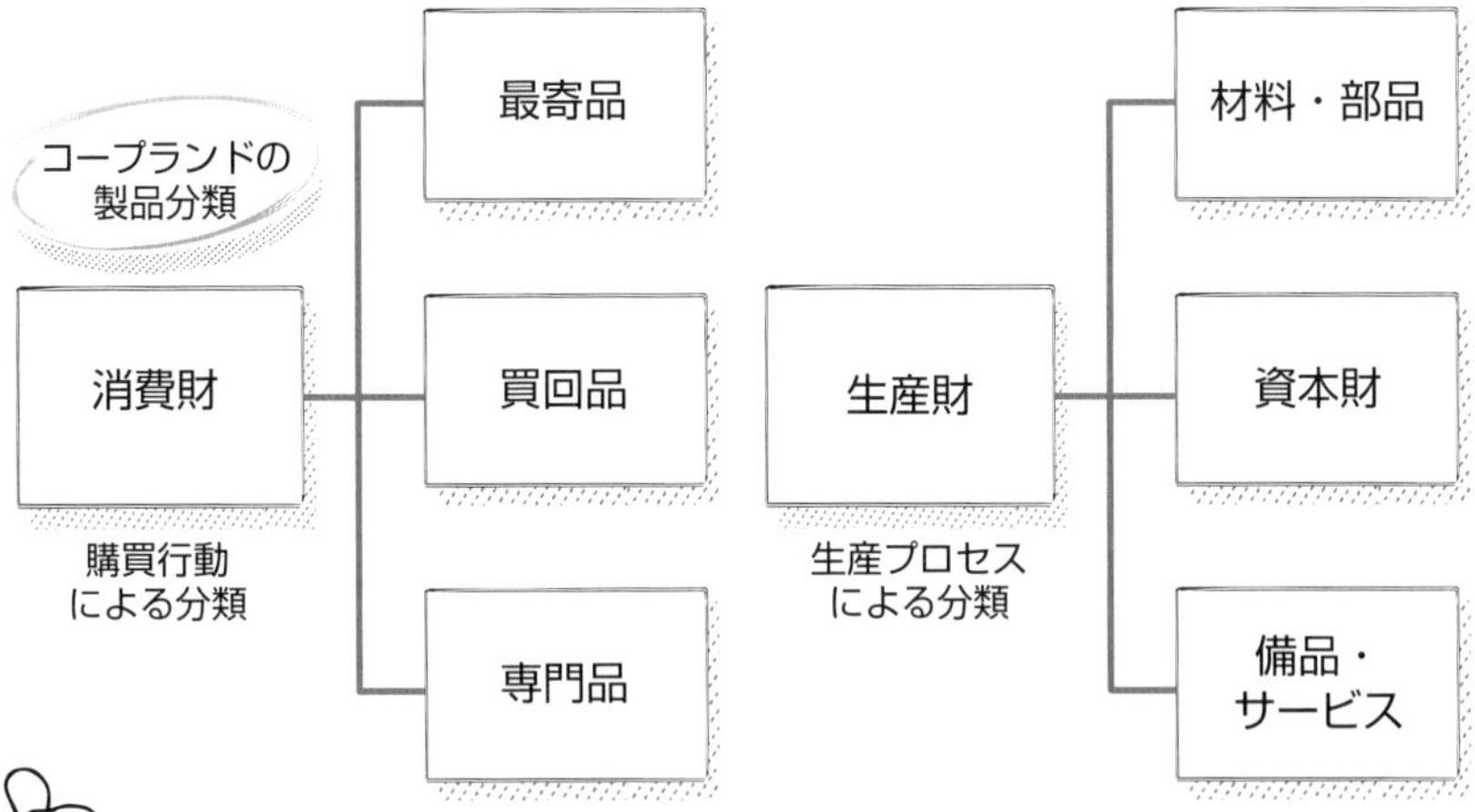

消費財は最寄品・買回品・専門品に分類できる

れたものです。

どういうことかというと、まず、材料・部品は、生産プロセスで〝すべて〟、製品に使用されています。しかし、資本財は長期間にわたって使用されるので、個々の製品に関しては〝ごく部分的〟にしか使用されていないと言えるでしょう。

そして備品・サービスに至っては、直接、生産プロセスで製品に使用されている部分は〝ない〟と考えられます。

以上のような生産プロセスとの関係で、生産財は分類されているわけです。

消費財の顧客が一般消費者であるのに対し、生産財の顧客はほとんどがプロです。そのため、製品で重視されるポイントも違ってきます。

買い手には、製品について専門知識を持つ人も多く、品質やアフターサービスが重視される傾向です。売り手としても、それらのニーズに対応する必要があります。

4 新製品開発は、どのように進めればよいか？

現在の製品が好調でも新製品開発は長期的に重要、というケースは多い

◆会社にとって新製品開発の意味とは？

製品戦略のうちでも、長期的に見て重要なのが新製品の開発です。現在の製品がいくら業績好調でも、製品にはライフサイクルというものがあり、いつかは負け犬になります（↓P80）。

そのとき、現在の製品に代わって会社の成長を支えるのは、これから開発する新製品かもしれないからです。

会社が新製品を市場に出す方法は、2つしかありません。他の企業を買収したり、特許権を買い取ったりして、**よそから買ってくるか、あるいは自社で開発するかの二択**になります。

左は、自社で開発する場合に、コトラーが示した新製品開発のプロセスです。

◆まずマーケティング戦略が大切！

新製品開発と言うと、製品開発部などがまず新製品を開発し、それから他のプロセスが動き出すイメージがあるかもしれません。

しかし、図を見るとわかるように、実際の製品開発はむしろ終盤になっています。それより前に、マーケティング戦略が立案されていることが必要です。

ただし、一度始めたら止められないというわけでもありません。図のどのプロセスでも無理と判断したら、前のプロセスに戻るか、開発を取りやめる勇気を持つことが大切です。

新製品開発のプロセスとマーケティングの関係

アイデア	顧客のニーズ、他社製品、マスメディアやネットの情報などからアイデアを出し尽くす
↓	
アイデアのスクリーニング	出たアイデアのスクリーニング（選別）をして優れたアイデアを絞り込んでいく
↓	
コンセプト	アイデアから製品のコンセプトを検討し、ターゲットに示して反応を見るテストを行なう
↓	
マーケティング戦略	コンセプトが固まったら、リサーチから始めてマーケティング戦略の立案を進める
↓	
事業分析	新製品でどのくらいの利益が上がるか、事業としての評価を行なう
↓	
製品開発	新製品が自社の売上と利益に貢献する確認ができたら、実際の製品開発に入る
↓	
市場テスト	実際の新製品をごく小規模で試験販売するなどして、市場テストを行なう
↓	
商品化	マーケティング戦略に基づいて、生産態勢をつくり、販売促進を行なって商品化する

製品開発はむしろ終盤に近いプロセス。
もっと早い段階でマーケティング戦略を立案する

5 新製品が市場に普及する「ベルカーブ」とは?

新製品は「鐘」の形を描いて普及するが、途中に「谷(キャズム)」もある

イノベーションのベルカーブでは左のように、横軸に時間を、縦軸に新規採用者の数をとります。縦軸は売上や利益でなく、新製品を生活や仕事に新規に採り入れた人=採用者の数であることに注意しましょう。

◆「新製品が市場の多数派になるまで」を見る

新規採用者のカーブは、急速に伸びた後ピークを迎え、しだいに新規採用者の数が減り、ゼロに近づいていきます。

この間に、5種類の消費者がいるというのが、ロジャースの説の特徴です。図に示した5つが、その5種類になります。図中のパーセンテージは、それぞれの構成比で、合計は100%です。

◆「イノベーションのベルカーブ」とは?

新製品を市場に投入しても、すぐに受け入れられるとは限りません。

市場には様々な消費者がいるので、すぐに受け入れる人もいれば、なかなか受け入れない人、最後まで受け入れない人もいて、直線的に新製品の利用者が増えていくわけではないのです。

一般的には、利用者は最初ゆっくり増え始め、しだいに急速に増加していきます。

この様子をグラフであらわしたのが、アメリカの社会学者エベレット・ロジャースが提唱した「イノベーション(技術革新)のベルカーブ」と呼ばれるモデルです。

新製品はベル型のカーブを描いて普及していく

〈イノベーションのベルカーブ〉

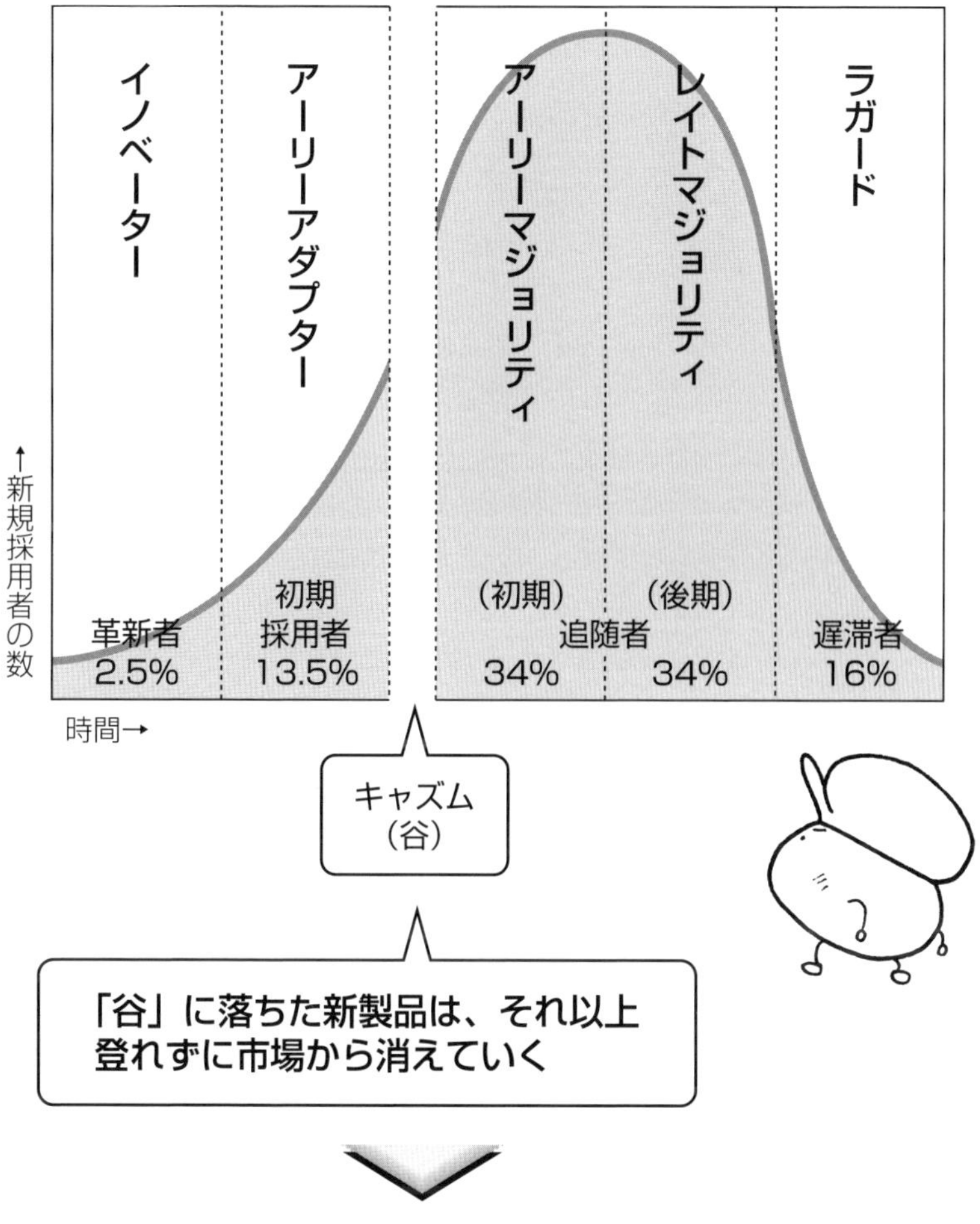

途中にある「キャズム」（谷）を越えるのはむずかしいが、キャズムを乗り越えた新製品が市場に普及する

新製品が市場に登場して、最初に採り入れるのは、全体のわずか2・5％の「イノベーター」（革新者）です。いわば、新製品に最初に飛びつく「新しもの好き」と言えます。

次に、イノベーターの評価を見て、良ければ受け入れるのが13・5％の「アーリーアダプター」（初期採用者）です。

アーリーアダプターはオピニオン・リーダー（↓P130）であることも多いので、新製品はここから一般の消費者にも普及していきます。

比較的、早い時期にアーリーアダプターに追随して、新製品を受け入れるのが「アーリーマジョリティ」（初期追随者）で、全体の34％です。

ご存じのように、マジョリティとは多数派の意味ですから、この段階で新製品は市場の多数派を形成しつつあります。

◆多くの新製品は「谷」に落ちる

しかし、アーリーアダプターからアーリーマジョリティに向かう道筋には、大きな障害があることを指摘したのがアメリカのマーケティング・コンサルタント、ジェフリー・ムーアです。

多くの新製品は、アーリーアダプターまでは普及するものの、アーリーマジョリティには受け入れられず、市場から消え去っていきます。

ムーアは、この現象を「キャズム」（谷）と名付け、多くの新製品は、このキャズムに落ちて二度と這い上がれず、市場から消え去っていくことにたとえました。

イノベーションのベルカーブが発表されたのは1962年ですが、ムーアの著書『キャズムを超える』の出版は1991年です。

2014年には『キャズムVer.2増補改訂版』も発行され、今日ではアメリカのハイテク業界人のバイブルと言われています。

新製品の普及に関わる5種類の消費者とは？

- **イノベーター**
  最初に飛びつく新しもの好き
- **アーリーアダプター**
  イノベーターの評価を見て受け入れる
- **アーリーマジョリティ**
  比較的早くアーリーアダプターに追随する
- **レイトマジョリティ**
  比較的遅く、遅れて受け入れる
- **ラガード**
  最後まで受入れに抵抗していた頑固者

新製品はこの5種類の消費者の間を普及していく

◆新製品普及の最後に残る「頑固者」

キャズムに落ちることなく、アーリーマジョリティに受け入れられた新製品は、比較的遅く、遅れて追随する「レイトマジョリティ」（後期追随者）に受け入れられます。

レイトマジョリティは、全体の34％です。

しかし、新規採用者の数はこのあたりでピークを迎え、減少に転じます。レイトマジョリティに普及し終わるころには、下降の一途です。製品戦略を考える際には、こういう〝動き〟を注意深く見ていくことが必要です。

最後に残った16％は、最後の最後にしぶしぶ受け入れるか、最後まで受け入れない「ラガード」（遅滞者）と呼ばれます。最後まで抵抗する「頑固者」と言えるでしょう。

こうしてグラフはベル（鐘）のカーブを描き終わり、新製品の普及は完結します。

6 「製品ライフサイクル」を知っておく

製品は導入期・成長期・成熟期・衰退期の4つをたどる

◆製品にも人間同様のライフサイクルがある

新製品を市場に出した後、売上や利益をどのように伸ばし、より長く利益を上げ続けるか、その戦略も考えておく必要があります。

このとき、知っておきたいのが「製品ライフサイクル」の考え方です。

製品にも、人間と同じようなライフサイクルがあります。**製品ライフサイクルは、「導入期」「成長期」「成熟期」「衰退期」の4つに分けて考える**のが一般的です。

また、前項のイノベーションのベルカーブが新規採用者の数で見るのに対し、製品ライフサイクルは製品の売上と利益で見ます。

◆製品ライフサイクルの4つの時期を知っておく

イノベーションのベルカーブでも見たように、通常、新製品は発売直後から爆発的に売れることはまれです。

最初は消費者の認知度も低く、ゆっくりと受け入れられていきます。この時期が**「導入期」**と呼ばれる時期です（イノベーター➡P178）。

しかし、売れる製品はある時期から、急に売上が伸びるようになります。それが**「成長期」**です。

成長期には消費者の認知度も上がり、購買層も広がります。しかし、一方でその売行きに気づいた他社から競合する製品も出てきます。90ページでも説明した「競合他社の脅威」です。

「製品ライフサイクル」は4つの時期で考える

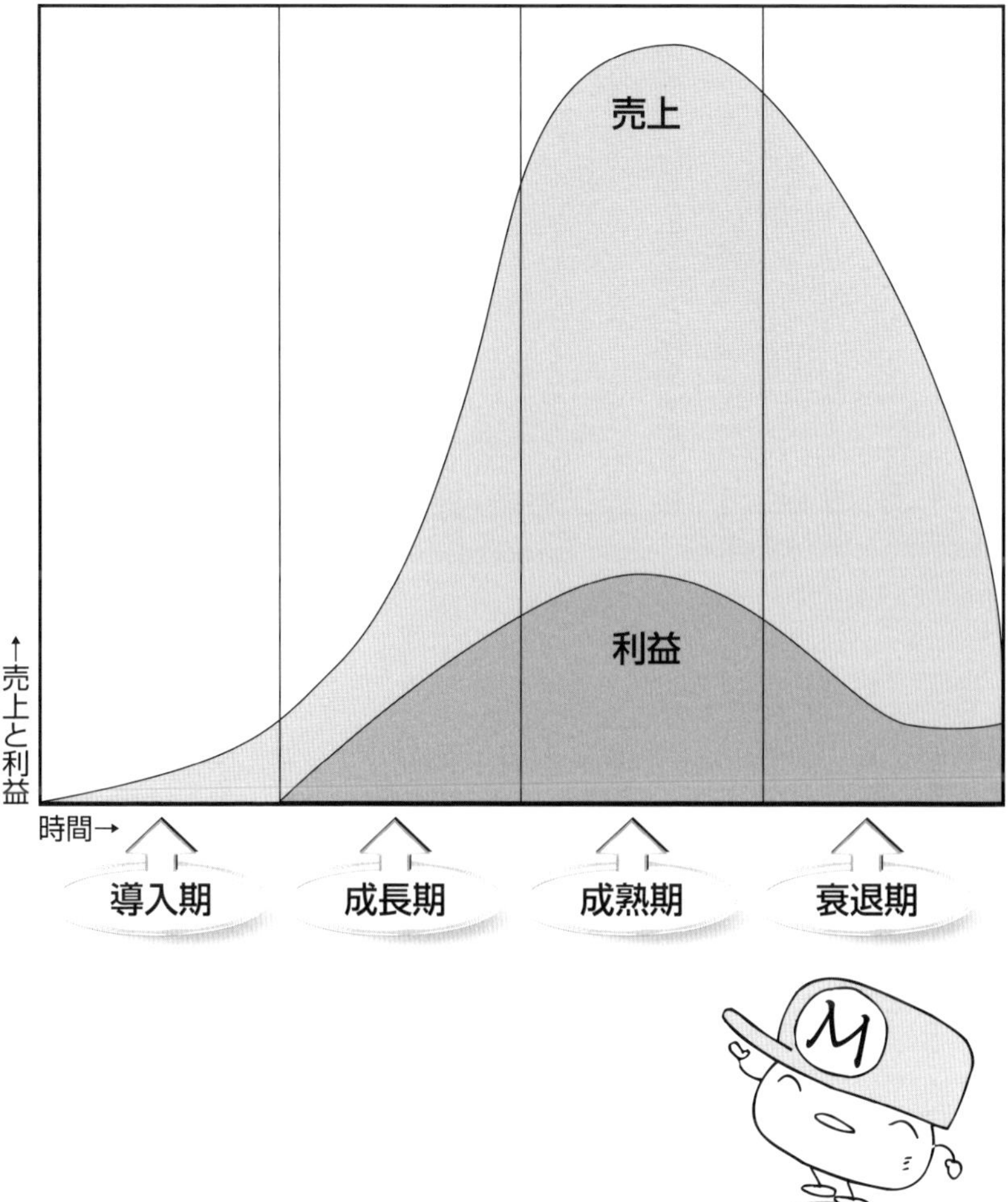

製品ライフサイクルは「導入期」から始まり、「成長期」「成熟期」を経て「衰退期」で終わる

市場に製品が行き渡ると、成長率は鈍るものです。ただし、売上はピークに達します。これが「**成熟期**」です。

成熟期には、利益もピークを迎えます（金のなる木→P80）。

やがて競合、というより代替品が市場にあらわれ（代替品の脅威→P90）、より安価に、より便利に提供されるようになります。製品は「**衰退期**」を迎えたわけです。

こうして、製品はライフサイクルを終えます。

◆4つの時期に応じた戦略と施策を考える

一般的に、ヒット商品でもライフサイクルは3年と言われます。

決して長い期間とは言えないので、あらかじめ準備し、ライフサイクルの時期によって戦略も、マーケティング施策も変えることが必要です。

たとえば、導入期の赤字を持ちこたえる財務戦略、成長期の需要急拡大に備える生産計画なども必要になります。

また、製品戦略は、新製品の開発だけでなく、たとえば味の違う製品を開発して製品群を形成したり、本来は加熱せず使うことの多い調味料のポン酢で煮物を作る提案をしたりなど、様々考えられます。

導入期のマーケティング施策としては、収益がまだ赤字です。それでも製品の認知度を上げるための広告など、販売促進は続けなければなりません。

成長期になると製品の売上は増えますが、一般的に価格は安くなります。

競合の製品も増えてくるので、たとえば製品を改良して種類を増やし、選択の幅を広げる戦略などが考えられるでしょう（製品群ブランド→P147）。

成熟期はシェアも安定し、買換え需要が中心です。市場での価格はさらに下がるので、卸売価格を下げるなどの施策が必要になります。

この時期に、製品の新しい用途を提案できれば、ライフサイクルを延ばせるかもしれません。

衰退期には、販売予算も縮小されます。利益が少ない製品は思い切って撤退し、あらかじめ準備しておいた新製品に切り替えるなどの決断も必要になります。

ライフサイクルに応じた戦略と施策

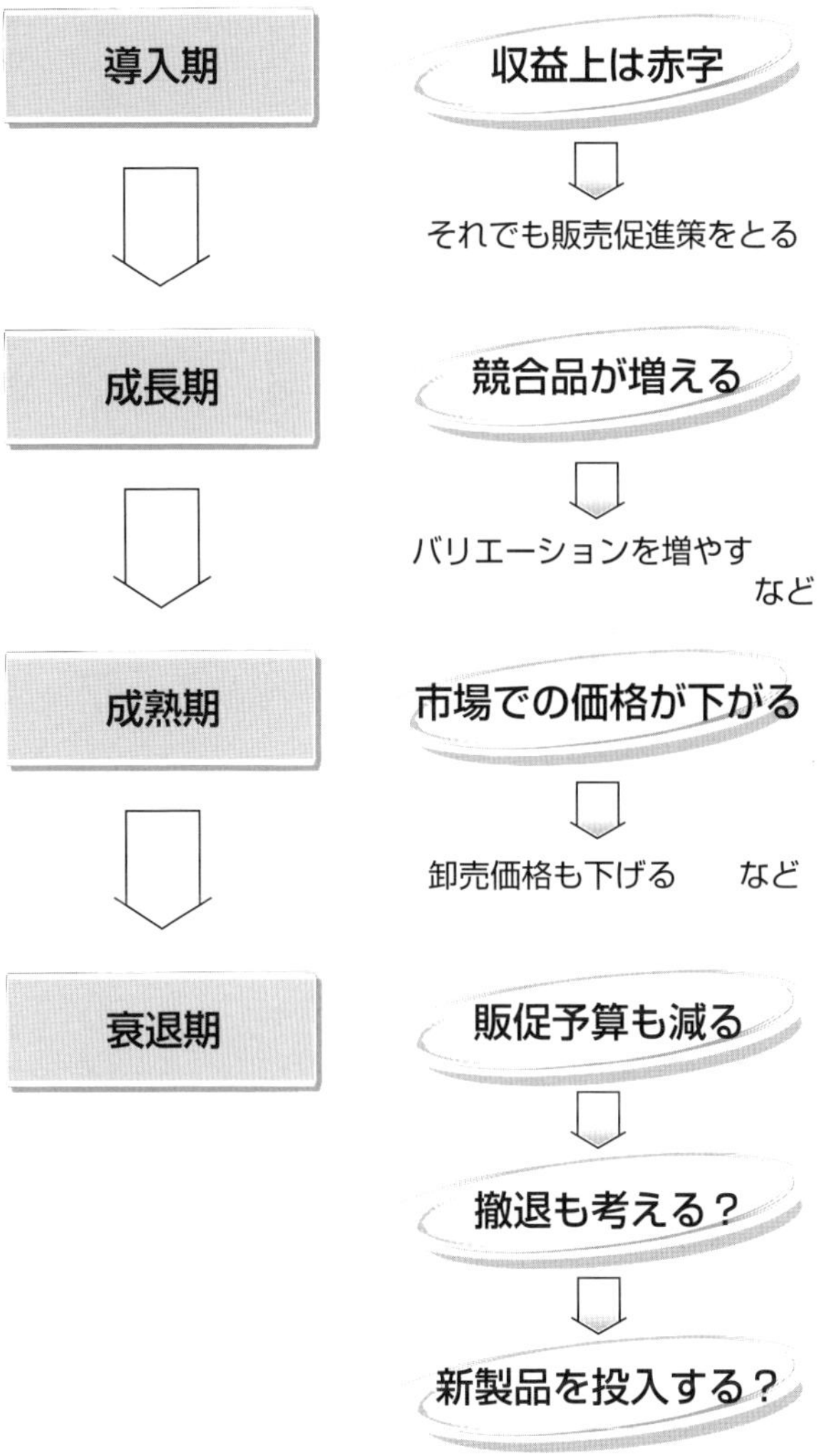

導入期
収益上は赤字
それでも販売促進策をとる
成長期
競合品が増える
バリエーションを増やす　など
成熟期
市場での価格が下がる
卸売価格も下げる　など
衰退期
販促予算も減る
撤退も考える？
新製品を投入する？

製品戦略は新製品の開発だけでなく、衰退期の撤退まで視野に入れて立てる

7 製品の価格設定は、どんな段階を踏んで行なうか？

価格設定の目的から価格設定の方法まで、6つの段階で行なう

◆**価格は、どんな製品かを市場に伝える**

マーケティングの4Pの2番目は、価格（プライス）のPになっています。

価格戦略は非常に重要です。なぜなら、他の3つのP、製品、流通、プロモーションは、コストを生み出すだけですが、**適切な価格設定は収益を生み出すからです**。

逆に言えば、価格戦略を誤ると会社は収益を得られません。要するに、安すぎる価格設定をすると、赤字になるということです。

また価格は、どんな製品であるかを市場に伝えるメッセージにもなります。高い価格設定は高級品だと思わせるし、低い価格設定だとそれなりの製品と見られます。

高級品なのに、安すぎる価格設定をすると、安物だと思われてしまうわけです。

◆**価格設定の目的は正確に！**

左の図は、フィリップ・コトラーが示した価格設定のための6段階です。①から⑤までのどの段階が欠けても、⑥価格設定を適切に行なうことができません。

たとえば、①価格設定を行なう目的が明確でないと、そもそもの価格設定を行なう意味がなくなることがあります（↓次項）。

また、②製品の需要と③製品提供のコストがわか

製品の価格を設定する6段階

①価格設定の目的を明確にする
↓
②価格に応じた需要を予測する
↓
③製品を提供するコストを見積もる
↓
④競合他社の価格を分析する
↓
⑤価格設定の方法を決める
↓
⑥製品の価格を設定する

どれひとつ欠けても利益が上がる適切な価格設定はできない

らないと、利益を上げる価格設定ができません。

利益は、売上からコストを引いた残りですから、売上（需要）とコストがわからないことには、利益も予測できないわけです。

さらに、④競合他社の価格を知らないと、価格面での競争に負けることになります。

そして、⑤価格設定の方法には、いろいろな考え方に基づくものがあります。

たとえば、自社の利益を最優先する考え方、顧客の需要を考慮して決める考え方、競合他社との競争を意識した考え方などです（↓P190）。

そのような価格設定の方法を知った上で、①から④を考慮し、価格設定の方法を決めなければなりません。

以上のような①〜⑤の段階を踏んだ上で、⑥実際の製品の価格を設定することになります。

8 まず最初に明確にする価格設定の目的とは？

価格設定の主な目的としては、5つのものが考えられる

◆「生き残り」と「最大経常利益」とは？

価格設定を行なうには、まず価格設定の目的を明確にします。

会社が独自の目的を決めてもよいのですが、一般的に主なものは、**「生き残り」「最大経常利益」「最大市場シェア」「最大上澄み吸収」「製品品質のリーダーシップ」**の5つです。

まず「生き残り」とは、非常に切迫した目的ですが、会社が破綻の危機など、厳しい状況に置かれている場合に選択する目的です。

その価格設定により、売上が最低限、固定費を含めてコストをカバーできれば、会社は破綻をまぬがれます。ただし、あくまでも短期的な措置です。

次に「最大経常利益」は、会社の経常利益の増減をモノサシにして価格設定を行なうものです。

一般に、価格が上がると需要が減り、価格が下がると需要が増えるものですが、どの価格でどれだけの需要が見込まれるかを予測し、経常利益が最大になるポイントの価格を設定します。

◆シェアを優先する「市場浸透価格設定」

直近の利益より、市場シェアを押さえて将来的な利益を狙う場合は「最大市場シェア」が目的です。この場合、**「市場浸透価格設定」**とも呼ばれます。

要するに、利益も出ないような思い切った低価格によって、競合他社が参入する前に市場シェアを押さえる戦略です。

大きなシェアを押さえれば大量生産が可能になり、生産コストと流通コストが下がって、利益が出るようになります。

競合他社が参入を検討するころには、その大きなシェアが参入障壁（↓巻末）になって、参入をはばむわけです。

◆「上澄み吸収価格設定」は最初から利益を確保！

市場浸透価格設定とは逆に、高い価格を設定して利益を狙う価格設定もあります。この場合、「最大上澄み吸収」を目的とし、「上澄み吸収価格設定」と呼びます。

上澄み吸収価格設定では、導入期に比較的高い価格設定を行なうので、ターゲットは高所得者層です。この時点で、高価格・高品質の製品というブランド・イメージができます。

また、高所得者層をターゲットに高価格を設定しているので、当初から利益を回収することが可能です。つまり、安くないと買ってくれない市場の下のほうでなく、高くても買ってくれる市場の「上澄み」をターゲットにするわけです。

上澄み吸収価格設定は、そこにとどまるものではありません。

後発の競合他社が参入して、売上が下がってきたら、徐々に価格を下げます。当初から利益を確保し、開発コストなどもある程度、回収しているからこそできることです。

すると、それまで手が届かなかった層も顧客になり、競合他社を退けて売上回復が可能になります。

5つ目の「製品品質のリーダーシップ」は、利益やシェアに関係なく、品質で業界のリーダーになるというのが目的です。

高い品質を実現するにはそれなりのコストがかかりますから、そのコストをまかなえるだけの価格を設定することになります。

9 製品の価格設定は安ければよいのか?

「価格弾力性」しだいでは値下げしても効果がないことがある

◆「価格弾力性」とはどういうものか?

価格設定で注意したいのは、価格と売行きの関係です。一般的には、価格が低いほうが需要が増える、つまり売行きが伸びます。しかし値下げしても、売行きが変わらない製品もあるものです。

価格の変化によって、その製品の売行き（需要）がどれくらい変化するか、それをあらわす指標を「価格弾力性」または「価格弾性」と言い、左上のような式で計算します。

価格弾力性が高い製品は、左中の図のように、価格を下げるほど売行きが伸びます。しかし、価格弾力性が低い製品は、価格を下げても売行きに変化が少ないわけです。

たとえば、アクセサリーや高級ブランド品は、価格弾力性が高いといわれています。

一方、価格弾力性が低いのは、米や野菜、そのほかの生活必需品です。

◆価格設定で価格弾力性を活用する

価格設定に際しては、価格弾力性に充分注意する必要があります。大きな努力を払って価格を低く抑えても、その努力に見合った売行きが見込めない場合があるからです。

逆に、**価格弾力性が高い製品では、価格を低く抑えることに最大限、注力することが重要**になります。コスト削減などで、できる限り低い価格を実現することが大切です。

価格弾力性が高いほど値下げの効果が大きくなる

$$\text{価格弾力性} = \frac{\text{需要の変化率}}{\text{価格の変化率}}$$

価格弾力性・低

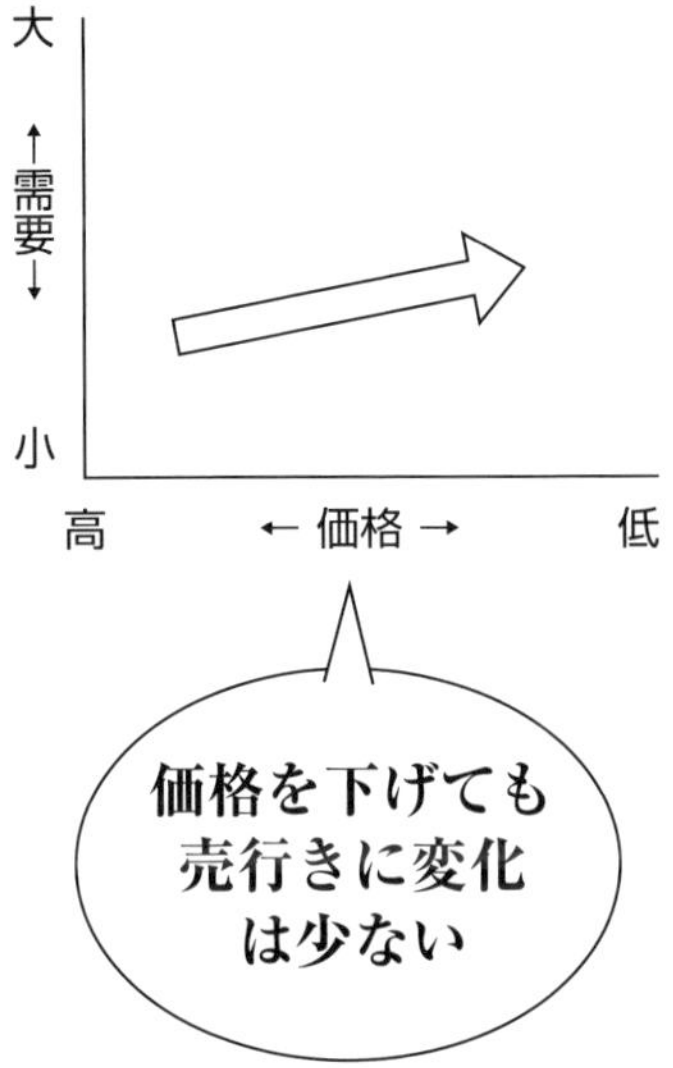

価格弾力性・高

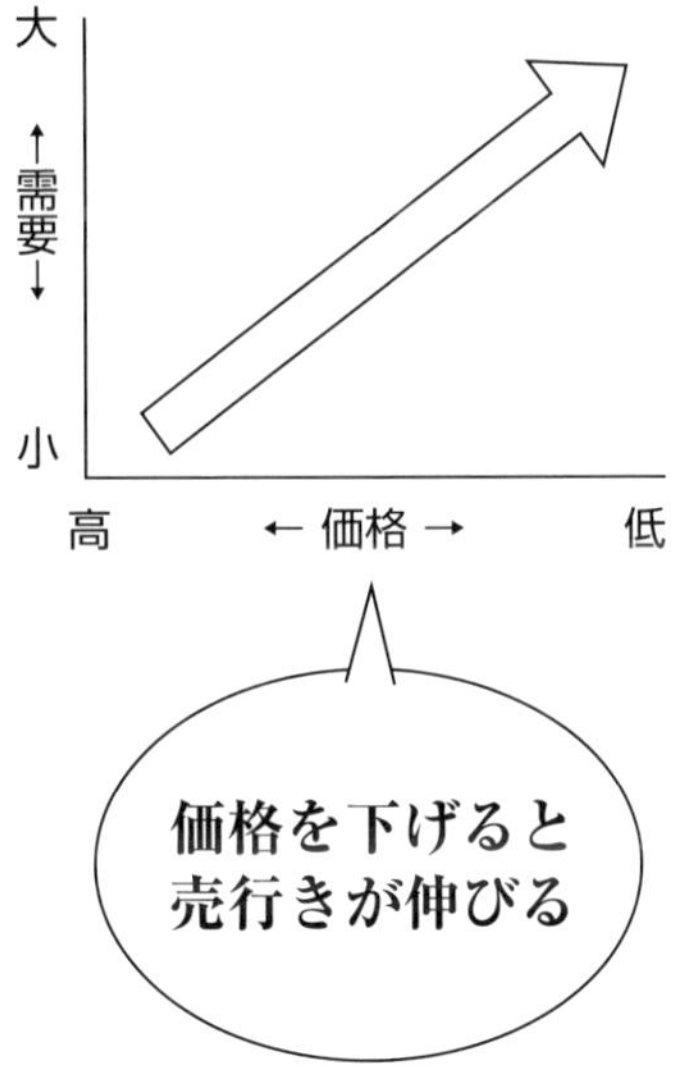

価格弾力性が低いと、努力して値下げしても努力に見合った効果が得られない

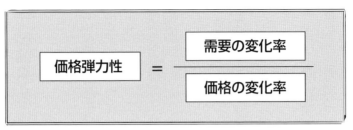

10 価格設定の方法には、どんなものがあるか？

製品などの〝何〟を重視するかで、価格設定の方法も違ってくる

それではここで、価格設定の方法をまとめておきましょう。

価格設定の方法には、利益を上げるためにコストを重視する考え方、売上を上げるために需要を重視する考え方、競合他社との競争を重視する考え方などがあります。

何を重視するかによって、左のような具体的な価格設定の方法があるわけです。

◆コストを重視する価格設定の方法

「マークアップ価格設定」は、コスト重視の考え方そのものです。製品のコストに、自社の利幅を乗せて価格を設定します。

製品コストの代わりに、投資額から一定の収益が上がるように設定するのが「ターゲットリターン価格設定」です。

◆需要や競争を重視する価格設定の方法

需要を重視する方法としては、特殊な分析で顧客の値ごろ感を調べて決める「知覚価値価格設定」、高品質の製品を思い切った低価格にする「バリュー価格設定」があります。

競争を重視する方法は、バリュー価格設定と、競合の価格を基準にする「現行レート価格設定」です。

そのほか、ネットオークションでおなじみになった「オークション価格設定」も、価格設定の方法のひとつになります。

価格設定の方法にもいろいろある

価格を決める要素は、様々ある！

マークアップ価格設定 → コスト重視

製品のコストに自社の利幅（マークアップ）を乗せる

ターゲットリターン価格設定 → コスト重視

目標とする収益（リターン）が得られる価格にする

知覚価値価格設定 → 需要重視

顧客が感じる価値（知覚価値）を分析して決める

バリュー価格設定 → 需要重視＋競争重視

高品質の製品にかなりの低価格（バリュー価格）を付ける

現行レート価格設定 → 競争重視

競合他社の価格（現行レート）を基準に決める

オークション価格設定 → 需要重視

競り（オークション）で価格を決める

コスト重視、需要重視、競争重視の考え方から、いろいろな価格設定の方法が考えられている

Column

「サブスク」と
「ダイナミック・プライシング」

近年、社会的な話題になった価格設定が2つあります。

ひとつは「サブスクリプション」。一定の料金を支払うと、一定の期間、商品やサービスが利用できるという価格設定です。若い世代を中心に、サブスクという呼び方も一般化しています。

音楽や動画の配信サービスから始まり、月額○○円で聴き放題、見放題となるしくみです。その便利さが受けて、服やバッグのレンタル、食材や弁当の宅配、カーシェアリングなどの業界にも広がっています。

もうひとつ話題になったのが、「ダイナミック・プライシング」です。日本語で言えば「変動価格制」、季節や時間帯により価格が変わります。

ホテルや、航空会社の料金では従来から一般的で、オンシーズンは高く、オフシーズンは安い価格設定になっていました。

近年、話題になることが多いのは、スポーツやエンターテインメントの業界で、座席の位置によって価格を変える動きが進んだためです。サッカーJリーグやプロ野球球団、音楽業界などに広がっています。

2023年3月には、JR東日本による「オフピーク定期券」の販売も始まりました。

第6章

「流通戦略」と「コミュニケーション戦略」を立案する

「製品の流れ」（流通チャネル）を押さえ、
さらに広告など、
売るためのコミュニケーション戦略を立案していこう。

1 「流通チャネル」を、どのようにつくるか?

流通戦略の基盤になるのが流通チャネルである

◆「流通チャネル」とはどういうものか?

前章で製品と価格について見たのに続き、流通戦略を見ていきましょう。流通戦略の基盤となるものを「流通チャネル」と呼びます。

チャネルとは、モノや情報など、何かが流れる経路のことです。YouTubeのチャンネルも、映像や音声の信号が流れるのでチャンネル（チャネル）と呼ばれています。

流通チャネルは、顧客に、製品やサービスを見せたり、届けたりする経路のことです。

形としては一般的に、生産者と顧客の間に卸売業者や小売業者など、仲介業者が入ります。ただし、のちほど説明しますが、様々な形があります。

◆流通チャネルに仲介業者が入る理由

では、なぜ仲介業者が間に入るのが一般的になっているのでしょうか。

仮に、3社の生産者から3人の顧客に製品を届けるとして、直接届けようとすると、左の図上のように9つのチャネルが必要です。

ここに、仲介業者が1社入るだけで、チャネルの数は6つに減ります。それだけ流通のコストも削減され、効率的になるわけです。

実際の流通では生産者の数も、顧客の数も膨大ですから、コストも効率も膨大な量が削減できることになります。

このほか次ページ図にあげたような点も仲介業者

が流通チャネルに入るメリットです。

流通チャネルには、いろいろな要素があります。

最も基本的なのは、生産者と顧客の間に何段階の仲介業者が入るかです。

たとえば、生産者が直接、通販を行なっている場

流通チャネルと仲介業者の役割

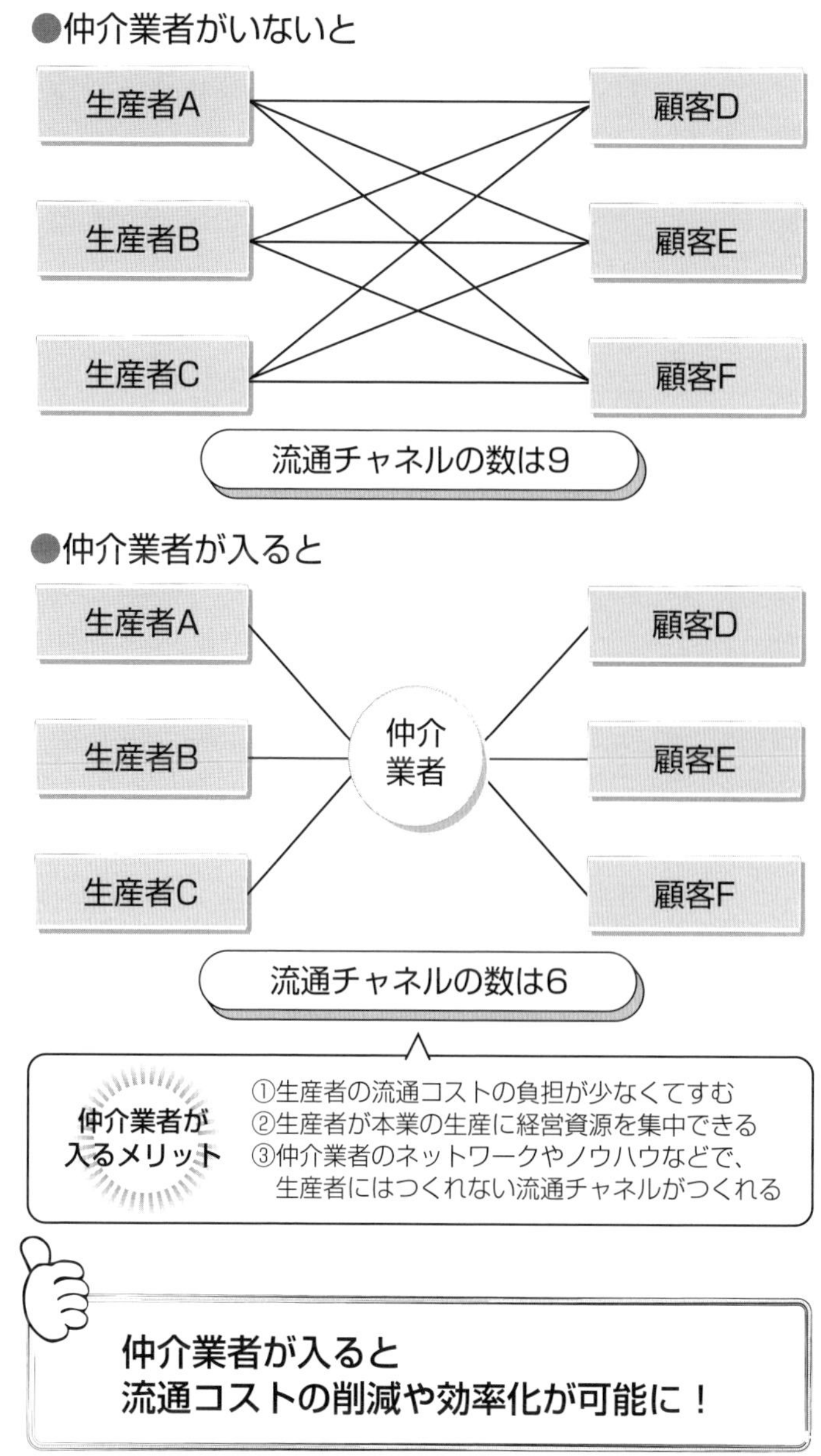
●仲介業者がいないと
生産者A
生産者B
生産者C
顧客D
顧客E
顧客F
流通チャネルの数は9
●仲介業者が入ると
生産者A
生産者B
生産者C
仲介業者
顧客D
顧客E
顧客F
流通チャネルの数は6
仲介業者が入るメリット
①生産者の流通コストの負担が少なくてすむ
②生産者が本業の生産に経営資源を集中できる
③仲介業者のネットワークやノウハウなどで、生産者にはつくれない流通チャネルがつくれる
仲介業者が入ると
流通コストの削減や効率化が可能に！

合などは、顧客との間に仲介業者が入らない「0段階チャネル」になります。

小売業者が入ると「1段階チャネル」、卸売業者も入ると「2段階チャネル」、大卸まで入ると「3段階チャネル」です。

◆「プッシュ戦略」「プル戦略」とは？

これらは、言わば「流通チャネルの長さ」で、プロモーション戦略（コミュニケーション戦略）などに影響を与えることがあります。

たとえば、プロモーション戦略の基本的な分類に「プッシュ戦略」と「プル戦略」があります。

「プッシュ戦略」は、生産者が人的販売（↓P214）などで仲介業者に働きかけ、その仲介業者が顧客に働きかけて、顧客の購入を促すものです。生産者から、プッシュしていく戦略になります。

もうひとつの「プル戦略」は、生産者が広告などで直接、顧客に働きかけるものです。広告に引きつけられた顧客は、仲介業者に注文や要望を出し、仲介業者は生産者に注文を出して、購入につながります。生産者がプル＝引くようにする戦略です。

◆流通戦略とプロモーション戦略

実際のプロモーションでは、どちらか一方だけというケースは少なく、両者をバランスよく使っていくのが普通です。

しかし、流通チャネルが長いと、プッシュ戦略ではそれだけ多くの人的販売など、経営資源を投入しなければなりません。

逆に流通チャネルが短く、プル戦略だと、セールス・フォースなどのコストは少なくてすみますが、顧客向けの広告やプロモーションなどに大きなコストがかかることになります。

このように、**流通チャネルの長さは、プッシュ戦略とプル戦略のバランスなどに影響する**ことがあります。

「流通チャネルの長さ」をどうするか？

●流通チャネルの段階

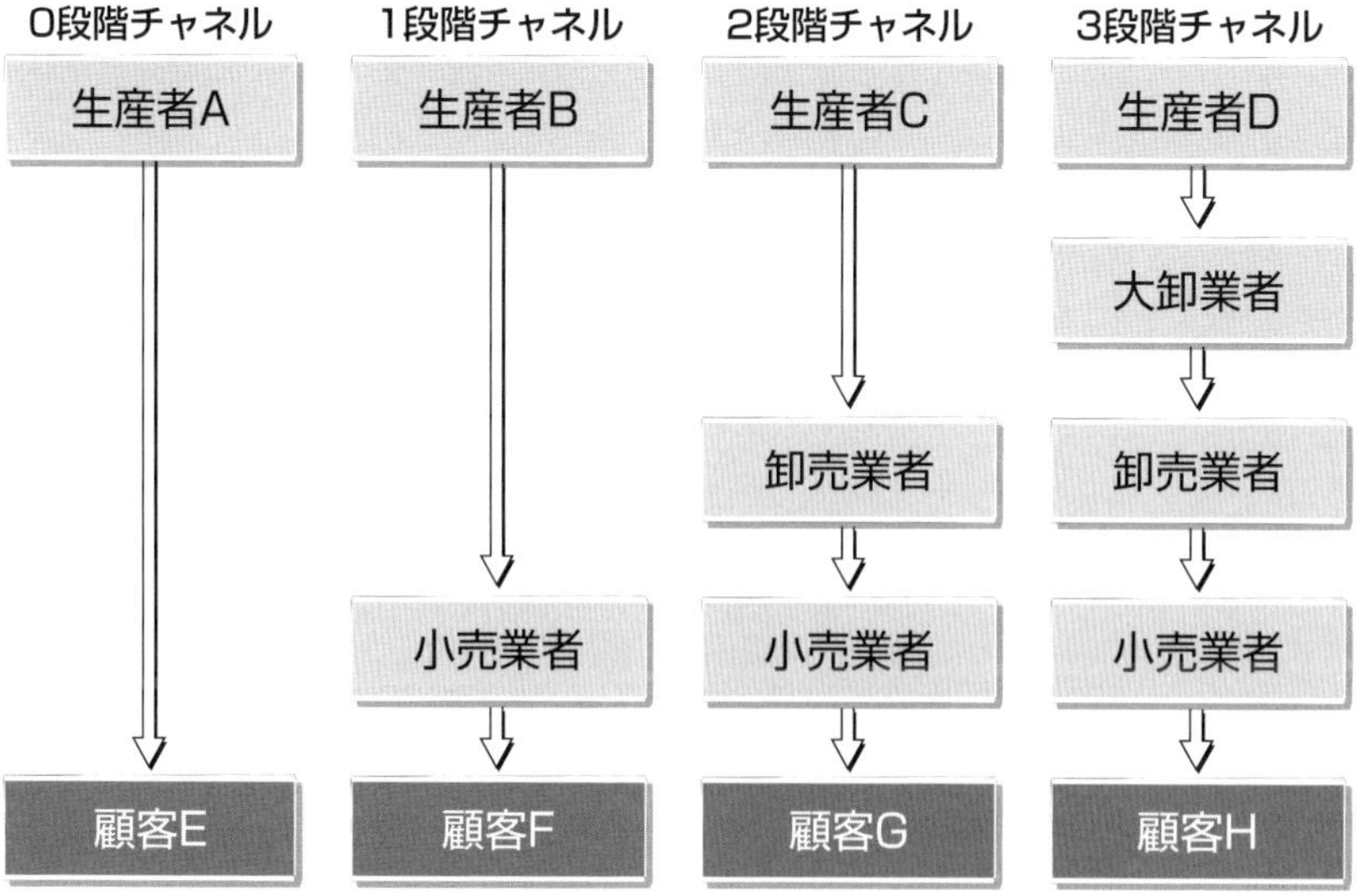

●プッシュ戦略とプル戦略

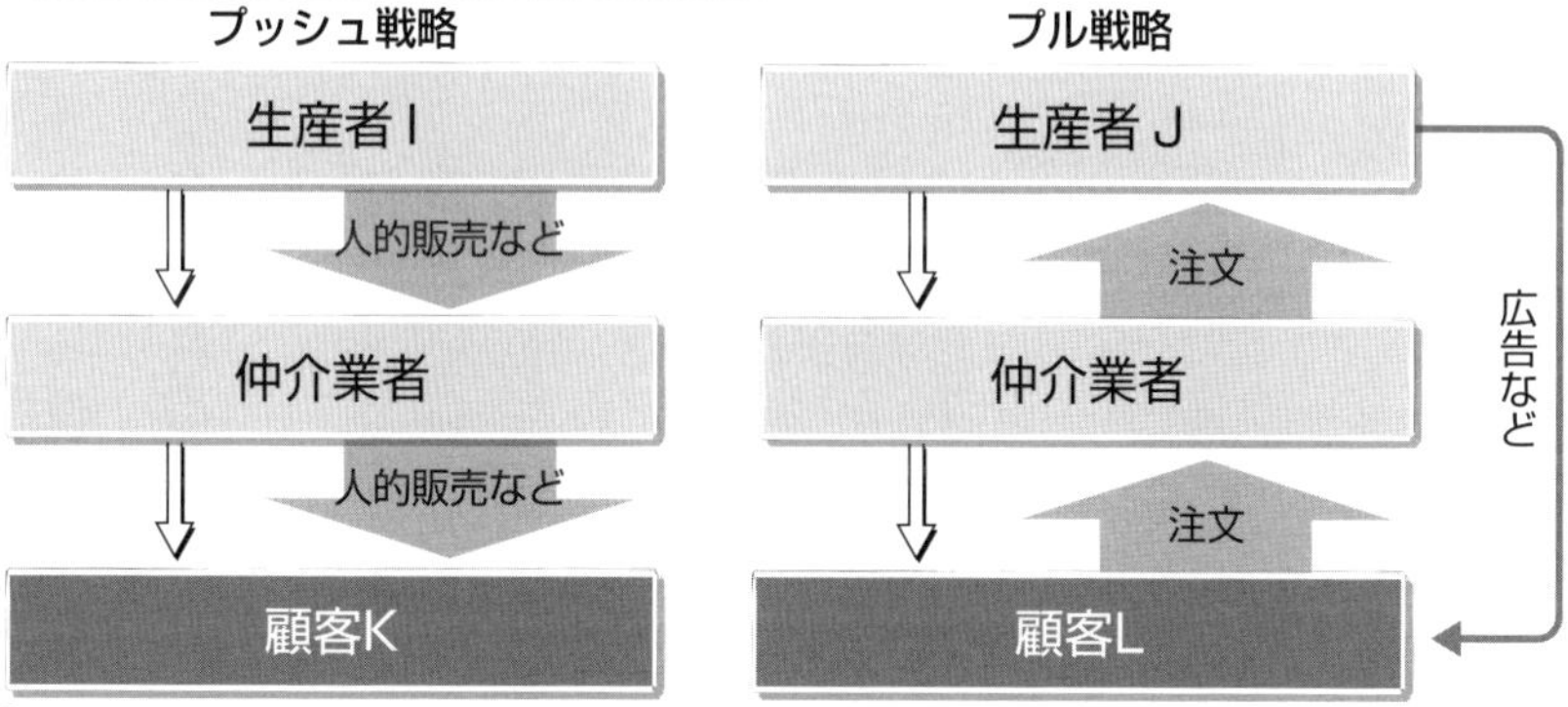

流通チャネルの長さは、プッシュ戦略とプル戦略のバランスなどに影響を与えることがある

2 流通チャネルを「排他的」にするか、「開放的」か？

販売業者を制限するかしないかで、3つの戦略が考えられる

◆「流通チャネルの幅」を考える

流通チャネルの長さは、3段階にとどまりません。業種などによっては、「元卸」「仲卸」「小卸」など、さらに長くなる場合もあります。

こうした流通チャネルの長さとともに、もうひとつ考える必要があるのが「流通チャネルの幅」です。つまり、たとえば1地域に1販売業者というように制限するのか、販売業者を選ばず幅広くするのか、決めなければなりません。

大きく分けると、左の図の3つの流通チャネル戦略を考えることができます。

◆3つの流通チャネル戦略とは？

まず、「**排他的流通**」は、販売業者の数を極端に制限するものです。製品やサービスのブランド・イメージを向上させ、安売り競争などに陥るのを防ぐメリットがあります。

2番目の「**選択的流通**」は、販売業者の数は制限するものの、数社を選定して取引するものです。ある程度、安売り競争も防ぐことができ、排他的流通よりも顧客が製品などを購入しやすくなります。

3番目の「**開放的流通**」では、販売業者を選びません。

できるだけ多くの業者に扱ってもらうので、顧客がどこでも購入できるようになるのがメリットです。

そのほか、左の図のようなメリットもあります。

「流通チャネルの幅」を選択する

排他的流通

販売業者を極端に限定する
たとえば1地域に1社など

メリット

- ブランド・イメージの向上が図れる
- 安売り競争が防げる
- 在庫管理がしやすくなる

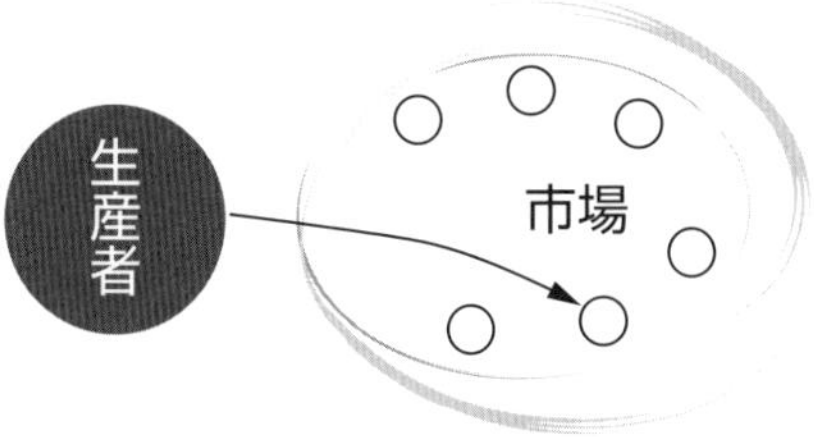

選択的流通

販売業者をある程度、限定する
たとえば販売効率の良い数社を選ぶなど

メリット

- ある程度、安売り競争を防げる
- 在庫管理がしやすくなる

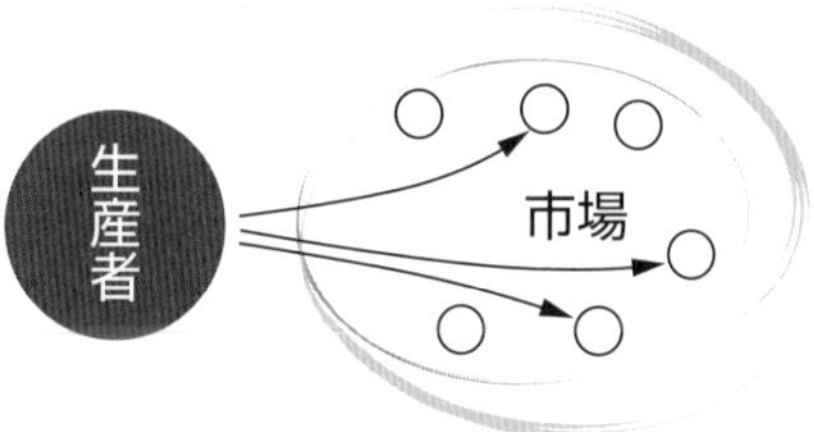

開放的流通

販売業者を限定しない
できるだけ多くの販売業者に扱ってもらう

メリット

- 多くの販売業者が扱っているため、顧客が購入しやすくなる

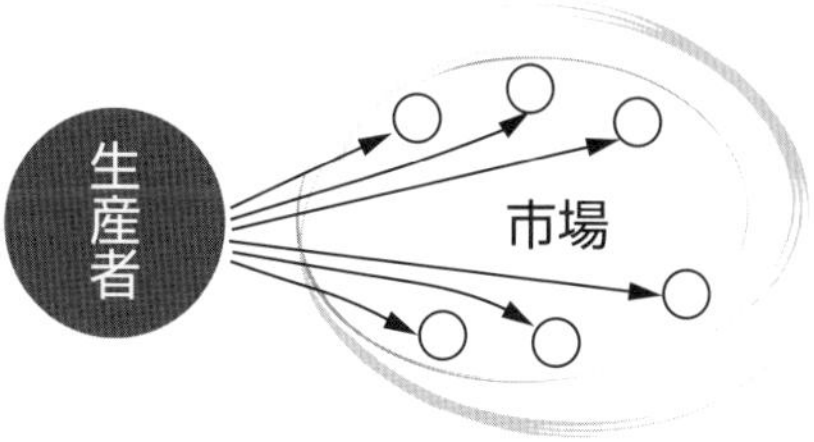

自社に、どの流通チャネル戦略が適するかは、製品やサービス、事業の性質などによって異なる

3 流通チャネルをどうコントロールするか?

「垂直的マーケティング・システム」と「サプライ・チェーン・マネジメント」

◆チャネルは業者の寄せ集めか?

流通チャネル上にある生産者や卸売、小売などの業者は、通常はそれぞれが独立した企業です。当然のことながら、自社の利益を最優先するので、ときには利害が対立します。

たとえ、流通チャネル全体として不利益になっても、各社の利益が優先されるわけです。

これでは効率が悪いので、過去には系列化（↓巻末）なども盛んに行なわれました。

しかし**現在では、チャネルを生産者や仲介業者の寄せ集めではなく、ひとつのシステムとして働かせる考え方が主流**になっています。

それらは「○○マーケティング・システム」と呼ばれ、○○に入るのは「垂直的」「水平的」「マルチ」などです。ここでは、「垂直的マーケティング・システム」について見ておきましょう（他はそれぞれ↓巻末）。

◆「垂直的マーケティング・システム」とは?

垂直的マーケティング・システムは、英語では「バーチカル・マーケティング・システム」、略してVMSとも言います。

生産者から流通の末端である小売までを、ひとつのシステムとしてつくりあげ、システムとして顧客に対応しようという考え方です。

一見、系列化と似ていますが、大きな違いは保護

垂直的マーケティング・システムの3タイプ

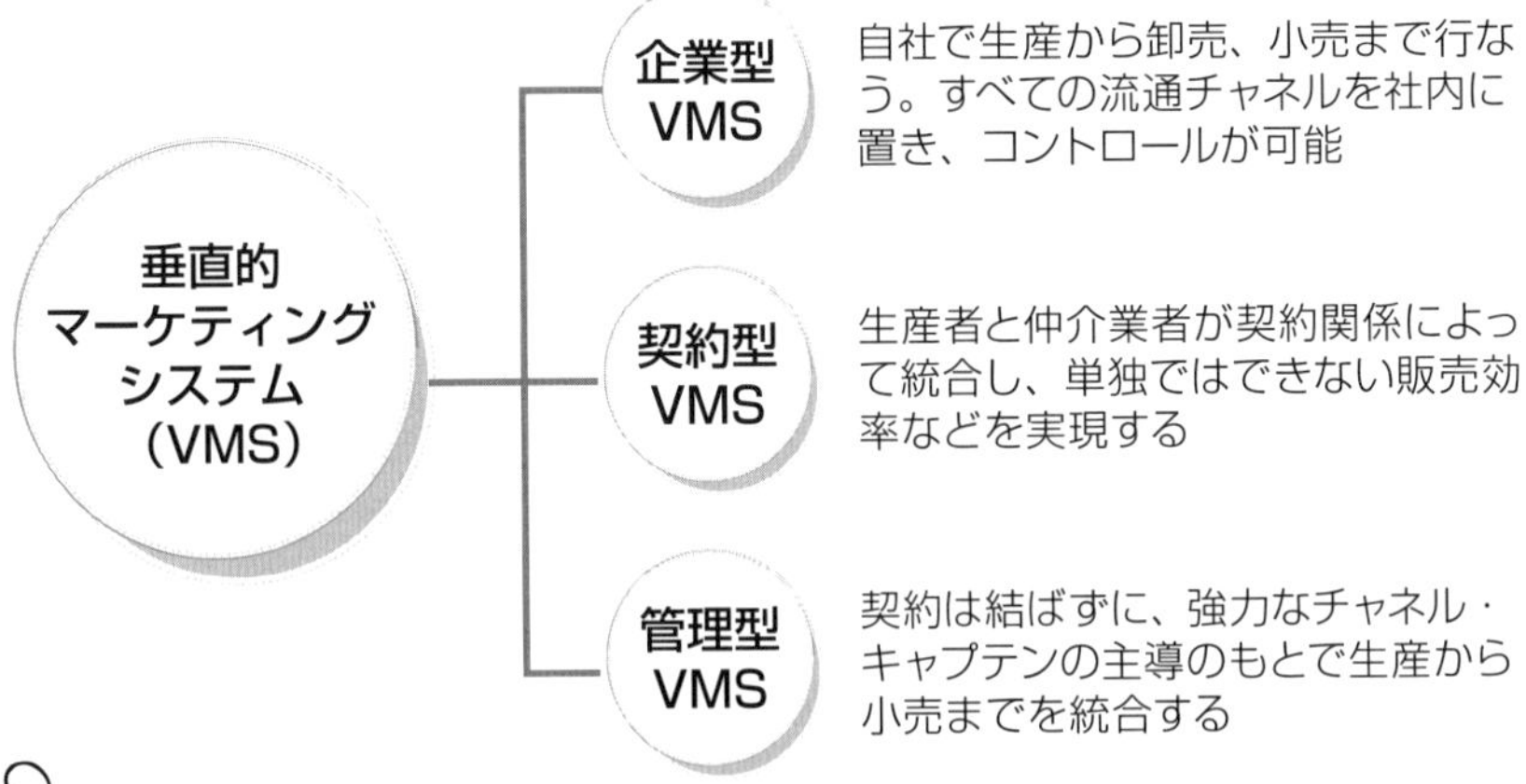
垂直的
マーケティング
システム
（VMS）
企業型
VMS
自社で生産から卸売、小売まで行なう。すべての流通チャネルを社内に置き、コントロールが可能
契約型
VMS
生産者と仲介業者が契約関係によって統合し、単独ではできない販売効率などを実現する
管理型
VMS
契約は結ばずに、強力なチャネル・キャプテンの主導のもとで生産から小売までを統合する

VMSは流通チャネルをひとつのシステムとして、顧客に対応する

主義的なしくみをつくらないことです。

系列化では、他の生産者の製品の販売を制限したり、地域での独占的な販売権を与える代わりに、他の地域での販売を制限したりします。

しかし、VMSではそのようなしくみはつくらず、システム内をよい意味での競争関係に置くことを目指すのです。

VMSには、システムとして統合する方法の違いにより、「企業型VMS」「契約型VMS」「管理型VMS」の3つのタイプがあります。それぞれの特徴は、上の図のとおりです。

とくに管理型VMSでは、チャネルをシステムとして統合し、コントロールする企業は「チャネル・キャプテン」と呼ばれます。チャネル・キャプテンになる企業は、生産者でも、卸売業者でも小売業者でも可です。

◆「サプライ・チェーン」とは何のことか?

垂直的マーケティング・システムもそうですが、従来の流通チャネルは生産者(メーカー)からスタートして、顧客(消費者)に届けるという考え方をしています。

しかし、ビジネスがグローバル化している現在、流通戦略にはより広い考え方が求められているといえるでしょう。

そのひとつが「サプライ・チェーン」です。

流通チャネルは、メーカーから小売までをつなぎ、消費者に届けることを考えています。

それに対し**サプライ・チェーンは、原材料からスタートし、部品、製品ときて流通チャネルにつなぎ、さらに消費者につながるまでを、長いチェーン(連鎖)とする考え方**です。

流通チャネルよりずっと早い段階から始まり、最後は消費者まで巻き込む、長いチェーンになります。

◆多様化する消費者に対応するSCM

流通をサプライ・チェーンと捉え、原材料の供給メーカーから消費者までを対象とする経営管理手法を「サプライ・チェーン・マネジメント」(SCM)と言います。

SCMでは、製品のメーカーは部品のメーカー、さらに原材料のメーカーまで、情報を共有することが必要です。それにより、不要な在庫の削減などが可能になります。

また、VMSとの大きな違いは、消費者を巻き込み、スタート地点としていることです。

たとえば、消費者の注文を受けて、消費者が希望する仕様のパソコンを組み立て、提供するBTO(ビルド・トゥ・オーダー)という販売方式があります。これは、SCMの代表的な例です。

このように、消費者のニーズの多様化に対しても、無駄なく、的確に対応できるという点でも、SCMの必要性は高まっています。

従来の流通チャネル、VMS、SCMを比べると

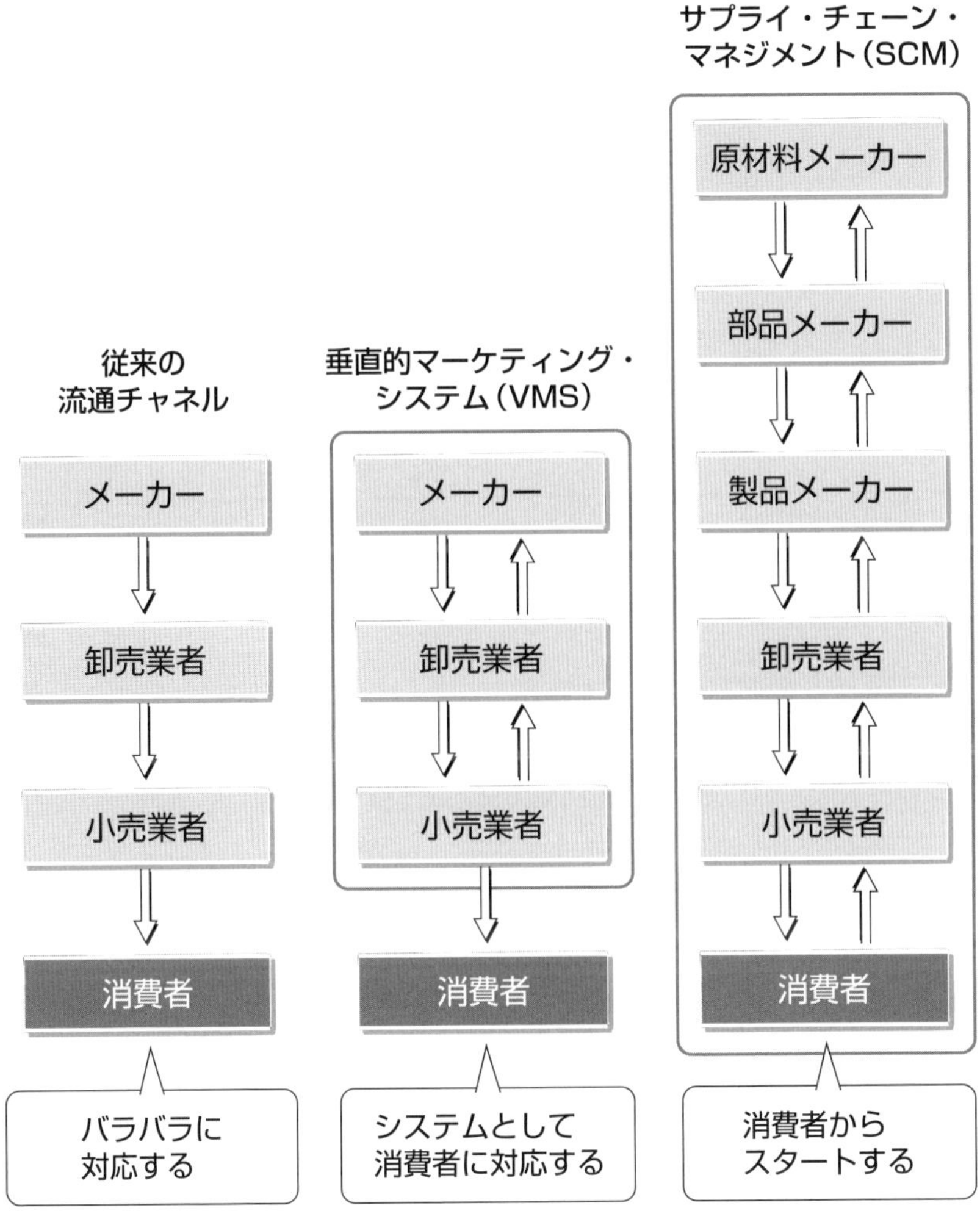

SCMは、流通チャネルを原材料メーカーから消費者までつなぐ長いチェーン（連鎖）と考える

4 広告だけではない「コミュニケーション」の方法

コミュニケーションは「コミュニケーション・ミックス」で考える

◆「コミュニケーション・チャネル」とは？

流通戦略に続いて、コミュニケーション戦略を見ていきます。マーケティングの4Pでは「プロモーション」ですが、これは売り手の立場から見た呼び方です。

顧客の立場からは「マーケティング・コミュニケーション」と呼ぶことも多く、この章でもこちらを採用します。

前項までは流通チャネルを中心に見てきましたが、マーケティングでは一般的に3つのチャネルを考えます。

「コミュニケーション・チャネル」と「流通チャネル」、流通チャネルとは別の「販売チャネル」です。

流通チャネルは、製品やサービスを顧客に見せたり、届けたりするためのチャネルですが、販売チャネルは代金をいただいて、売るためのチャネルになります。

まずコミュニケーション・チャネルですが、これは顧客とコミュニケーションをとるためのチャネル＝経路です。

フィリップ・コトラーによれば、人的（パーソナル）と非人的（ノンパーソナル）に分けることができ、それぞれ左の図のようなコミュニケーション・チャネルがあります。

コミュニケーション戦略では、これらのコミュニケーション・チャネル、コミュニケーションの手段をすべて使うことができます。

「コミュニケーション・チャネル」とは何か？

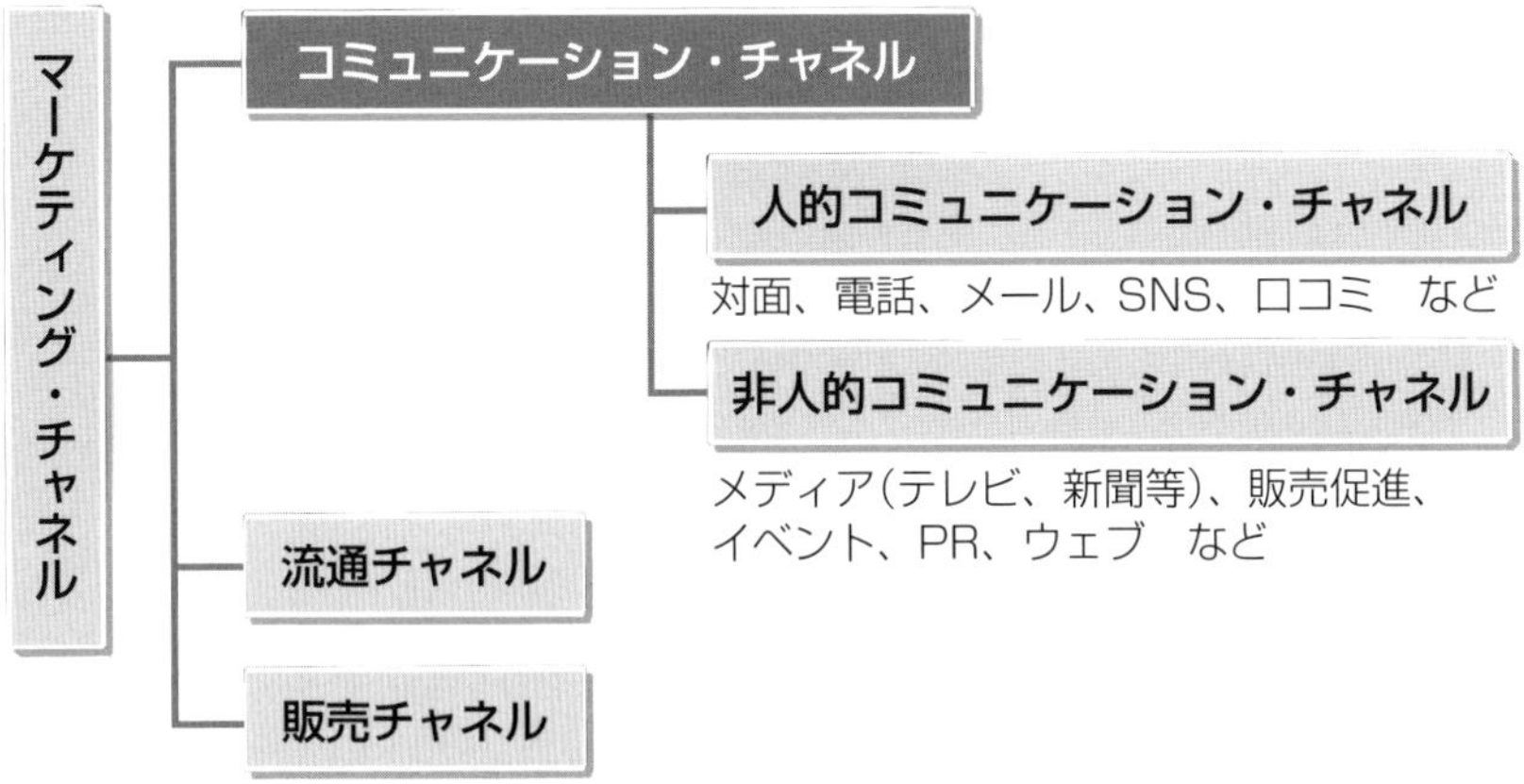

人的、非人的コミュニケーション・チャネルがある

◆「コミュニケーション・ミックス」とは？

コトラーはまた、コミュニケーションの方法として「広告」「販売促進」「PR」「イベントと経験」「人的販売」「ダイレクト・マーケティング」の6つをあげています（↓207ページ図）。

たとえば、広告は代表的なコミュニケーションの方法ですが、手段としては上の図のテレビ・新聞などのメディア、ウェブなどを使うわけです。

同様に、セールス・フォース（人的販売）も重要なコミュニケーションの方法ですが、手段としては対面、電話、メールなどを使うことになります。

なお、以上に加えて「口コミ」（↓巻末）をあげることも一般的です。

では、どのコミュニケーションの方法と、手段を使えばよいのでしょうか。これらの方法と手段は、ひとつに決めねばならないものではありません。

方法と手段を、コミュニケーションの目的に合わせて組み合わせること、組み合わせるものを「コミュニケーション・ミックス」と言います。
コミュニケーション戦略は、どれと決めつけるのでなく、コミュニケーション・ミックスで考えることが大切です。

◆6つのコミュニケーション・ミックスがある

それでは、6つのコミュニケーション・ミックスをザッと見ていきましょう。

「広告」は、テレビや新聞などで有料の宣伝をする、おなじみの方法です（↓P208）。

2021年には初めて、WebやSNSを使ったインターネット広告費が、いわゆるマスコミ4媒体の広告費を金額ベースで上回っています。

次に**「販売促進」**とは、製品の試用や景品付きの販売などで売上のアップを図る方法です。

英語では「セールス・プロモーション」と言います（↓P210）。

図に「PR」とあるのは、「パブリック・リレーションズ」の略です。日本語では「広報」などと言われます。

マスコミに新製品やイベントの情報を流して、無料で記事に扱ってもらったり、広く一般向けに広報誌を発行したりする活動です（↓P212）。

「イベントと経験」は一見、わかりにくいかもしれません。スポーツの大会や、展覧会など文化的な催しなどに、スポンサーとして参加するのが「イベント」です。

イベントの名称にスポンサーの名前が付いた、いわゆる「冠《かんむり》イベント」がおなじみでしょう。

また、工場見学ツアーを開催したり、社会貢献活動に協賛したりするのが「経験」です。

イベントと経験は、企業やブランドの認知度・好感度を高め、一流企業のイメージを形づくるなどの効果があります。

6つの「コミュニケーション・ミックス」

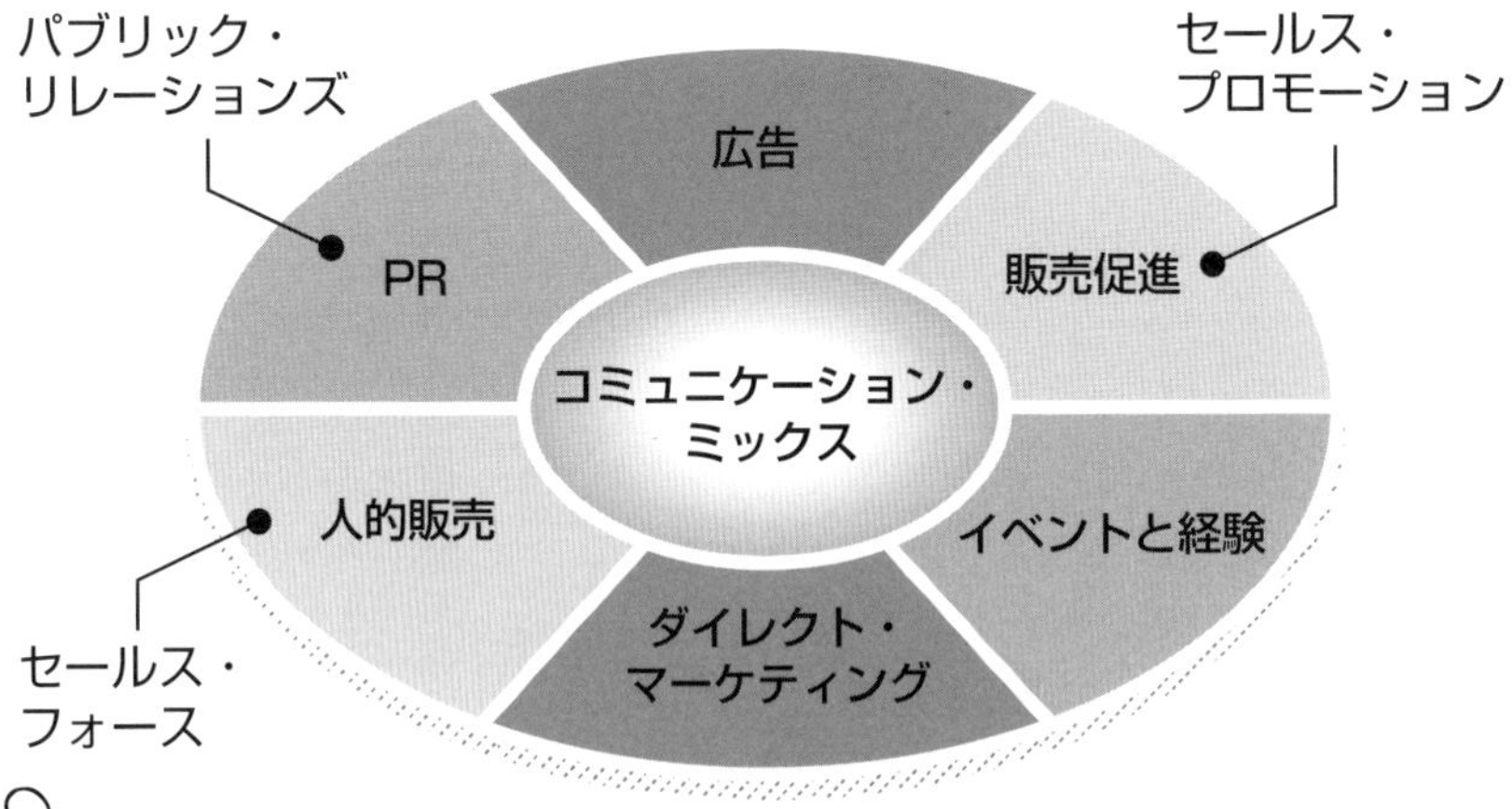

コミュニケーション・ミックスとして「口コミ」を加えることもある

「セールス・フォース」は、直訳すれば販売部隊のことですが、日本語では「人的販売」とするのが一般的です。

営業担当者や販売員など、「人」による直接のコミュニケーションを言います（↓P214）。

6つ目の**「ダイレクト・マーケティング」**は、顧客個人に向けてダイレクトに働きかけるコミュニケーションの総称です。

郵便によるダイレクト・メールや、電話を使ったテレ・マーケティング、カタログを利用するカタログ・マーケティング、近年ではWebマーケティングなどの方法があります。

ダイレクト・マーケティングのメリットは、販売にかかるコストが低く抑えられることです。顧客にとっても、家にいながら購入できる、購入にかかる時間の節約になるなどのメリットがあります。

5 「広告媒体」はメディア・ミックスで決める

広告媒体の特徴を活かして、違う種類のメディアを組み合わせる

◆広告媒体は大きく分けて3種類ある

広告は、コミュニケーション・ミックスの中でも主要なものです。

広告を載せるものを「広告媒体」とか「メディア」と呼び、大きく分けて左の3種類があります。

「マスコミ4媒体」は、おなじみのテレビ・ラジオ・新聞・雑誌です。

「インターネット広告」には、検索エンジンのリスティング広告やアフィリエイト広告（→P228）など、様々なものがあります。

そのほか、「プロモーションメディア広告」は、屋外広告、交通広告、SP（セールス・プロモーション）広告などのことです。

◆広告媒体はメディア・ミックスが大切

広告媒体にはそれぞれ特徴がありますから、広告を出稿（広告を出すこと）するときには、メディアの特徴を活かして組み合わせることが大切です。

これを「メディア・ミックス」と言います。

たとえばテレビは、インパクトの大きさと、視聴者の多さが特長です。その反面、コストが高く、伝えられる情報量が少ないという短所もあります。

そこで、コストが比較的安いインターネット広告や、情報量が多い新聞と組み合わせるといった、メディア・ミックスを考えることが大切です。

たとえば、インターネット広告の中でも、複数の種類を組み合わせるメディア・ミックスができます。

広告媒体は「メディア・ミックス」で行なう

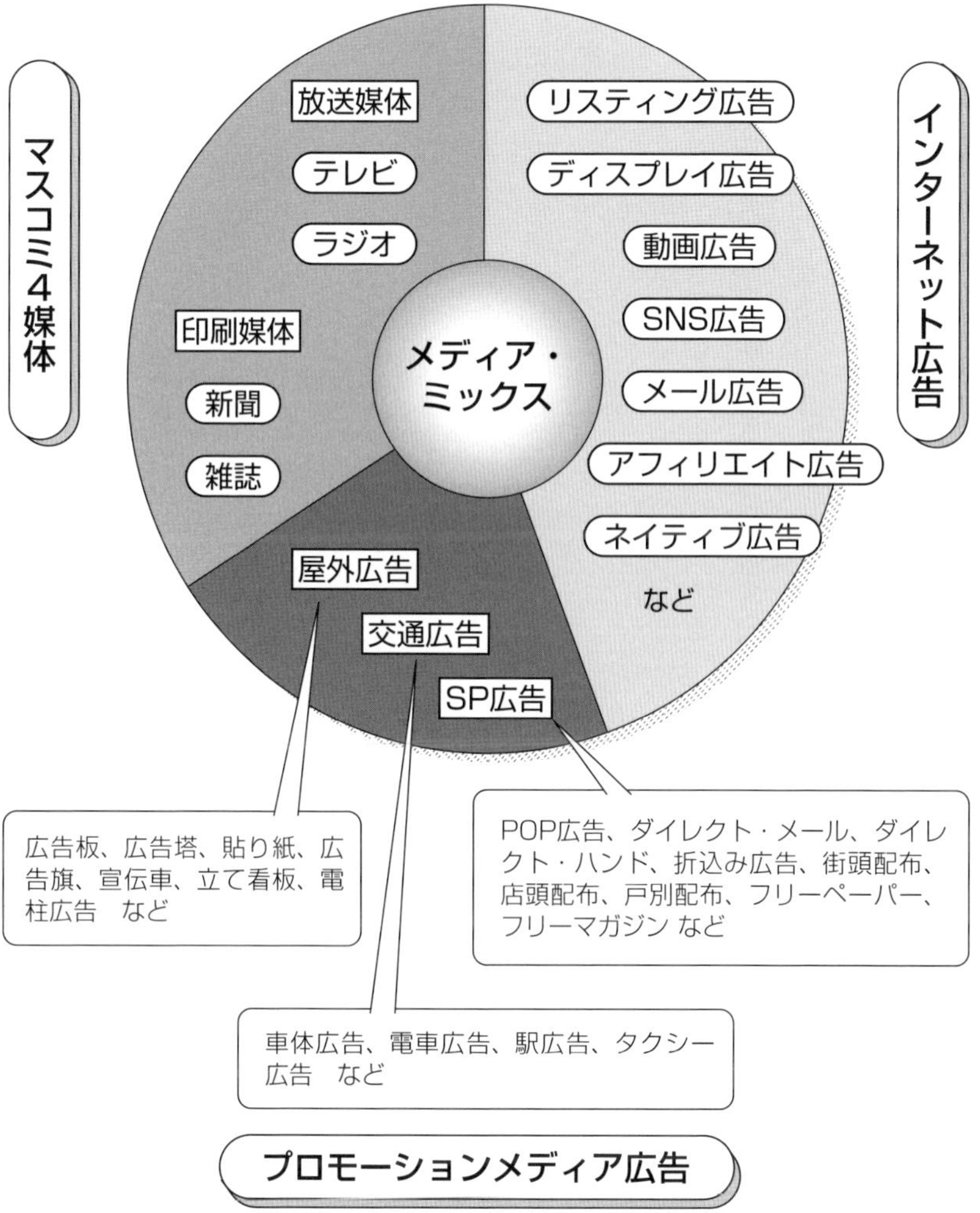

広告媒体にはそれぞれ特徴がある。
広告媒体の特徴を活かしたメディア・ミックスが大切

6 知っておきたい「販売促進」の種類とは？

SP広告とセールス・プロモーション活動がある

◆消費者向け、流通向け、社内向けがある

販売促進には、大きく分けて「SP広告」と「セールス・プロモーション活動」があります。

SP広告は、前ページの図で見たようなものです。ちなみに、図中にダイレクト・ハンドとあるのは、ダイレクト・メールを郵送せずに、手渡しすることを言います。

セールス・プロモーション活動にも、いろいろあります。**大きく分けると左の図のように、消費者向け、流通向け、社内向けの3つ**です。

消費者向けとしては、店頭に製品を展示すること（店頭ディスプレー）や、製品やサービスの実演（デモンストレーション）が基本になります。

そのほか、サンプル（試供品）やクーポン（割引券）、バウチャー（引換券）を配布したり、ポイントの付与（ポイント・サービス）や、代金の割戻し（キャッシュ・バック）も一般的です。

「セールショー」は展示会のことを言います。イベントを開催するのが「イベント・プロモーション」で、イベントに資金を提供するのが「イベント・スポンサーシップ」です。

◆消費者や販売員を刺激する「インセンティブ」

消費者向けでも、オマケなどを付けて購買意欲を刺激するのを「インセンティブ」と言います。景品を付けるのが「プレミアム」で、記念品程度のオマケが「ノベルティ」です。

流通向けのインセンティブ（セールス・インセンティブ）としては「報奨金」や「報奨旅行」、売上の一部を割り戻す「リベート」があります。

「トレードショー」は見本市のことです。「ディーラー・ヘルプス」は流通業者向けに、販促資材を提供したり、販売員教育を行なったりします。

「コンテスト」は、消費者向けの作文コンテストや、流通向け・社内向けの販売コンテストです。

「セールス・プロモーション活動」とは？

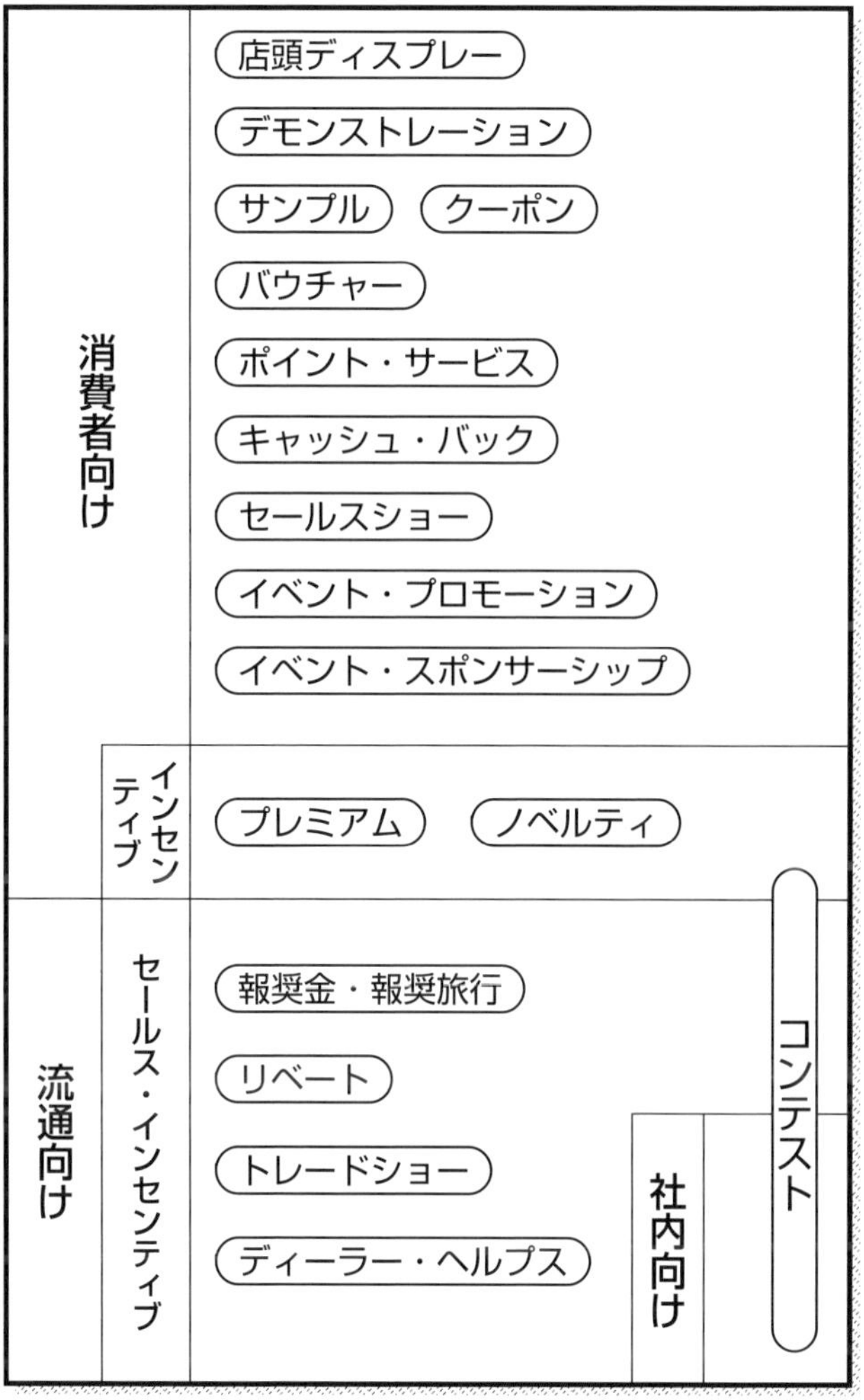

消費者向け、流通向け、社内向けに様々な販売促進活動を行なう

7 「PR」は広告とどこがどう違うのか？

PRは「パブリシティ・リレーションズ」の略で「広報」のことである

◆PRとは何をすることか？

PRは「パブリック・リレーションズ」の略で、日本語では「広報」などと訳されます。広く報じることによって、公共（社会）の信頼や理解、協力をとりつけ、良好な関係を築くための活動です。

たとえば、報道機関に対する情報公開として、報道資料（プレス・リリース）を配信したり、取材を受けたり、記者会見（プレス・カンファレンス）を開いたりします。

また、広報誌を発行したり、社会貢献活動に協力したりするのも、PRの重要な仕事です。このような活動は**「コーポレート・コミュニケーション」**と呼ばれます。

◆有料の広告と無料の「パブリシティ」

コトラーの分類（↓P205）では、PRは正確には「パブリック・リレーションズとパブリシティ」となっています。

「パブリシティ」とはもともと、新聞や雑誌に製品や企業の情報を提供して、記事として掲載してもらうことです。

今日では、テレビやラジオの情報番組やバラエティ番組、Web上のメディア、SNSのアカウントなども含めていいでしょう。

同じメディアに掲載されるのでも、広告料金を支払う広告とは異なり、原則として無料という違いがあります。また、記事として掲載されるので、読者や視聴者の信頼を得やすい点も特徴です。

このパブリシティにも3種類あります。

ニュース性がある新製品情報などを提供するのが「製品パブリシティ」で、今期の業績や役員の人事など、企業の動向を知らせるのが「ニュース・パブリシティ」です。

一方、ファッションやグルメ、料理のレシピその他、読者や視聴者の興味を引きそうな情報を提供するのを「サービス・パブリシティ」と言います。

「パブリック・リレーションズ」とは？

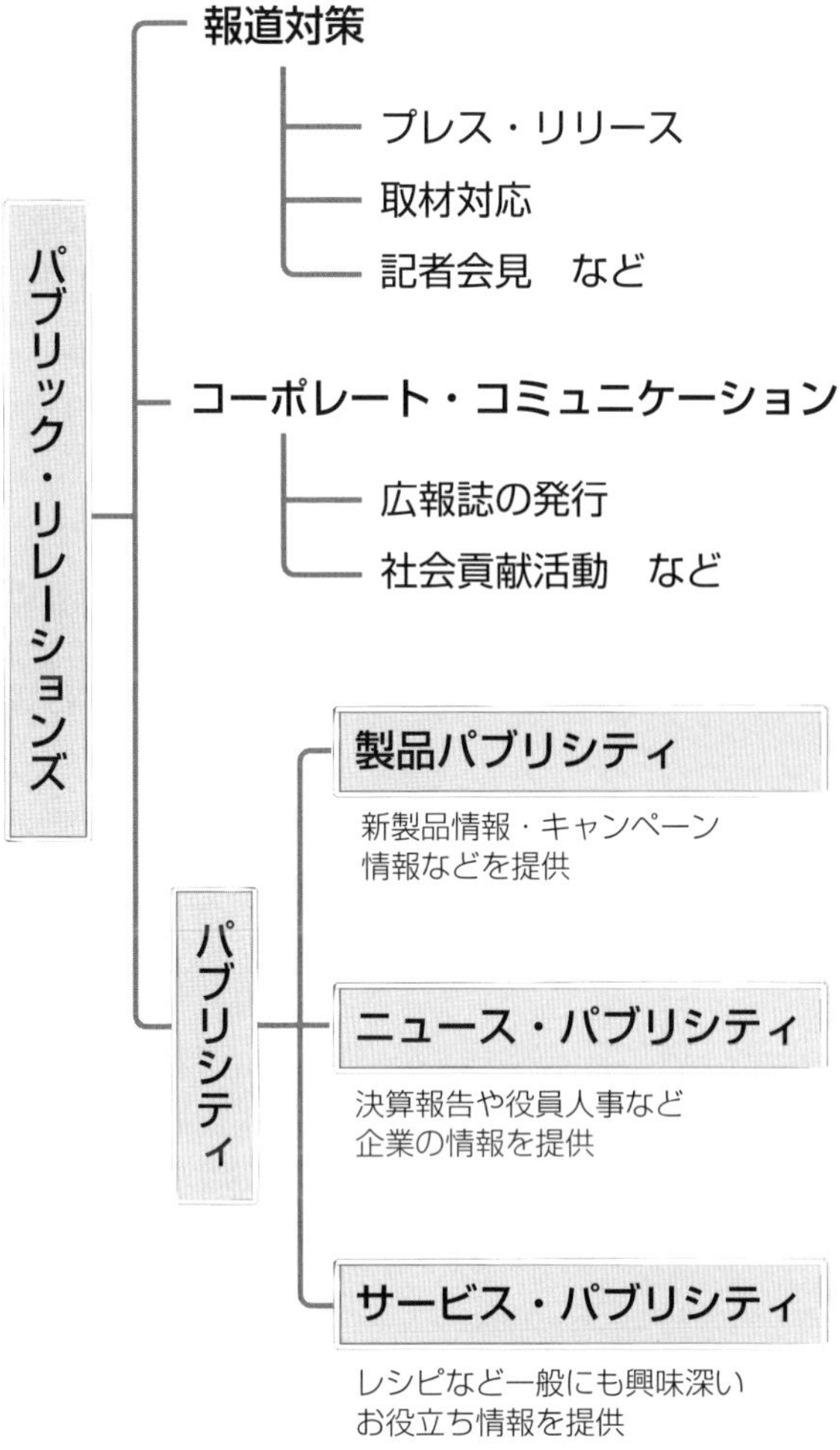

**パブリシティは無料の広告のようなものだが
希望どおりに扱ってもらえるとは限らない**

8 「人的販売」は、なぜ必要なコミュニケーションなのか？

購買プロセスのゴールに近いところで効果を発揮する

◆人的販売は「人」によるコミュニケーション

「人的販売」とは、営業パーソンや販売員など「人」による直接のコミュニケーションです。

個人に向けて、ダイレクトにコミュニケーションをとるという点では、ダイレクト・マーケティング（→P207）と似ていますが、ダイレクト・メールなどと比べると、双方向性がある点が違います。

もちろん、人件費という大きなコストがかかる点も、大きな違いです。

人的販売は、コミュニケーション戦略のゴールに最も近いところに位置すると言えます。

たとえば、AIDMAの法則で考えてみましょう（→P122）。注目（A）・興味（I）・欲求（D）・記憶（M）の段階で効果的なコミュニケーションは、広告やPRでした。

しかし、ゴールである行動（A）の段階になると、効果的なのは販売促進と、それに人的販売です。人的販売は、買うか買うまいか迷っている消費者の背中を、最後にひと押しする役割と言えます。

◆売れるようにならないときにも売れる

また、プッシュ戦略・プル戦略で説明することもできます。

消費者から注文を出してもらうプル戦略で、主に使われるコミュニケーション・ミックスは、広告・PR・販売促進です。

しかし、プッシュ戦略とプル戦略は、バランスよく組み合わせて使うものですから、メーカーから押していくプッシュ戦略が必要になるときは、必ずあります。

そのとき役に立つのは広告やPRでなく、販売促進、そして人的販売なのです。

ピーター・ドラッカーは、マーケティングの目的は「セリングを不要にすること」と言いました（↓P34）。しかしそれは、すべてのマーケティング施策がうまくいった場合の話です。

マーケティングで何かが欠けて、ひとりでに売れるようにならないとき、最後のひと押しで売れるようにするのが人的販売です。

◆人的販売の3つの特徴とは？

フィリップ・コトラーは、人的販売には「対面」「親交」「反応」という、３つの特徴があると言っています。

①対面

顧客と、直接的で双方向性がある交流ができる。

②親交

顧客と、取引上の関係以上の信頼関係が築けることがある。

③反応

対面して話をすると、顧客は簡単に断れない気持ちになる。

このような特徴があることから、人的販売は購買プロセスのゴールに近い段階で効果を発揮するのかもしれません。

ときに取引上の関係以上の信頼関係を築く相手と、直接、双方向のやりとりをし、しかも簡単に断れないと思っているとしたら、ＡＩＤＭＡの法則でいうところの欲求や記憶の段階から行動の段階に移るのは必然と言っていいでしょう。

Column

ネット通販が生んだ長いしっぽ、「ロングテール」

ロングテールとは、商品売上のグラフで、縦軸に販売数量、横軸に商品の品目をとると、販売数量が少ない商品の数が多いために、恐竜のしっぽのように長く伸びることを言います。アメリカの雑誌編集長だったクリス・アンダーソンが、著書の中で指摘しました。

ロングテールが起きるのは、主にネット通販の業界です。リアル店舗では、在庫のスペースに限りがあるため、売上上位の商品しか扱うことができません。

また、商品の品目数と総売上の関係は「20%の品目が80%の売上を上げる」（20対80の法則→巻末）と言われており、扱う品目数が少なくても大きな影響はないとされてきました。

それに対して、ネット通販では広大な流通センターなどを置くため、販売数量が少ない商品も扱うことができます。そして、販売数量が少ない商品でも、膨大な品目数を扱うことで、合計すると売上の大きな割合を占めることがわかったのです。

そこで、ネット通販の売上と品目をグラフにすると、細く（販売数量が少ない）長い（品目数が多い）、ロングテールができたわけです。

第7章

デジタル・マーケティングの基本と実践

IT、インターネット、スマホのアプリ……
これらを駆使するマーケティングが、
これからの時代のマーケティング戦略のひとつになる。

1「デジタル・マーケティング」とはどういうものか？

他のマーケティングにない、デジタルならではの特長がある

◆あらゆる面で「デジタル」を使う

デジタル・マーケティングは、Webマーケティングやメール・マーケティング、SNSマーケティングなどの総称です。あらゆる面で「デジタル」を活用するという特徴があります。

たとえば、デバイス（機器）の面から見ると、スマホやタブレット、パソコンなどの「**デジタル・デバイス**」です。

メディアの面から見ると、Webページやメールを始め、SNSなどの「**デジタル・メディア**」を使用します。

それらの「デジタル・データ」を活用して、様々な「デジタル・テクノロジー」を駆使するのがデジタル・マーケティングというわけです。

◆効果の測定が容易で具体的

「デジタル」を駆使するため、デジタル・マーケティングには、他のマーケティングにない特長があります。

細かく言うとキリがないので、主な特長だけあげると、まず、**マーケティングの効果の測定が簡単で、具体的**です。

通常、マーケティングの効果を測定するには、売上や市場シェアの分析が必要で、ときには特別なリサーチを行なうこともあります。

しかし、デジタル・マーケティングでは、たとえ

デジタル・マーケティングの特長とは？

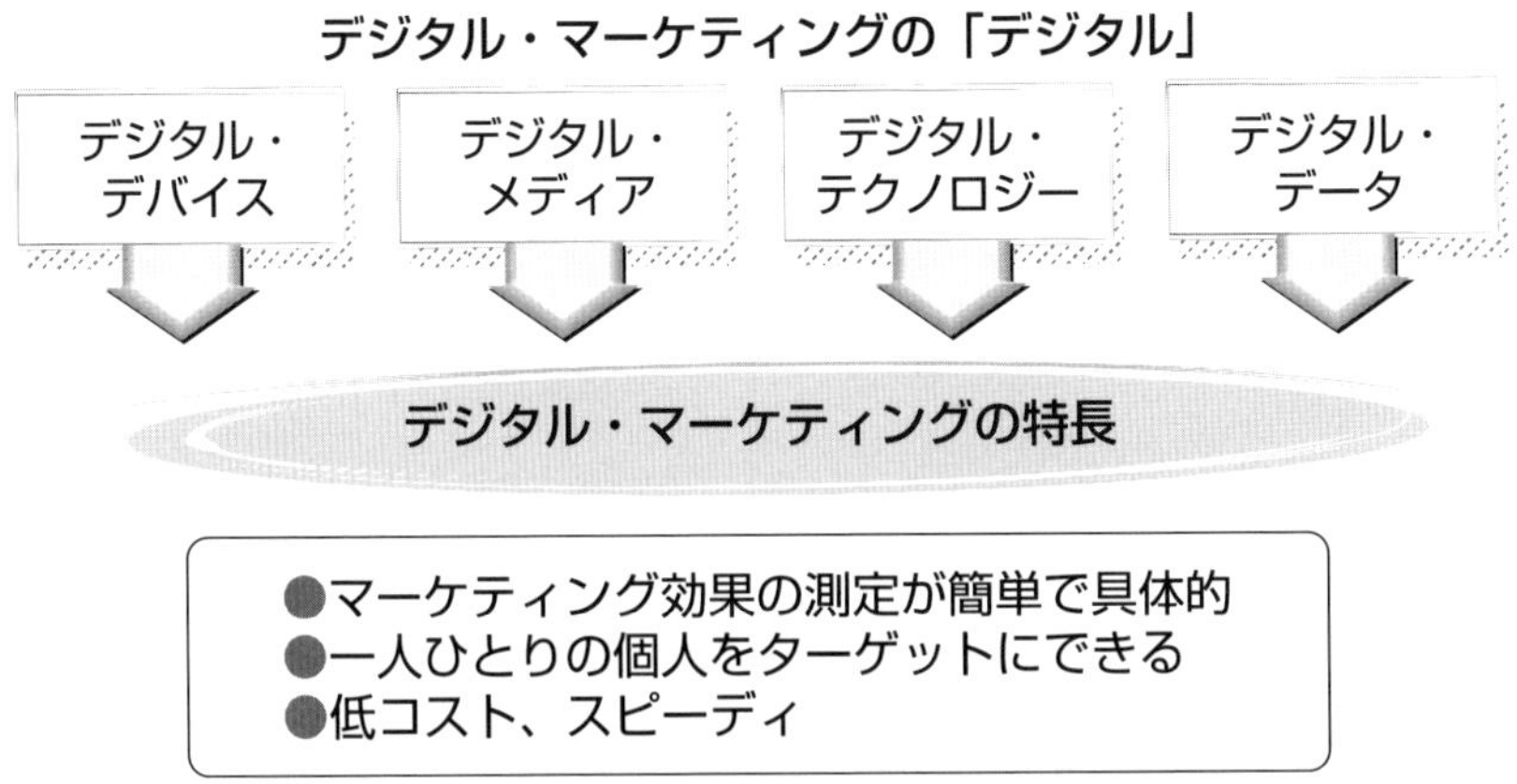
デジタル・マーケティングの「デジタル」
デジタル・デバイス
デジタル・メディア
デジタル・テクノロジー
デジタル・データ
デジタル・マーケティングの特長
●マーケティング効果の測定が簡単で具体的
●一人ひとりの個人をターゲットにできる
●低コスト、スピーディ

4つの「デジタル」から、デジタルならではの特長が見える

ば、アクセスのあった数の何%がサイトの目的（製品購入、会員登録など）まで至ったか、といったデータが、リアルタイムで表示できます（↓P224）。

しかも、ほぼ自動的に数値化された、具体的なデータです。次のマーケティングに、スピーディに活用することができます。

◆一人ひとりの個人をターゲットにできる

もうひとつの特長は、ターゲットを個人のレベルまで絞り込めることです。

たとえば、自社の製品の分野で、ある人が特定のキーワードを検索したとします。すると、検索結果の上位に、自社のサイトが表示されるようにする、といったことが可能です（↓P224）。

検索結果から、その人を自社のサイトに誘導できれば、マーケティングとしては成功です。

もっとも、検索結果の上位に表示されるのは、簡単ではありません。簡単な方法としては、コストはかかるものの、検索結果に自社の広告を表示する方法があります（リスティング広告→P228）。

　また、スマートフォンの場合は位置情報がわかるので、検索結果に近くの自社店舗の広告を表示するといったことも可能です。

　そのほか、**デジタル・マーケティングの施策は一般的に低コスト**という特長があります。Web広告などは少額から始められるし、ホームページなどは低額のサービスが利用可能です。

　また、デジタル・マーケティング施策の多くは、スピーディに実行に移せることも特長と言えるでしょう。Web広告などは、比較的短時間で出稿までこぎ着けます。

◆「アプリ」「動画」マーケティングも

　メディアの面から見ると、インターネットを使ったマーケティングは、長らく「Webマーケティング」と呼ばれることが主流でした。

　しかし**現在では、Webマーケティングはデジタル・マーケティングの一部という位置づけ**です。理由は、ソーシャル・メディアが普及して、Webの範囲に収まらなくなったためです。

　「ソーシャル・メディア」は、正確にはユーザーが情報発信できるメディアの総称で、LINEやX（旧ツイッター）などのSNSのほかに、ブログなども含みます。

　また、近年、重要視されているのが、スマホなどの「アプリ・マーケティング」です。さらに、5Gの一般化で「動画マーケティング」も一大ジャンルになっています。

◆よく使われるマーケティング手法は？

　一方、マーケティングの手法として見ると、デジタル・マーケティングでよく使われるのが**「コンテンツ・マーケティング」と「インバウンド・マーケティング」**です。

デジタル・マーケティングのいろいろ

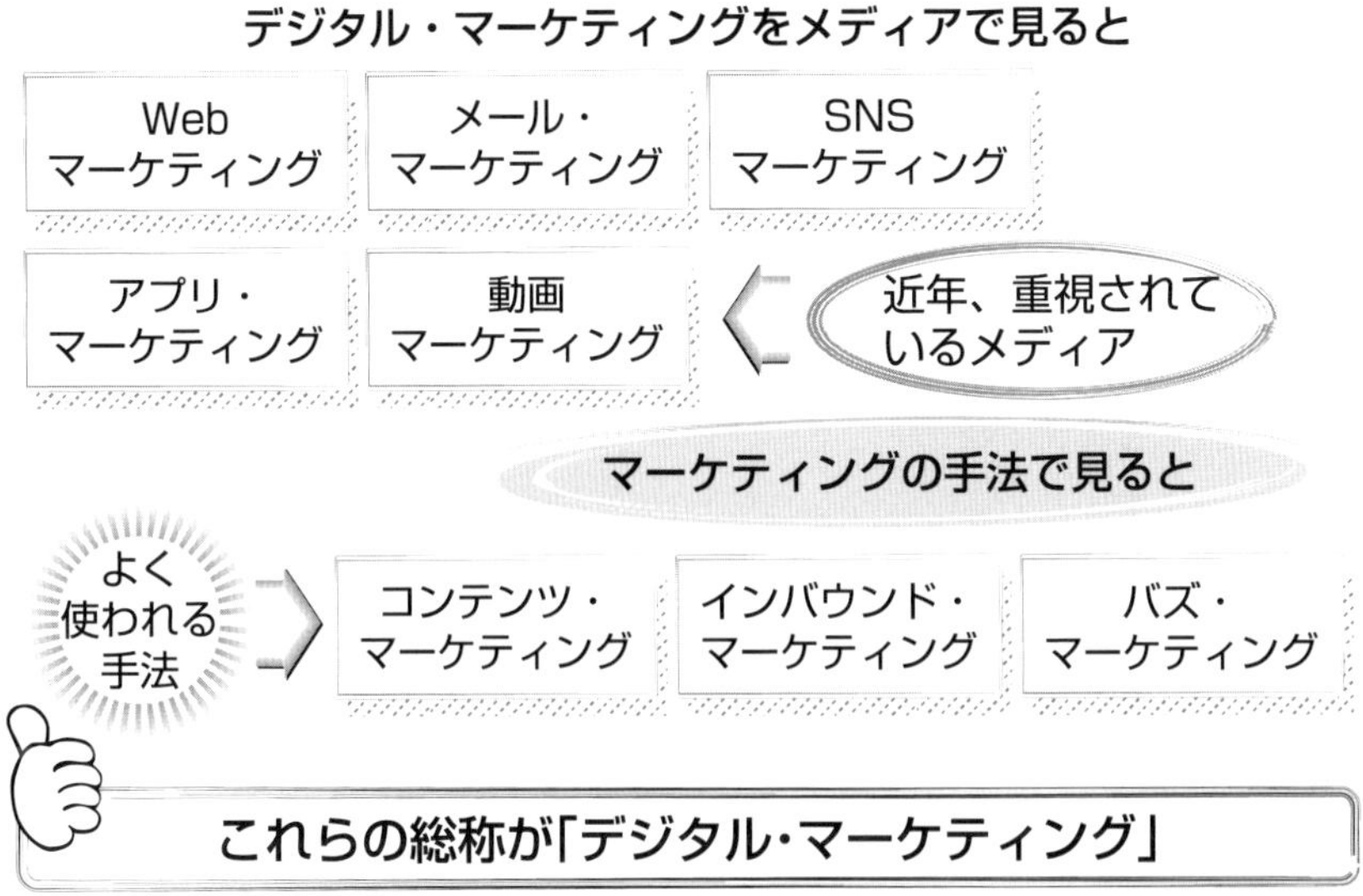

コンテンツ・マーケティングは、発信する情報の中身（コンテンツ）を最重要視します。

広告などで一方的に情報を流すのではなく、顧客にとって有益な情報をWebなどで発信し続け、検索エンジンなどで「見つけてもらう」マーケティングです（↓P234）。

そして、見つけてもらった後、インバウンド・マーケティングは顧客になってもらうこと、さらにリピーターになってもらうことを目指します。

コンテンツ・マーケティングはWebページが中心ですが、インバウンド・マーケティングは顧客・リピーターのために、メールマガジンや、オンライン・セミナーなども利用するのが特徴です。

このほか、「バズる」という言葉を一般化させた「バズ・マーケティング」（↓巻末）も、デジタル・マーケティングでよく使われます。

2 「Webマーケティング」では何をするのか？

流入を増やし長く滞在してもらって、離脱後はリピーターになる

◆検索エンジンからの流入を増やす「SEM」

デジタル・マーケティングは当初、Webマーケティングから始まりました。歴史が長いだけに、様々な技術が開発され、SNSやアプリでも利用されているものがあります。

主要なポイントを見ておきましょう。

Webサイトにユーザーが入ってくることを「流入」と言いますが、流入の経路は主に、検索エンジン、広告、ソーシャル・メディアの3つです。

検索エンジンからの流入を増やすには、SEM（サーチ・エンジン・マーケティング→P224）という手法が重要になります。

また、Webマーケティングで広告と言うと、各種のデジタル広告（→P228）と思いがちですが、マスコミに載せる広告も、流入を増やすのに役立ちます。

たとえば、テレビや新聞の広告でときどき見かける「詳しくは○○を検索」という方法です。

ソーシャル・メディアからの流入としては、SNSのほか、企業ブログ（→巻末）などがあります。

◆流入したら「LPO」「EFO」

流入があって、訪問者が最初に見るページを「ランディング・ページ」と言いますが、これを魅力的で、わかりやすいものにするのが「LPO」（ランディング・ページ最適化）です。流入した訪

ウェブ・マーケティングで行なうこと

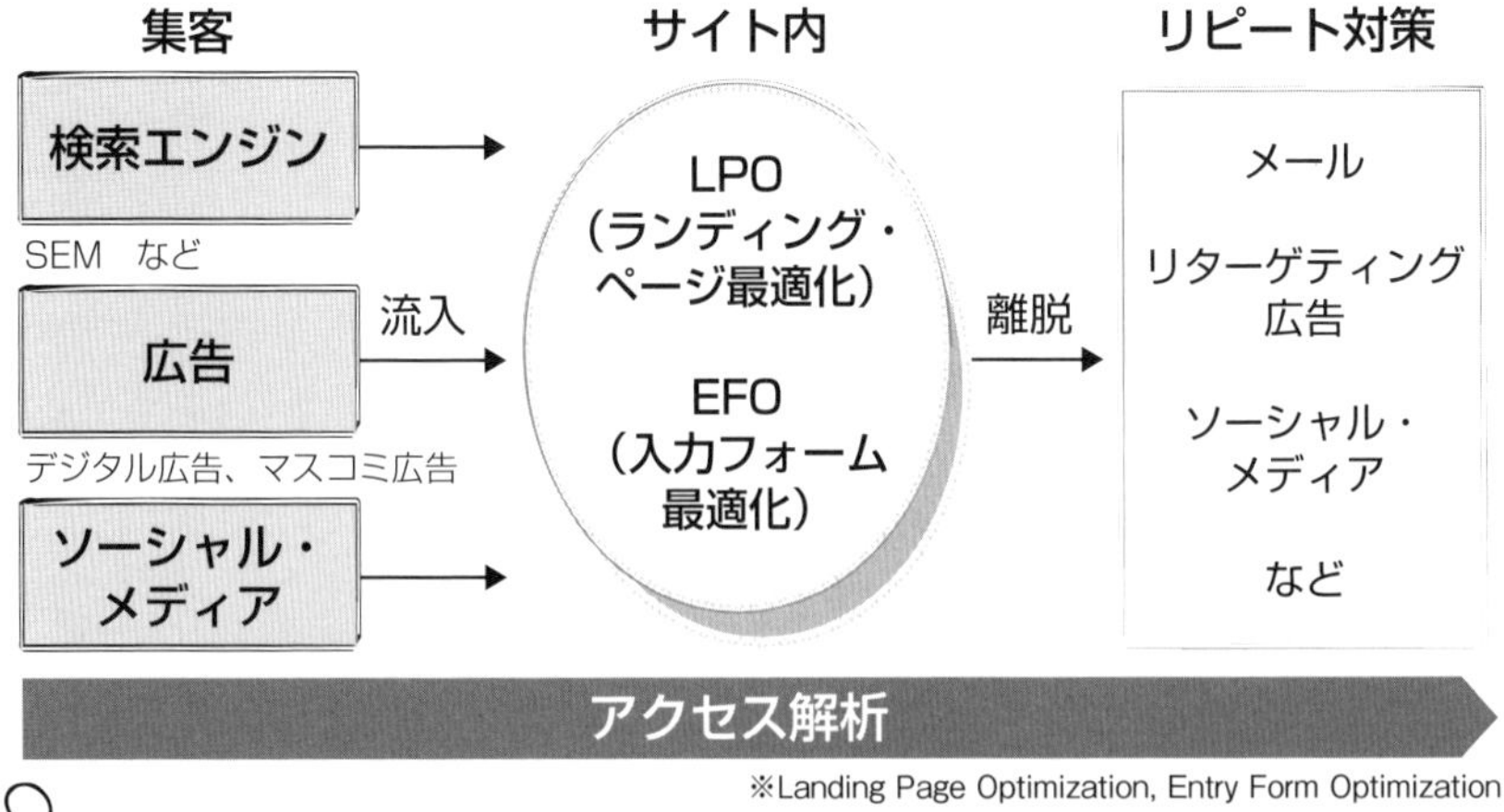

流入を増やす「SEM」、訪問者の「アクセス解析」などを行なう

問者に長く滞在してもらう目的があります。

一方、「ＥＦＯ」（入力フォーム最適化）は、訪問者の入力が必要なページを簡単に、わかりやすくするものです。サイトの目的（製品の購入や会員登録など）の達成率を上げます。

◆「アクセス解析」で効果を測定する

流入に対して、ユーザーがブラウザを閉じたり、別のサイトに移動するのが「離脱」です。離脱した後もＷｅｂマーケティングでは、リピーターになってもらうための施策が欠かせません。

これにはＷｅｂ以外のメールや広告（リターゲティング広告→Ｐ229）などのメディアが使われます。

そして、全体に共通して欠かせないのが、**訪問者の分析、すなわち「アクセス解析」**です（→次項）。

Ｗｅｂマーケティングでは、施策の効果などを自動的に、数値で見ることができますから、アクセス解析の結果をすぐに活かすことができます。

3「SEM」と「アクセス解析」を知っておこう

デジタル・マーケティングにとって重要な技術とは何だろう

◆SEMは「SEO」と「検索連動型広告」

前項で触れたSEM（サーチ・エンジン・マーケティング）とアクセス解析は、デジタル・マーケティング全体にとっても重要な技術です。少し具体的に見ておきましょう。

まず、SEMが重要なのは、Webサイトの訪問者のかなりの割合が、グーグルなどの検索エンジン経由で流入しているからです。検索上位に表示されれば、より多くの人に訪問してもらえます。

その方法は、大きく分けて2つです。

ひとつ目は、検索上位に表示されるよう、様々な対策をとることで、「SEO」（検索エンジン最適化）と言います。

たとえば、良質なコンテンツを提供し続けることで、検索上位に表示されることを目指すのが**コンテンツ・マーケティング**です。

もうひとつの方法は、「**検索連動型広告**」です。これはいわゆる「リスティング広告」のことで、検索結果では「スポンサー」などの表示付きで、上位に表示されます。

リスティング広告は、あらかじめ指定したキーワードが検索されると表示されるしくみです。

◆「アクセス解析ツール」で分析する

次にアクセス解析は、訪問者の特性や、サイト内での行動を分析します。そして、左の表のような指

「アクセス解析ツール」でわかる指標の例

PV(ページビュー)	訪問者が見たページ数。サイト全体で測る場合と、特定のページが何回見られたかを測る場合がある
セッション	アクセス数のこと。ランディング・ページへの流入から、離脱までを1セッションと数える
UU(ユニークユーザー)	重複しないユーザー数の意味。ブラウザーで判別するので、違うブラウザーで閲覧すると2UUになる
CV(コンバージョン)	そのサイトが目的とする成果、「成約」のこと。サイトによって変わるが、数が多いほうがよい
CVR(コンバージョン率)	訪問数に対するコンバージョンの率。CVRを高めるのは、アクセス解析の重要な目的のひとつ
直帰率	「直帰」は、1ページだけ見て離脱すること。コンテンツが貧弱なページほど直帰率が高くなる
離脱率	そのページで離脱した率。コンバージョンのページは高いほどよく、一般のページは低いほどよい

標として数値や率であらわすわけです。

これにより、マーケティング施策の効果を測定したり、サイトの課題を見つけて改善につなげます。

とくに、サイトが目的とすること、たとえば製品の購入や会員登録、資料請求などを「コンバージョン」(成約)と言いますが、コンバージョン率を上げることはアクセス解析の重要な目的のひとつです。

具体的には、グーグル・アナリティクスなど「アクセス解析ツール」と呼ばれるものを利用します。

グーグル・アナリティクスは一種のコンピューター・プログラムで、Webページに埋め込むと、上の表のようなデータを取得し、自動的に蓄積するしくみです。

上の表以外にも、流入の経路や、具体的なSNSの利用、ランディング・ページなど、様々なことがわかります。

ちなみに、グーグルのアカウントがあれば無料版を利用することが可能です。

4 近年、重要になっている2つのデジタル・マーケティング

「SNSマーケティング」と「アプリ・マーケティング」

◆若い世代向けのSNSマーケティング

221ページで見た5つのデジタル・マーケティングのうち、近年、重要になっているのがSNSマーケティングと、アプリ・マーケティングです。あらましを知っておくことにしましょう。

SNSに対するマーケティングは、とくに若い世代向けが重要です。

若い世代では、製品やサービスの情報収集も、グーグルなどの検索エンジンでなく、まずSNSを検索するスタイルが主流になりつつあります。

そこで、SNSマーケティングの施策ですが、企業の公式アカウントの運用と、SNS広告の出稿が中心です。

公式アカウントは、各SNSが用意しているビジネス・アカウントを企業が開設し、ユーザーにポジティブなイメージを持ってもらおうというものです。口コミやレビューによって、企業のイメージアップや、売上の増加が期待できます。ただし、ネガティブなイメージが拡散されると、炎上という事態にもなりかねません。

SNS広告は、各SNSが用意した広告の枠を利用します。たとえば、YouTube広告では、近年、急速に広がっている動画広告をアップすることが可能です。

◆アプリ・マーケティングはスマホが前提

次に、アプリ・マーケティングは、公式アプリの

SNSマーケティングとアプリ・マーケティング

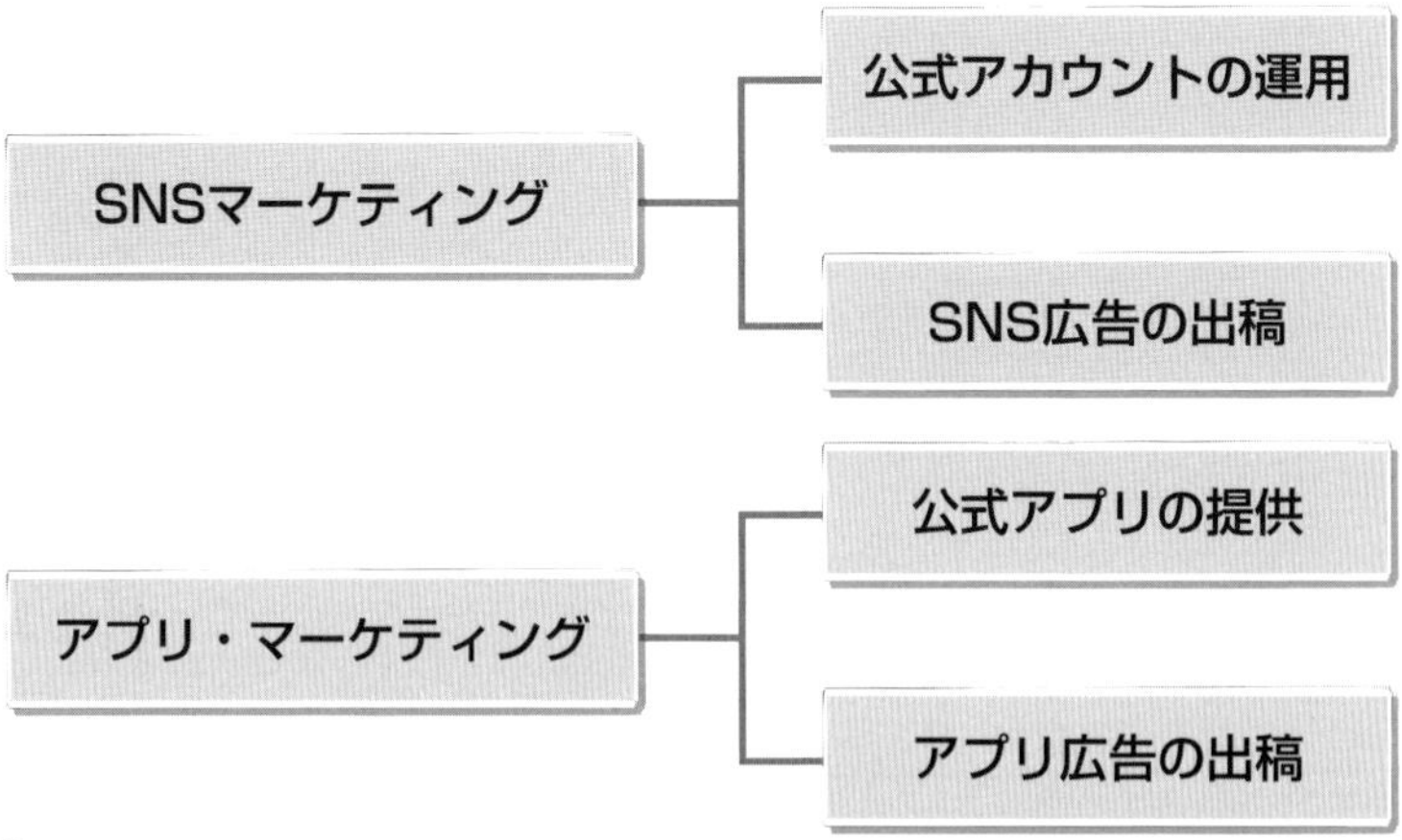

それぞれ、これらのマーケティング施策が中心

提供と、アプリ広告の出稿が中心になります。

　公式アプリは、企業が独自のアプリを開発して、アプリストアでユーザーにダウンロード・インストールしてもらうアプリです。

　Ｗｅｂチラシやオンライン・ショップが提供できたり、クーポンの配信やポイントの付与・履歴の確認などもできます。ＳＮＳ広告などと異なり、他社と競合しないで顧客の囲い込みができるのが、公式アプリの良いところです。

　一方、アプリ広告は、公式アプリ以外にも出稿できる広告です。ゲーム・アプリや、ＳＮＳの公式アプリなどで、画面の様々な場所に広告を表示することができます。

　基本的にはウェブ広告と同じしくみですが、スマートフォンでの閲覧を前提にしているので、出稿する際には画面の小ささに対応する工夫が必要です。

5 「デジタル広告」には、どんなものがあるか？

様々な分類の組み合わせで、デジタル広告ができている

◆表示形式でデジタル広告を分類してみる

デジタル・マーケティングでも、広告が重要なコミュニケーションであることに違いはありません。最後に、「デジタル広告」をまとめておきましょう。

と言っても、デジタル広告を整理して説明するのは簡単ではありません。メディアや表示形式のほかに、広告料金の課金方式や、ネットワークでの配信方式などの問題が絡むからです。

ここでは、主なものに限って取り上げます。

まず、左の図の表示形式による分類です。「**バナー広告**」は、長方形の広告枠に表示される広告で、形式としてはテキストや動画も表示できます。ただし、最も多いのは静止画です。

「**リスティング広告**」というのは、リスト形式で表示される広告の総称で、代表的なものに検索連動型広告（→P220）があります。

◆課金方式でデジタル広告を分類してみる

次に、広告料金の課金方式による分類です。「**PPC広告**」はペイ・パー・クリック、すなわちクリックされた数に応じて広告料金が発生します。

それに対して「**インプレッション課金型広告**」は表示された回数に応じた課金です。

「**アフィリエイト広告**」は、自社サイトへの誘導や、製品の購入など、成果に応じて課金されます。別名、「**成果報酬課金型広告**」です。

◆配信方式でデジタル広告を分けるとどうなるか？

さらに、配信方式による違いがあります。

代表的なのは**「リターゲティング広告」**でしょう。一度、自社サイトを訪れたユーザーを追いかけるように、継続的に自社の広告を配信する広告です。

このように、ユーザーの行動などを分析し、ターゲットを絞って配信する広告を総称して「ターゲティング広告」と言います。

広告のクリックなどの行動履歴や、ＥＣサイトでの購買履歴などを分析して配信する「行動ターゲティング広告」もターゲティング広告のひとつです。

このような配信や、課金などを可能にしている技術を「アドテクノロジー」「アドテク」と呼びます。直訳すれば広告技術ですが、とくに課金や配信、広告ネットワークなどの技術のことです。

今日のデジタル広告を可能にしているのは、アドテクノロジーだと言っても過言ではありません。

デジタル広告を分類してみる

メディアによる分類
Web広告
メール広告
SNS広告
アプリ広告

表示形式による分類
テキスト広告
バナー広告
リスティング広告
動画広告

課金方式による分類
PPC広告
インプレッション課金型広告
アフィリエイト広告

配信方式による分類
リターゲティング広告
行動ターゲティング広告
など

様々な分類の組み合わせでできている

Column

マーケティングの成果を測る「KGI」と「KPI」

デジタル・マーケティングに限った話ではありませんが、マーケティングの効果を測る指標として、「KGI」「KPI」という指標がよく設定されます。

KGIは、英語のキー・ゴール・インジケーターの頭文字、日本語では「重要目標達成指標」です。たとえば、売上高や成約件数など、定量的な目標を、いつまでにと具体的に設定します。

しかし、KGIでは最終的な成果はわかっても、マーケティングの効果が測れません。そこで、最終的な目標（ゴール）に対するマーケティングの効果を測る中間目標としてKPIを設定します。

KPIは、キー・パフォーマンス・インジケーターの略、日本語では「重要業績評価指標」です。

たとえば、自社サイトで「次月の成約件数100件」というKGIを設定したとしましょう。ここで、訪問者の10%が成約しているというデータがあるとすると、「訪問数1000」というKPIを設定し、期間中の達成度を管理することが可能です。

訪問数が少ないようなら、SEO（検索エンジン最適化）やリスティング広告などの対策をとることができます。

エピローグ

最新・現代マーケティングのトレンド

SNSの普及などにより、
顧客は精神的価値を求めるようになり、
さらに「モノ」より「コト」を求め、
マーケティングは新たなトレンドへ向かう。

1 いま、マーケティングはどうなっているか？

コトラーによれば「マーケティング5・0」になっている

◆マーケティング2・0から顧客志向に

フィリップ・コトラーは、2021年に『マーケティング5・0』という著書を発表しています。それに先立つ2009年には、著書『マーケティング3・0』で、それ以前のマーケティングを1・0、2・0として説明しました。

これを1・0から順に見ていくと、マーケティングの歴史と、現在のマーケティングがわかります。

マーケティング1・0は、1900年代から60年代まで。製品中心の時代です。「マーケティングの4P」（→P48）に代表されるような、売り手の視点からのマーケティングが行なわれていました。

次のマーケティング2・0は、1970年代から80年代です。製品中心に代わって、顧客志向のマーケティングが始まります。

顧客のニーズから出発する、「STP」（→P46）の手法が登場するのもこの時代です。

◆そしてマーケティング5・0へ

マーケティング3・0は1990年代から2000年代、インターネットも普及し、それ以前より現在に近い経済・社会の情勢になります。

CSR（企業の社会的責任）も重視されるようになり、顧客と企業がともに社会的価値を創造（共創）していこうという、価値主導のマーケティングと言われる時代です。

マーケティング4・0は2010年代、SNSなども普及します。ちなみに、コトラーの著書『マーケティング4・0』の日本語版サブタイトルは**「スマートフォン時代の究極法則」**です。

SNSの普及などにより、顧客は物質的な価値よりも、自身の精神的な価値を求めるようになります。コトラーはこれを、「自己実現のマーケティング」と名づけました。自己実現と言えば、マズローの欲求5段階説の5段階目になります（↓P121）。

そして『マーケティング5・0』の**サブタイトルは「デジタル・テクノロジー時代の革新戦略」**です。

なぜ、10年も経たないうちに5・0にバージョンアップしたかというと、デジタル技術の急速な進歩により、4・0ではできなかったことが可能になったからだと言われています。

それをあらわすのが、コトラーがマーケティング5・0の定義に用いた「人間を模倣した技術」「カスタマー・ジャーニーの全行程」という表現です。

たしかに、AIや自然言語処理、拡張現実と仮想現実など、人間をまねた技術を使えば、カスタマー・ジャーニー・マップ（↓P124）のどの行程でもタッチ・ポイント（接点）がつくれます。

現在のマーケティングでは、もはやデジタル技術の活用は避けて通れないのです。

マーケティング1.0から5.0へ

マーケティング1.0
製品中心
のマーケティング

マーケティング2.0
顧客志向
のマーケティング

マーケティング3.0
価値主導
のマーケティング

マーケティング4.0
自己実現
のマーケティング

マーケティング5.0
- 人間を模倣した技術
- カスタマー・ジャーニー・マップの全行程

現在のマーケティングではデジタル技術が欠かせない

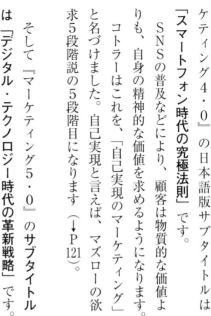

2 最新の「見つけてもらう」マーケティングとは?

「コンテンツ・マーケティング」と「インバウンド・マーケティング」

◆まずは良質なコンテンツを提供し続ける

今日、重要視されているマーケティングに、「コンテンツ・マーケティング」と「インバウンド・マーケティング」があります。

221ページでも少し触れましたが、どちらも広告などとは違い、「見つけてもらう」タイプのマーケティングです。

そのための方法として、コンテンツ・マーケティングでは良質なコンテンツを提供し続けます。コンテンツとは中身、情報の中身のことです。

コンテンツのメディアとしては、Ｗｅｂページやブログ、ＳＮＳの投稿など、表示形式としてはテキスト、静止画・動画、ダウンロードするＰＤＦなど、何でもかまいません。

インバウンド・マーケティングでは、リピーターになってもらうために、メール・マガジンやオンライン・セミナーといったメディアも使います。

これらのコンテンツ、正確に言えばデジタル・コンテンツを良質なものにして提供し、ユーザーに「見つけてもらう」わけです。

たとえば、広告とコンテンツ・マーケティングを比べてみると、左の図のような違いがあります。

◆「検索エンジンのアルゴリズム」とは?

「見つけてもらう」ことを重視する背景には、Ｗｅｂサイトへの流入経路として、検索エンジンが圧

広告とコンテンツ・マーケティングと比べてみる

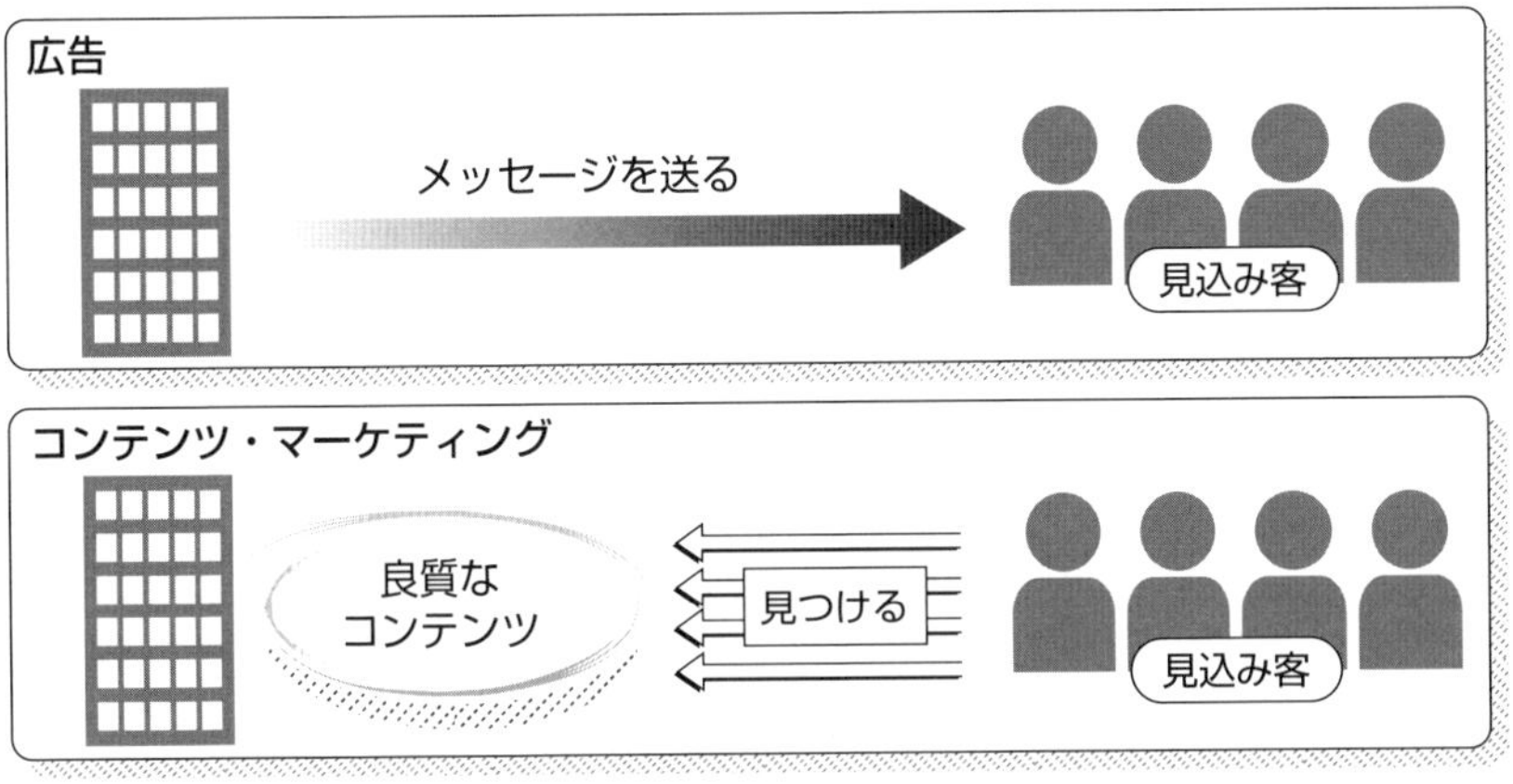

コンテンツ・マーケティングは「見つけてもらう」

倒的に多いことがあげられます（→P224）。

近年は、SNSからの流入も増えていますが、そのためにはそもそも、SNS上の良質なコンテンツを見つけてもらわなければなりません。

いずれにしても、検索結果の上位に表示されることが、Webサイトへの訪問数に大きく影響するわけです。

検索結果の上位に表示されるために、良質なコンテンツを重視するのには、「検索エンジンのアルゴリズム」が関係しています。

検索エンジンのアルゴリズムとは、検索結果を表示する順番を決めるための考え方や手順のことです。アルゴリズムは一度も公表されたことがなく、常に改良し続けられています。

そのため、昔は「キーワードが登場する回数を多くする」「外部に貼られているリンクの数を多くする」といった、簡単なSEO（検索エンジン最適化

↓P224）も使われました。

しかし、現在では検索エンジンのアルゴリズムにより、まったく通用しなくなっています。良質なコンテンツを提供し続けて、検索結果の順位を上げることが最善の方法になっているわけです。

◆コンテンツ・マーケティングの特徴は？

ただし、コンテンツ・マーケティングは、検索結果上位だけを目指すわけではありません。

検索結果上位だけでは、言わばコンテンツSEOになってしまいます。それではWebサイトへの流入、つまり見込み客の創出しかできないでしょう。

コンテンツ・マーケティングでは流入の後、見込み客の育成、見込み客の顧客化までを目指します。

そのためには、創出・育成・顧客化の各段階に応じて、別々の良質なコンテンツを用意し、提供し続けることが必要です。

コンテンツ・マーケティングでは、最初の良質なコンテンツを用意することは比較的簡単ですが、継続して、各段階に応じた良質なコンテンツを提供し続けることが重要になります。

◆インバウンド・マーケティングの特徴は？

インバウンド・マーケティングは、見込み客の顧客化からさらに進んで、顧客のリピーター化までを目指すことが特徴です。

インバウンドと聞くと、訪日外国人のことが思い出されますが、ここでは「内側に向かう」といった意味で使われています。

インバウンド・マーケティングを説明するには、対義語のアウトバウンド・マーケティングと比べてみるとわかりやすいでしょう。

左の図のように、アウトバウンド・マーケティングでは、広告やダイレクト・メールなどで、企業から外側の見込み客に向かいます。

コミュニケーションとしては、テレビや新聞の広

アウトバウンド・マーケティングと比べてみる

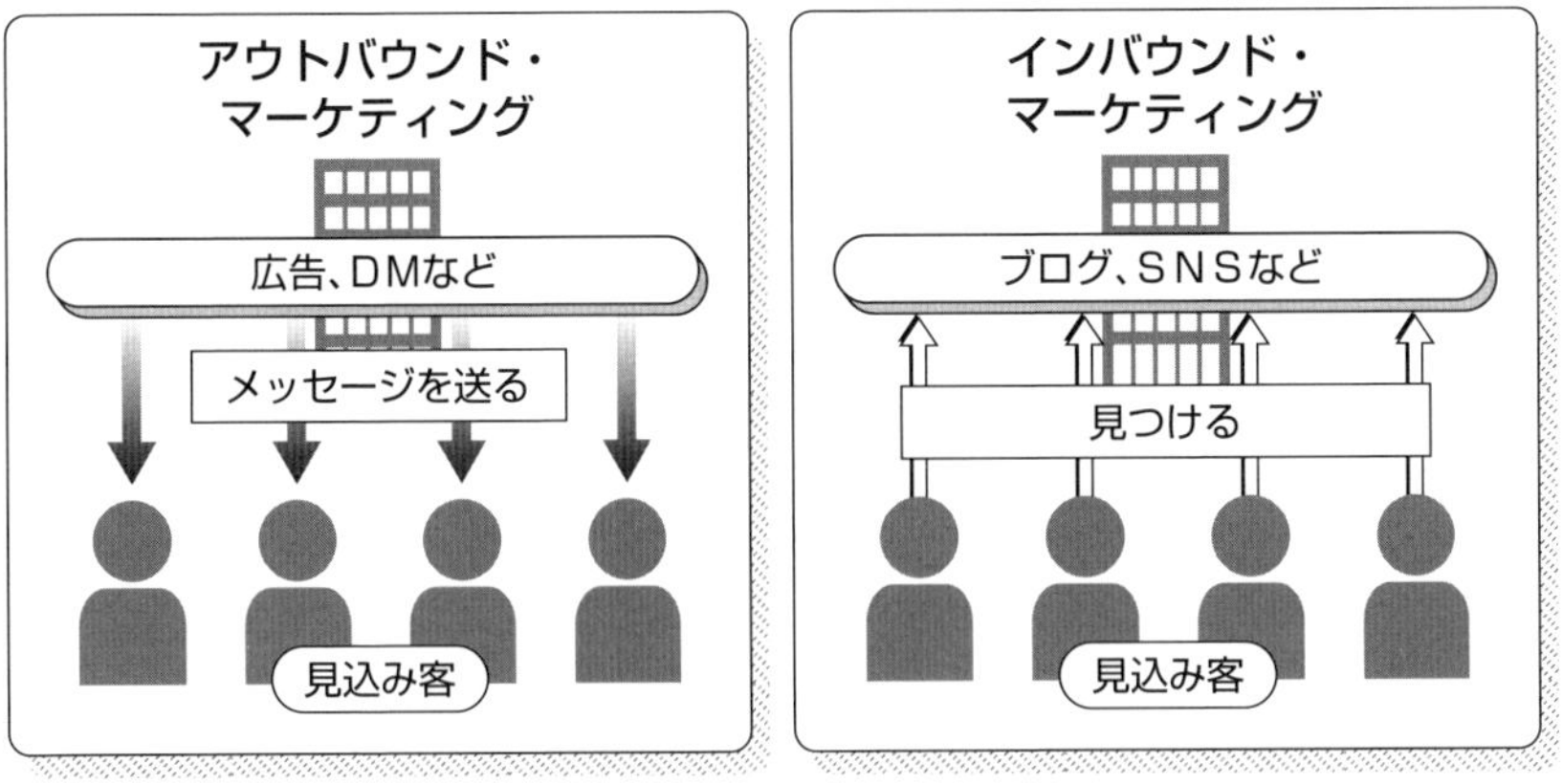

インバウンド・マーケティングも「見つけてもらう」

告、検索エンジンのリスティング広告、ダイレクト・メールなどです。

それに対しインバウンド・マーケティングでは、**見込み客が検索エンジンやSNS上の情報収集などで、ブログやSNSなどを見つけます**。見込み客のほうから、企業の内側に向かうわけです。

ですから、コミュニケーションとしては、検索エンジンやブログ、SNS、さらに見つけてもらった後はオンライン・セミナー、メール・マガジンなどになります。

前にも触れたように、コンテンツ・マーケティングとの違いは、リピーター化までを目指すことです。オンライン・セミナーやメール・マガジンなどのコミュニケーションは、その時点で利用されます。

こうした違いのため、コンテンツ・マーケティングはインバウンド・マーケティングの一部という見方があることも事実です。

3 価値などの〝コト〟を伝える「コトマーケティング」とは？

顧客が求めているのはモノ（商品やサービス）ではない

◆コトマーケティングとは？

近年、「モノを売る時代は終わった」とよく言われます。モノを売る業種であるはずの製造業でも、「モノ売りからコト売りへ」を合言葉に、ビジネスモデルの転換を進めている企業が多いようです。

商品やサービスなどの「モノ」を売って終わりとするのでなく、そこから得られる体験や価値などの「コト」を提供するということでしょう。

この「モノ」「コト」という視点から、独自の「コトマーケティング」を提唱しているのが、日本のマーケティング・コンサルタント、コトマーケティング協会代表理事の松野恵介氏です。

コトマーケティング協会のホームページによると、コトマーケティングとは、「価値の伝え方を、『モノ』から『コト』へ」変えていくことです。

具体的には、モノPOPではなくコトPOPへ、モノちらしではなくコトちらしへ、モノDMではなくコトDMへ、となります。

つまり、顧客が求めているのは商品やサービスそのものではないので、機能やスペックだけを一生懸命に伝えてもしかたがないということです。

それより、その商品やサービスで顧客にとって「どんないいコト」があるのか、「どんな不安・不満・不便なコト」が解消できるのか、伝えることが大切です。そしてこのことは、顧客満足の実現につながっていきます。

コトマーケティングは顧客が求める「コト」を伝える

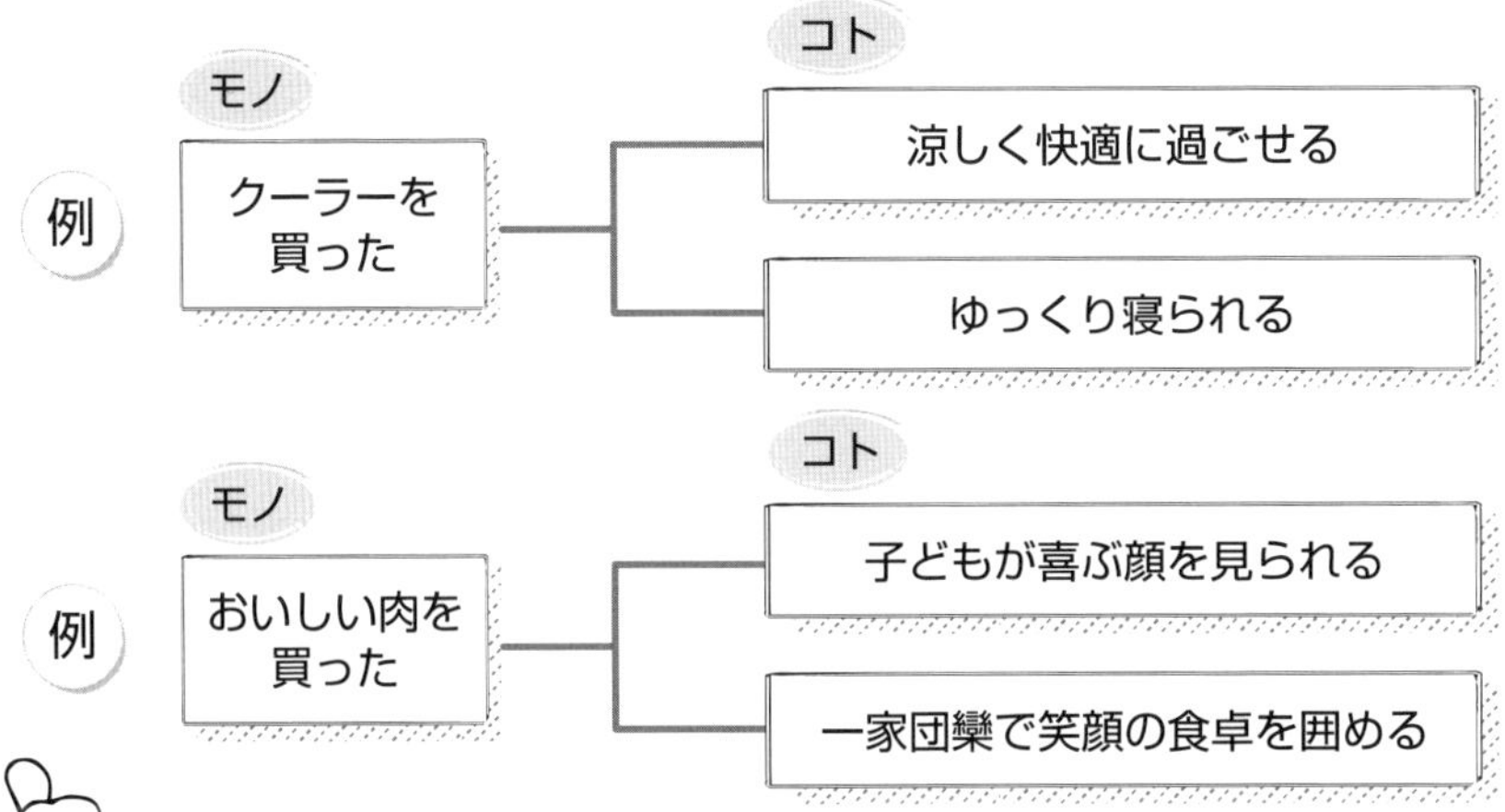
例
モノ
クーラーを買った
コト
涼しく快適に過ごせる
ゆっくり寝られる
例
モノ
おいしい肉を買った
コト
子どもが喜ぶ顔を見られる
一家団欒で笑顔の食卓を囲める

伝え方を変えるだけで同じ商品やサービスが売れるようになる

◆伝え方を変えるだけで売れるようになる

顧客は、商品の所有やサービスの利用を求めているのではなく、その商品やサービスで得られる、心が豊かになるコトを求めています。

上の図は、コトマーケティング協会のホームページにあげられている例です。

たしかに、クーラーを買った顧客が求めているのは、クーラーの所有ではなく、涼しく快適に生活できるコト、猛暑の日でも充分な睡眠がとれるコトと言えます。

このように考えて、**誰に、どんないいコトがあるのか、伝え方を変えると、顧客の反応が変わってきます。**

商品は同じで、価格を下げたりしなくても、伝え方を変えるだけで売れるようになってくるのです。

◆リピーターを増やすためのコトマーケティング

たとえば商店であれば、

「もう一度行ってみたい店」

こういうものを目指すのです。価格による差別化は意味を持ちません。たとえ値段は高くとも、リピーターになってしまう店や場所は多くあります。

誰に、何を伝えて、どのような行動を取ってほしいかを徹底して考えるのがコトマーケティングです。その過程で、自社のアピールポイントも見えてきます。そのときこう考えるのです。

誰に、どんなコトができるのか？
それがどうしてできるのか？

これは松野氏自身が、著書などで繰り返し述べています。言い換えればそれは、先ほど触れた、

「この人は何に困っているのか」

その手助けを考えることでもあります。そう考えると、自社独自の思い、その思いをもとにした顧客へのメッセージ、約束が生まれます。これが「独自の価値」であり松野氏曰く「独自化コピー」なのです。そしてそれを顧客にていねいに伝えていきます。もちろん先ほど述べたように、モノ重視の伝え方はしません。

コトマーケティングは、常に、「誰にどんないいことがあるか」を考えるのが基本なのです。

◆顧客の気持ちにできるだけ寄り添う

コトマーケティングだけでなく、モノやコトを売るには、顧客の心理に添った伝え方をします。とくにコトマーケティングでは、顧客の気持ちにできるだけ寄り添います。

ここで、自分たちの思いを無理やり押しつけるのではなく、顧客の行動を観察し、自分たちとの接点を探します。売上が落ちていくと、焦って自分たちの主張を押しつけてしまいます。

世の中の景気は決して良くありません。こんな時代だからこそ、相手に協調して、「してあげられること」を探す。これがコトマーケティング考え方の

基本です。そうすれば、顧客の求めていることも見えてきます。

顧客の求めている価値は何か？　優れたマーケッターは、このことがわかっています。では、どうすればわかるか。それは、徹底的に顧客のことを「見る」のです。

何に困っているのか？　どう対応しようと考えているのか？　そして、そもそも顧客は何がしたいのか？　それらを探ることで、マーケティングの目的でもある「売り方のしくみ」も見えてきます。

顧客の気持ちに寄り添う考え方を！

①常に、顧客の動きに着目する。
購買中の顧客は何のために、
どう動いているのか？
その動線をよく観察し、想像する。

②主たる動きは変えることが
できないので、その中で
自分たちとの接点を見出す。

③「うちに来てほしい！」
という主張ではなく、
顧客の動きに協調する。

『売り方の神髄』（すばる舎）より

**相手に協調することを考え、
自分たちの主張を押しつけない**

4 コトマーケティングは「売るための手法」ではない!?

人のコトを深く掘り下げて見れば、結果的に売れる

◆相手のコトをよく見て伝える

前項では、コトマーケティングの基本である価値の伝え方、伝え方を変えると売れるようになることを説明しました。

しかし松野氏は、自身のブログ「実践マーケッターの視点」で、「コトマーケティングの定義が変わってきた」と述べています。

スタートした2003年頃は、たしかに「売るための手法」だったと言います。伝えるコトバを変えると、売れ方が変わったそうです。

しかし、コトバを変えるだけでは売れなくなってきて、「相手のコトをよく見て伝えること」が大切になっています。

2017年7月22日のブログでは、「コト売りやコトマーケティングは、売るための手法ではありません」と宣言して、掲げているのが左上の図です。

「モノ」起点から「コト」起点に変え、**「人をちゃんと見る」「人をしっかり知る」**ことによってコトが役立つ、それにより結果的に、商品やサービスが売れるというわけです。

これを松野氏は「『商いの原点』に通ずる考え方（視点）」と説明しています。

◆深層的・潜在的なコトへ

さらに、人のコトをよく見ていく中で、「本当は○○が必要なんじゃないか」「実は□□をしてほし

いんじゃないか」と、人のコトでも深く掘り下げて見えるようになったと言います。そしてこれが、まったく違う形に進化していくのです。

2022年8月23日のブログでは、「表面的（顕在的）なコトから」「深層的（潜在的）なコトへ」として、左下の図に引用したコトマーケティングの定義を掲げています。

松野氏自身は、まだ進化するかもしれないし、最終形かもしれないと述べていますが、さて、コトマーケティングはどこまで進化するのでしょうか。

人を見て伝えれば結果的に売れる

コトマーケティングは売るための手法ではない

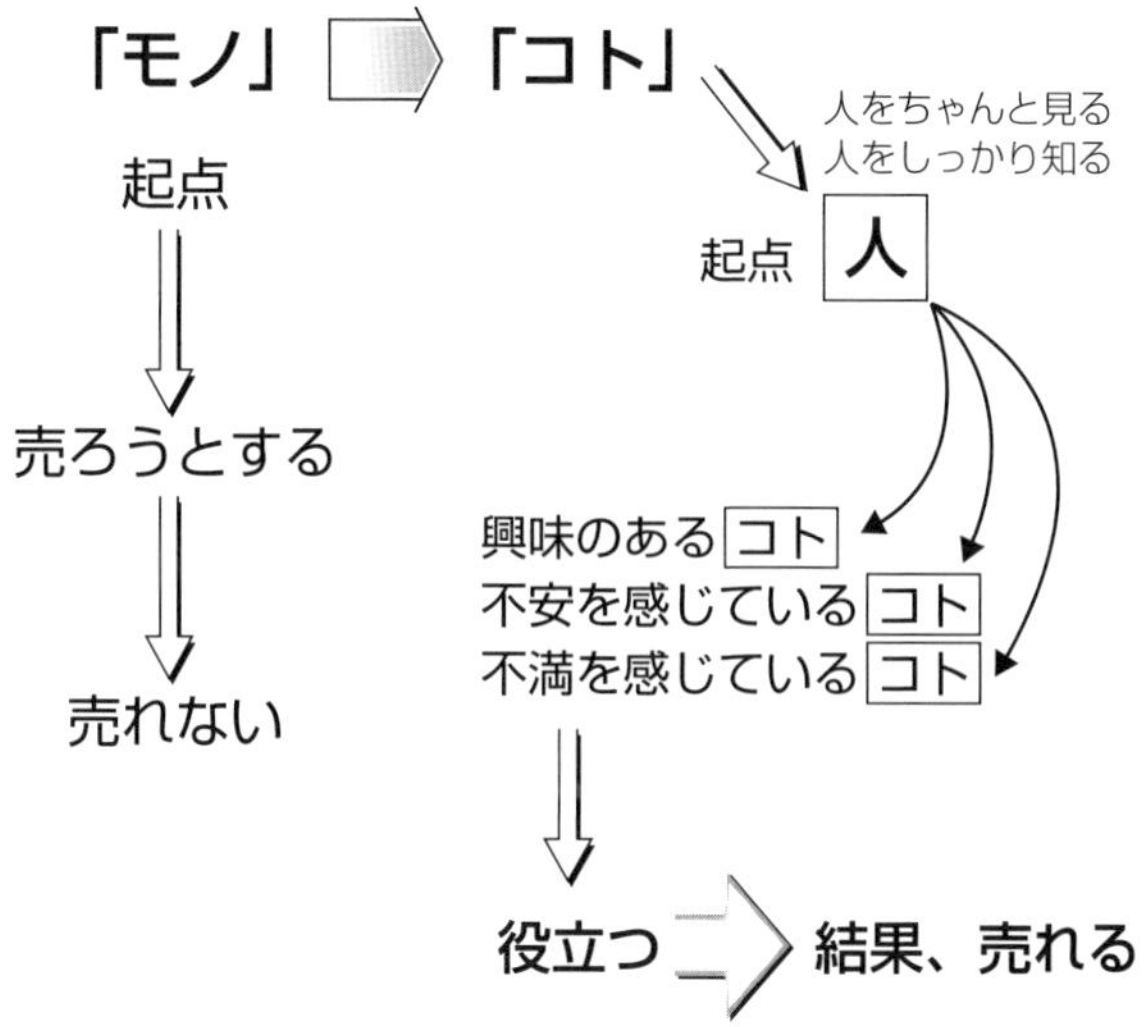

「モノ」
「コト」
人をちゃんと見る
人をしっかり知る
起点
起点
人
売ろうとする
売れない
興味のある コト
不安を感じている コト
不満を感じている コト
役立つ
結果、売れる

コトマーケティングの定義

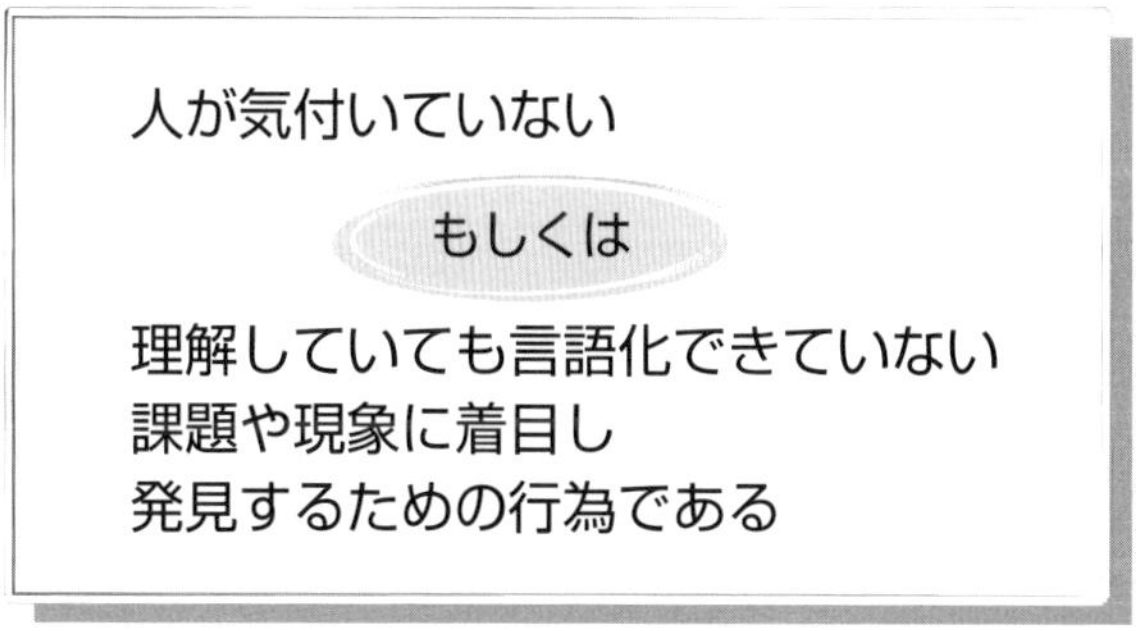

人が気付いていない
もしくは
理解していても言語化できていない
課題や現象に着目し
発見するための行為である

（松野恵介氏のブログ「実践マーケッターの視点」より

コトマーケティングは進化を続けている

【著者紹介】

大山秀一（おおやま・しゅういち）

◎——早稲田大学卒業後、メーカーの営業部に勤務。その後、商品企画・デザイン、マーケティング分野に所属、単に「作るだけ」ではなく「売り方の基本としくみ」を身につける。

◎——約10年、基本を身につけたあと、マーケティング・アドバイザーとして独立。比較的中小の規模の企業をクライアントにして、売り方コンサルタント、ライターとして活躍している。

◎——著書として、『これだけは知っておきたい「マーケティング」の基本と常識』（フォレスト出版）など。

イチからわかる！「マーケティング」の基本と実践

2024年6月6日　第1刷発行

著　者———大山秀一
発行者———徳留慶太郎
発行所———株式会社すばる舎
〒170-0013 東京都豊島区東池袋3-9-7 東池袋織本ビル
TEL　03-3981-8651（代表）
　　　03-3981-0767（営業部直通）
FAX　03-3981-8638
URL　https://www.subarusya.jp/

印　刷———ベクトル印刷株式会社

ISBN978-4-7991-1203-8

索引&用語解説

数字

ある特定の要素の約20%が、全体の約80%の結果を生み出しているという法則。「パレートの法則」とも言う。イタリアの経済学者ビルフレッド・パレートが、国全体の約20%の個人が、国全体の約80%の所得を占めていることから提唱した。「全体の約20%の品目が、売上の約80%を上げている」などと利用される。

アルファベット

AIDMAモデルのM（記憶）が外れた購買行動のモデル。アメリカの応用心理学者エドワード・ストロングが提唱した。セールやキャンペーンなど、記憶の段階なしにその場で購入する場合にあてはまる。

ネット上の購買行動モデルとして、日本の広告代理店、電通などが提唱した。A（注目）とI（興味）はAIDMAと同じだが、ネット上では興味を持つとすぐにS（サーチ＝検索）し、A（購入の行動）の後はSNSなどで他のユーザーと評価などをS（シェア＝共有）する。

「デジタル・トランスフォーメーション」のこと。日本では、企業がデータとデジタル技術を活用して、製品やサービス、業務やビジネスモデルを変革し、競争優位を獲得することとして捉えられている。

あ

か

さ

その業界に新規参入しようとする企業にとって、参入を妨げる障害になるもの。新規参入に対する法律の規制などがある。参入障壁が高いほど、業界の既存企業にとって「新規参入の脅威」が小さくなる。

一般的な市場占有率は、市場全体に対する自社の地位を示すが、相対的市場占有率は市場の最大企業の占有率と比較することにより、最大企業との関係を示す。競合相手との関係がより明確になる。

た

な

は

ま

や

ら

性別・年齢・未婚既婚などのデモグラフィック特性ではなく、ライフスタイルによって消費者を分類し、分析する手法。活動や関心事、意見などについて、アンケート形式で多数の質問を行ない、ライフスタイルを分類する。